ROHO MTAKATIFU

Utu na Uungu wa Roho Mtakatifu

DR. MAXWELL SHIMBA

Kimechapishwa Manhattan, New York na Shimba Publishing, LLC.

Shimba Publishing LLC

Jedwali la Yaliyomo

DIBAJI

Moja ya mada muhimu sana katika Ukristo ni **Roho Mtakatifu**. Isipokuwa na hadi Roho Mtakatifu aeleweke kikamilifu, Biblia itaendelea kuwa ngumu kuelewa. Roho Mtakatifu anatamani kufanya kazi ndani yako, akikuwezesha kuwa kile anachotaka uwe, kusema kile anachotaka useme, na kufanya kile anachotaka ufanye (Warumi 8:26 na 1 Yohana 2:27). Anataka kuwa halisi kwako na kwa wewe kumtambua katika kila sehemu ya maisha yako!

Nafasi ya Roho Mtakatifu katika maisha ya Mkristo ni ya kina na imeangaziwa sana katika Agano Jipya, hasa katika **Yohana 14:16-17 na 26**. Yesu aliahidi kumtuma Roho Mtakatifu kama **Msaidizi na Mtetezi**, ambaye atawaongoza waamini katika kweli yote na kuwafundisha kila kitu wanachohitaji kujua.

Kazi ya Roho Mtakatifu ni muhimu sana katika maisha ya Kikristo, akiwapa waamini uwezo wa kuishi kulingana na mapenzi ya Mungu, kuelewa na kutumia Maandiko, na kuwa mashahidi wa Injili. Roho huwatia nguvu waamini kushinda dhambi na majaribu, kukuza matunda ya kiroho, na kukua karibu na Mungu.

Kuelewa na kufundisha kuhusu Roho Mtakatifu ni vipengele vya msingi vya imani ya Kikristo na vimekuwa na nafasi kuu katika historia ya Kanisa. Roho Mtakatifu anachukuliwa kuwa alama ya kipekee ya Ukristo, akitofautisha imani hii na nyingine na kuijaza nguvu na uhai. Wakristo wanaitwa kumtafuta Roho Mtakatifu kwa mwongozo na nguvu katika kila eneo la maisha yao, wakikuza uhusiano wa kina naye.

Katika kitabu hiki, nitashiriki mafundisho yenye nguvu kutoka katika **Neno lisilokosewa la Mungu** kuhusu **nafsi, Uungu, na kazi ya Roho Mtakatifu**, ambayo yatabadilisha kabisa mtazamo wako.

Hatimaye, **acha Roho Mtakatifu awe halisi kwako zaidi ya hapo awali**, ili uweze kumjua kwa kweli kama **Mtu na rafiki yako wa karibu zaidi**. Kama vile **1 Yohana 2:27** inavyosema:

"Lakini upako mlioupokea kwake unakaa ndani yenu, wala hamhitaji mtu yeyote awafundishe. Lakini kama ule upako wake unavyowafundisha mambo yote, na ni kweli wala si uongo—basi, kama vile ulivyowafundisha, kaeni ndani yake."

UTANGULIZI

Karama ya Roho Mtakatifu ni **nguzo kuu ya imani ya Kikristo**, mara nyingi ikizingatiwa kuwa kilele cha rehema ya Mungu katika Kristo Yesu. Kuja kwa Roho Mtakatifu katika **Siku ya Pentekoste** kulitimizia ahadi ya Yesu ya kumtuma **Msaidizi au Mtetezi** kwa wanafunzi Wake.

Kupata mwili kwa Yesu (Umwilisho), Kusulubiwa, Kufufuka, na Kupaa kwake Mbinguni vilikuwa hatua za maandalizi zilizoweka msingi wa kuja kwa Roho Mtakatifu na kuzaliwa kwa Kanisa. Bila karama ya Roho Mtakatifu, matukio haya makuu yangesalia kuwa **yasiyokamilika na hayangetosha kikamilifu kuleta wokovu na ukombozi wa wanadamu**.

Roho Mtakatifu ni **zawadi ya thamani katika Ukristo**, anayewapa waamini nguvu ya kuishi kulingana na mapenzi ya Mungu na kutekeleza misheni yao ya kueneza Injili ulimwenguni. Kupitia Roho Mtakatifu, waamini wanawezeshwa **kuelewa na kutumia mafundisho ya Maandiko, kushuhudia Kristo, na kuishi maisha yanayojaa upendo na huduma kwa wengine**.

Roho Mtakatifu ni **muhimu na wa lazima katika imani ya Kikristo**. Waamini wanaitwa kumtafuta kwa mwongozo na uwezo wake katika kila sehemu ya maisha yao. **Kusoma kwa heshima na kwa maombi kuhusu Roho Mtakatifu ni jambo la msingi kwa kila Mkristo**, kama inavyoangaziwa na marejeo ya mara kwa mara ya Yesu kuhusu Roho katika mafundisho yake ya mwisho katika **Yohana 14–16**, akisisitiza umuhimu wake katika maisha ya waamini.

Kazi ya Roho Mtakatifu ni **muhimu kwa ukuaji wa kiroho na mabadiliko ya ndani ya waamini**. Yeye huwapa waamini baraka za kiroho na kufanya kazi ndani yao ili **wafanywe kuwa mfano wa Kristo**. Aidha, Roho **huhakikisha ulimwengu unahisi hatia juu ya dhambi, haki, na hukumu**, huku akiwapa waamini uwezo wa kushuhudia kwa ufanisi na kuhudumu katika kazi ya Mungu.

Waamini wanapaswa **kufundishwa kwa kina juu ya mafundisho ya Biblia kuhusu Roho Mtakatifu**, kwa kuwa historia inaonyesha kuwa kumekuwa na **matumizi mabaya na udanganyifu kwa jina Lake takatifu**. Zaidi ya hayo, **ujinga ulioenea kuhusu nafasi na kazi ya Roho Mtakatifu** bado unatawala katika nyakati zetu, jambo linalosisitiza umuhimu wa **masomo ya kina na ufahamu wa kweli kumhusu Roho Mtakatifu**.

Roho Mtakatifu ni sehemu muhimu sana ya imani ya Kikristo, na waamini wanaitwa kutafuta **ufahamu wa kina kuhusu kazi na huduma Yake**. Kupitia **kusoma Maandiko kwa maombi na kutegemea mwongozo wa Roho**, waamini wanaweza **kumkaribia Mungu zaidi na kuwa mashahidi na watumishi waaminifu na wenye ufanisi**.

Kwa bahati mbaya, **mafundisho kuhusu Nafsi ya Roho Mtakatifu mara nyingi yamepuuzwa au kupuuziliwa katika jumuiya nyingi za Kikristo**, jambo ambalo limekuwa na madhara makubwa kwa **ushuhuda wa Kanisa na ufanisi wake katika ulimwengu**. Ingawa miaka ya hivi karibuni imeleta **mwamko mpya wa shauku kuhusu Roho Mtakatifu**, sehemu kubwa ya mafundisho juu ya somo hili yamekuwa **duni, yenye makosa, au yanayochanganya**, hivyo kusababisha **kutokuelewana kwa kiwango kikubwa**.

Zaidi ya hayo, kumekuwa na mwenendo wa kusikitisha katika baadhi ya makundi ya Kikristo wa **kudhoofisha umuhimu wa kazi ya Roho Mtakatifu katika kutekeleza wokovu wa Kristo kwa wenye dhambi**. Hali hii imesababisha dhana potofu kwamba **makubaliano ya kiakili au juhudi za kibinadamu pekee zinatosha kwa wokovu**, huku ikipuuza nguvu ya **kuzaliwa upya na kubadilishwa na Roho Mtakatifu**.

Mtazamo huu potofu ni **kosa kubwa** linalodhoofisha **kiini cha Injili**. Bila kazi ya Roho Mtakatifu, **hakutakuwa na kuzaliwa upya kwa kweli, hakuna mabadiliko ya moyo, wala hakuna maisha halisi ya Kikristo**. Kwa hivyo, ni muhimu sana **kurejesha ufahamu sahihi kuhusu Nafsi na kazi ya Roho Mtakatifu** na **kumheshimu na kumpa utukufu anaostahili kama Nafsi ya Tatu ya Utatu Mtakatifu**.

Uhitaji wa **upako na nguvu za Roho Mtakatifu** katika kila sehemu ya huduma ya Kikristo hauwezi kusisitizwa vya kutosha.

Hakuna jitihada za kibinadamu au shughuli yoyote, hata ikiwa na nia njema kiasi gani, inayoweza kuleta **uzima wa kiroho wa kweli au kuzaa matunda ya kiroho bila kazi ya kimiujiza ya Roho Mtakatifu**. Kama Yesu alivyowaambia wanafunzi Wake, **"Pasipo Mimi, ninyi hamwezi kufanya neno lolote"** (Yohana 15:5).

Waamini **wanapaswa kwa makusudi kutafuta mwongozo na uwezeshaji wa Roho Mtakatifu** katika kila jambo wanalofanya, wakibaki **wazi na tayari kupokea uongozi Wake**. Hili linahitaji **unyenyekevu, moyo wa kufundishika, utayari wa kujisalimisha kwa mapenzi ya Mungu badala ya mipango binafsi, na kutegemea kwa kina neema na nguvu za Mungu**. Kama **Mtume Paulo** alivyoandika:

"Neno langu na mahubiri yangu hayakuwa kwa maneno ya hekima ya kibinadamu ya kushawishi, bali kwa onyesho la nguvu za Roho, ili imani yenu isitegemee hekima ya wanadamu, bali nguvu za Mungu" (1 Wakorintho 2:4-5).

Tuitamani kwa dhati kumjua na kumpitia Roho Mtakatifu katika maisha yetu na huduma zetu, **kwa utukufu wa Mungu na kwa maendeleo ya Ufalme Wake**.

Kwa wasomaji wa kitabu hiki, **nawahimiza kukabiliana na ukweli kwamba upungufu mkubwa katika Ukristo wa leo ni ukosefu wa nguvu na baraka za Roho Mtakatifu**. Ingawa **idadi ya wale wanaojitambulisha kama Wakristo imeongezeka na shughuli za nje zimezidishwa, nguvu za kiroho zimepungua**. Kwa nini? **Kwa sababu Roho Mtakatifu amehuzunishwa na kuzimwa miongoni mwetu**. Wakati baraka Zake zinapozuiliwa, hakuna maendeleo ya kweli yanayoweza kutokea.

Kinachohitajika kwa dharura leo ni kwa watu wa Mungu **kujinyenyekeza mbele Yake, kumlilia katika jina la Yesu Kristo ili Roho Wake atembee tena kwa nguvu kati yetu. Ni lazima tutafute kujua na kuondoa chochote kilichomhuzunisha Roho, ili njia ya baraka iweze kufunguliwa tena. Ni hapo tu ndipo tunaweza kutarajia upya wa uhai na nguvu za kiroho katikati yetu.**

Mpaka Roho Mtakatifu Apewe Nafasi Yake Stahiki

Mpaka **Roho Mtakatifu apewe nafasi yake halali** katika maisha yetu—katika roho, mioyo, akili, miili, na shughuli zetu—hakutakuwa na maendeleo ya kweli ya kiroho. **Chanzo cha tatizo**

litaendelea kubaki pale pale hadi tutakapokiri kikamilifu **kuwa tunamtegemea Yeye kwa baraka zote za kiroho**. Kama **Zekaria 4:6** inavyotukumbusha:

"Si kwa nguvu [za wafanyakazi waliofundwa], wala si kwa uwezo [wa hoja za kiakili au ushawishi wa kibinadamu], bali kwa Roho Yangu, asema Bwana wa majeshi."

Bila **kukiri ukweli huu**, hatuwezi **kukombolewa kutoka katika bidii ya kimwili isiyo na ufahamu wa kweli**, ambayo kwa sasa **inazuia uhai wa Ukristo**. Mpaka **Roho Mtakatifu aheshimiwe, atafutwe, na kutegemewa**, ukame wa kiroho **tunaoupitia utaendelea kuwepo**.

Mungu wetu mwenye neema na rehema na amwezeshe mwandishi kuwasilisha ujumbe unaomtukuza Yeye, unaosukuma mbele kusudi Lake duniani, na kuujenga mwili wa Kristo. Pia, na atayarishe mioyo ya wasomaji kupokea ukweli huu. Ndugu zangu, tuombeane.

Roho Mtakatifu Katika Majira ya Kwanza

Nafasi ya Roho Mtakatifu katika **majira ya kwanza (Agano la Kale)** inafanana kwa kiasi kikubwa na kazi Yake katika **Agano Jipya**. Tunapochunguza kazi Yake, tunaweza kutambua maeneo manne makuu ambamo Roho hutenda kazi:

1. **Kuzaliwa upya (Regeneration)**
2. **Kukaa ndani ya waamini (au kuwajaza) (Indwelling/Filling)**
3. **Kuzuia (Restraint)**
4. **Kupewa uwezo kwa ajili ya huduma (Empowerment for service)**

Ushahidi wa kazi hizi za Roho Mtakatifu unapatikana kwa uwazi sawa katika Agano la Kale kama ulivyo katika Agano Jipya.

Kwa bahati mbaya, **kuna dhana potofu na zisizo sahihi kuhusu uhusiano kati ya Roho Mtakatifu na watakatifu wa Agano la Kale**. Mkanganyiko huu **haupaswi kushangaza**, kwa kuwa **kuna kutoelewa kwa kiwango kikubwa kuhusu jinsi walivyookolewa**. Watu wengi **wanafikiri kimakosa kwamba watakatifu wa zamani waliokolewa kwa njia tofauti kabisa na sisi wa leo**.

Kosa hili **linatokana na juhudi zisizo sahihi za baadhi ya watu** wanaotaka **kuongeza tofauti kati ya majira ya sasa na yale yaliyopita**, jambo ambalo **limesababisha kudharauliwa kwa heshima kwa waumini wa zamani wa Mungu**.

Kwa hakika, **watakatifu wa Agano la Kale walishiriki mambo mengi zaidi kwa pamoja na waamini wa Agano Jipya** kuliko inavyofikiriwa kwa kawaida. **Uzoefu wao wa kazi ya Roho Mtakatifu**—iwe katika **kuzaliwa upya, kutiwa nguvu, au kuongozwa**—ulihusiana moja kwa moja na **mpango wa ukombozi wa Mungu** uliofikia kilele chake katika Kristo.

Kuelewa **mwendelezo huu wa kazi ya Roho Mtakatifu** hutusaidia **kuthamini uaminifu usiobadilika wa Mungu** na nafasi thabiti ya Roho Wake **katika historia yote ya ukombozi wa wanadamu**.

Kuhusu Uumbaji

Roho Mtakatifu anaonyeshwa kama mshiriki wa moja kwa moja katika uumbaji, akileta mpangilio kutoka katika hali ya machafuko. Mwanzo 1:2 inamweleza Roho kama **"akitulia juu ya uso wa maji"**, ikisisitiza jukumu Lake la **kuweka utaratibu na kuumba ulimwengu wa mwanzo**. Katika **Ayubu 26:13**, Roho anahusishwa na **"kupamba mbingu"**, akionesha kazi Yake ya **kurembesha na kupanga ulimwengu**. Vile vile, Ayubu anathibitisha nguvu ya Roho katika kutoa uhai, kama inavyoandikwa katika **Ayubu 33:4**:

"Roho wa Mungu ameniumba, na pumzi ya Mwenyezi inanipa uhai."

Zaburi 104:30 pia **inaangazia nafasi ya Roho katika uumbaji na ufufuaji wa viumbe**, ikisema:

"Wakati Unapompeleka Roho Wako, wao huumbwa, na Wewe unafanya upya uso wa nchi."

Sehemu hizi za Maandiko **zinathibitisha nafasi ya msingi ya Roho Mtakatifu katika kuumba na kudumisha uhai duniani**.

Kuhusu Adamu

Ili **Adamu aweze kuishi kwa mujibu wa mpango wa Mungu**, alihitaji kuwa na **sifa tatu za msingi**:

1. **Uwezo wa Kuona na Kutambua Mambo ya Kiroho**
   - Adamu aliweza **kuelewa mawazo na hekima ya Mungu** kuhusu wajibu na utiifu aliotakiwa kutimiza.
   - Alikuwa na **ufahamu wa sifa za Mungu**, akimtambua kama **Mungu wa pekee anayestahili kuabudiwa na kutiiwa**, na **chanzo cha kutosheleza mahitaji yake kwa sasa na hata milele**.
2. **Tabia Isiyozuiliwa ya Utii**
   - Adamu alikuwa na **uhuru wa kutimiza matakwa ya sheria ya Mungu**, akienda sambamba na mapenzi Yake ya kimungu **bila mzigo wala kizuizi**.
3. **Nguvu ya Kutekeleza na Kupinga Dhambi**
   - Alikuwa na **akili timamu, moyo ulio tayari, na hisia zilizoelekezwa katika kutimiza wajibu wake** na **kujiepusha na dhambi**.
   - Sifa hizi zilikuwa **sehemu ya uadilifu wa hali yake ya asili na ukamilifu wa hali aliyoumbiwa**.

Sifa hizi zote zilikuwa matokeo ya moja kwa moja ya kazi ya Roho Mtakatifu, zikithibitisha **uwepo na ushawishi Wake katika maisha ya Adamu**.

Kwa hivyo, **Adamu anaweza kusemwa kuwa alikuwa na Roho wa Mungu** katika hali yake ya **kutokuwa na dhambi na uadilifu**. Alipitia **nguvu na wema wa Roho Mtakatifu kwa njia ya kipekee**, kulingana na **agano ambalo alipewa kuishi**.

Hata hivyo, **uhusiano huu ulikuwa wa masharti**; Adamu **angeweza kupoteza Roho**, jambo ambalo kweli **lilitokea baada ya anguko la dhambi**.

Agano la Neema na Nafasi ya Roho Mtakatifu

Tofauti na **Agano la Uumbaji**, ambapo Roho Mtakatifu hakuwa **mtu wa kudumu katika maisha ya Adamu**, **katika Agano**

la Neema, Roho Mtakatifu **anapewa wale walio katika Kristo kama uwepo wa kudumu**.

Katika **Agano la Neema**, Roho **anakaa milele ndani ya waamini**, akiwaongoza na kuwabadilisha ili waweze **kudumu katika uhusiano wao na Mungu**.

Tofauti hii inasisitiza tofauti kubwa kati ya kazi ya Roho Mtakatifu katika uumbaji wa awali na nafasi Yake katika kazi ya ukombozi wa Kristo.

Kuhusu Uumbaji

Vipengele vitatu vilivyotajwa awali na yule **Mpuretani mashuhuri** vinawakilisha **sehemu kuu za "sura ya Mungu"** ambayo mwanadamu aliumbwa kwayo na **Roho Mtakatifu**. Hii inaonekana wazi katika kazi ya **kuzaliwa upya**, ambapo Roho Mtakatifu **hurejesha sifa hizi ndani ya nafsi za wateule wa Mungu**. Kama ilivyoandikwa katika **Wakolosai 3:10**:

"Mkivikwa utu mpya, unaofanywa upya katika maarifa sawasawa na mfano wa Yeye aliyemwumba."

Aya hii inaonyesha kwamba **maarifa ya kiroho yaliyopotea wakati wa Anguko yanarejeshwa katika kuzaliwa upya**. Jambo la muhimu ni kwamba **urejeshwaji huu unamaanisha kuwa mwanadamu alikuwepo na maarifa hayo tangu mwanzo**, kwa kuwa **haiwezi kurejeshwa kitu ambacho hakikuwepo awali**.

Maarifa ambayo Roho Mtakatifu alimpatia **Adamu** yalikuwa **ya ajabu**. Mfano wa wazi wa hili **unaonekana katika Mwanzo 2:19**, ambapo Adamu **aliwapa majina viumbe vyote hai**, akionyesha **utambuzi wa hali ya juu na ufahamu wa kina**.

Ushahidi wa kushangaza zaidi unaonekana katika **Mwanzo 2:21-23**. Mungu alipomfanya **Adamu kulala usingizi mzito**, akachukua **ubavu wake** na kuumba **mwanamke**, **Adamu mara moja alitambua asili yake**. Alipomwona Hawa, **Adamu akasema kwa uhakika**:

"Sasa huyu ni mfupa wa mifupa yangu, na nyama ya nyama yangu."

Alielewa **alipotoka, uhusiano wake naye, na umuhimu wake**. Pia **alimpa jina linalofaa**, yote haya **kupitia Roho wa ufunuo na ufahamu**.

Roho Mtakatifu Katika Uumbaji wa Adamu

Kutokana na hili, **ni dhahiri kwamba Adamu alipewa Roho Mtakatifu tangu mwanzo**. Ushahidi zaidi **unapatikana katika Mwanzo 2:7**:

"Bwana Mungu akamfanya mtu kwa mavumbi ya ardhi, akampulizia puani pumzi ya uhai."

Ikiangaliwa kwa **mtazamo wa Ulinganifu wa Imani (Analogy of Faith)**, maneno haya **yanamaanisha kuwa Mungu wa Utatu alimpa Adamu Roho Mtakatifu**.

Mfano wa kushangaza unaofanana na huu **unapatikana katika Ezekieli 37**, ambapo tunashuhudia **mfano wa kinabii wa kuzaliwa upya kwa Israeli wa kiroho**. Bwana anaamuru:

"Tabiri juu ya pumzi; tabiri, mwanadamu, ukaiambie pumzi, 'Bwana Mungu asema hivi: Njoo kutoka pepo nne, Ewe pumzi, uwapulizie watu hawa waliouawa, ili wapate uhai.' Basi nikatabiri kama alivyoniamuru, nayo pumzi ikaingia ndani yao, nao wakaishi." *(Ezekieli 37:9-10)*

Vivyo hivyo, baada ya **kufufuka kwake**, Yesu **alifufua upya tendo hili la kimungu**. Katika **Yohana 20:22**, tunaambiwa:

"Alipokwisha kusema haya, aliwapulizia, akawaambia, 'Pokeeni Roho Mtakatifu.'"

Tendo hili **linarejelea Mwanzo 2:7**, likiwa **ni sawa na tendo la kwanza**:

- **Tukio la kwanza** linaonyesha **kupewa kwa Roho Mtakatifu kwa mwanadamu** wakati wa uumbaji.
- **Tukio la pili** linaashiria **urejesho wa kile kilichopotea kutokana na Anguko la Dhambi**.

Sehemu hizi za Maandiko **zinaangazia nafasi muhimu ya Roho Mtakatifu** katika **uumbaji na ukombozi**.

Shimba Theological Institute
Dr. Maxwell Shimba

SURA YA 1

Nafsi ya Roho Mtakatifu

Roho Mtakatifu **siyo nguvu isiyo na utu**, kama wanavyodai baadhi ya makundi potofu, bali ni **Mungu wa kweli mwenye akili, hisia, na mapenzi**. **Roho Mtakatifu siyo "jambo" (it) bali ni "Yeye" (He)**—yaani, **Mtu wa kiungu**. Ukweli huu umefunuliwa wazi katika **Maandiko Matakatifu**.

Katika **Yohana 16:12-14**, Yesu alisema:

"Ninayo bado mengi ya kuwaambia, lakini hamwezi kuyastahimili sasa. Lakini atakapokuja Yeye, Roho wa kweli, atawaongoza kwenye kweli yote; kwa maana Hatazungumza kwa mamlaka Yake mwenyewe, bali yote atakayosikia atayasema; naye atawaambia mambo yajayo. Atanitukuza Mimi, kwa sababu atachukua yaliyo Yangu na kuwajulisha ninyi."

Nini Kinamfanya Mtu Kuwa Nafsi?

Mtu ni **kiumbe mwenye sifa za kipekee** zinazojumuisha **vipengele vya kimwili, kiakili, na kihisia**. Mtu ana uwezo wa **kufikiri, kuhisi, na kuwasiliana na wengine**, na anaundwa na **uzoefu, imani, na maadili** yake.

Katika muktadha wa **sheria**, mtu ni **kiumbe chenye haki na majukumu**, akitambuliwa kama **nafsi tofauti na yenye mamlaka ya kujitegemea**. Kwa mtazamo mpana, mtu ni **kiumbe mwenye sura**

nyingi, anayehusika katika jamii na kuwa na uwepo wa maana katika maisha ya wengine.

Utu wa Roho Mtakatifu

Kwa sababu **jina la Roho Mtakatifu ni kutuelekeza kwa Kristo badala ya kujitukuza mwenyewe**, watu wengi **hawamwelewi vyema**. Wengine wanamchora Roho Mtakatifu **kama nguvu tu au mamlaka ya Mungu, wakikana utu Wake wa kiungu na hata Utatu Mtakatifu**. Dhana hii potofu **imeenea sana miongoni mwa makundi potofu**.

Ni muhimu kwa Wakristo **kuelewa Roho Mtakatifu ni nani** na kuona wazi katika **Maandiko sababu za imani yetu kuhusu utu Wake**. Ili kushughulikia hili, tutachunguza **ushahidi wa kibiblia** unaothibitisha ukweli mmoja wa msingi: **Roho Mtakatifu ni Mtu wa Kiungu, anayefanya kazi kama sehemu ya Utatu Mtakatifu**.

Roho Mtakatifu Ni Nafsi

Ingawa mazungumzo haya hayatajumuisha **kila andiko linalothibitisha ukweli huu**, yatatoa msingi imara wa **kile ambacho Biblia inafundisha kuhusu Roho Mtakatifu kama Nafsi**. Uelewa huu ni **muhimu sana kwa mtazamo sahihi wa nafasi Yake katika maisha yetu na nafasi Yake ndani ya Utatu Mtakatifu**.

Roho Mtakatifu ni **Nafsi** mwenye **akili, mapenzi, na hisia**, na anafanya kazi **kwa uhuru ndani ya Uungu. Yeye hadhibitiwi na Mungu Baba au Mungu Mwana** lakini **ana utu wake wa kipekee, huku akiwa Mungu kikamilifu**. Roho Mtakatifu **ana akili yake mwenyewe**, jambo linalothibitishwa na **1 Wakorintho 2:10-11**:

"Lakini Mungu ametufunulia sisi mambo haya kwa Roho wake; kwa maana Roho huchunguza yote, hata mambo ya Mungu yaliyo ya ndani kabisa. Maana ni nani ajuaye mambo ya mtu, ila roho ya mtu aliye ndani yake? Vivyo hivyo, hakuna ajuaye mambo ya Mungu ila Roho wa Mungu."

Aya hii ni **ushahidi wa wazi wa uwezo wa Roho Mtakatifu wa kufikiri kwa uhuru**. Inaonyesha kuwa **Yeye huchunguza mambo ya ndani ya Mungu na kuwafunulia waamini**, jambo linalosisitiza kwamba **Yeye siyo nguvu tu au mamlaka isiyo na utu, bali ni Nafsi ya kiungu inayoweza kufikiri, kuchambua, na kuwasiliana**.

Roho Mtakatifu Ana Sifa za Kibinafsi

A. Roho Mtakatifu Ana Akili

1. **Warumi 8:27**

"Naye achunguaye mioyo anajua nia ya Roho, kwa maana huwaombea watakatifu kama apendavyo Mungu."

Aya hii **inaangazia "nia ya Roho"**, ikionyesha kuwa **Roho Mtakatifu ana uwezo wa kufikiri kwa uhuru.** Anaombea waamini **kwa mujibu wa mapenzi ya Mungu**, jambo linaloonyesha **uelewa Wake wa kina na ushiriki Wake wa kibinafsi katika maisha ya watu wa Mungu.**

B. Roho Mtakatifu Hufundisha, Huongoza, na Hutoa Ufahamu

1. **Yohana 14:26**

"Lakini huyo Msaidizi, Roho Mtakatifu, ambaye Baba atampeleka kwa jina Langu, atawafundisha yote, na kuwakumbusha yote niliyowaambia."

2. **1 Wakorintho 2:10-13**

   o Sehemu hizi za Maandiko zinafafanua zaidi kazi ya Roho Mtakatifu **katika kufunua na kufundisha ukweli wa Mungu kwa waamini.**

Maelezo haya **katika Maandiko yanasisitiza nafasi ya Roho Mtakatifu kama Nafsi inayowaza, inayotenda, na inayowasiliana ndani ya Utatu**. Uwezo Wake wa **kufundisha, kuongoza, na kutoa ufahamu kwa waamini** unaonyesha **akili Yake ya kiungu na ushiriki Wake wa karibu katika ukuaji wao wa kiroho.**

Kwa muhtasari, **Roho Mtakatifu si nguvu isiyo na utu, bali ni Nafsi ya Kiungu anayefikiri, kutenda, na kuwasiliana na waamini. Yeye ni Mungu kikamilifu**, akiwa na **sifa zote za utu**, na **anacheza nafasi muhimu katika kufunua na kutekeleza ukweli wa Mungu kwa watu Wake.**

B. Roho Mtakatifu Anajua

1. **Roho Mtakatifu "anajua mambo ya Mungu"** - 1 Wakorintho 2:11

Kama vile **"roho ya mwanadamu"** (nafsi ya kibinafsi) inavyoweza kujua mambo fulani kuhusu mtu, **Roho Mtakatifu ana maarifa kuhusu mafumbo ya Mungu. 1 Wakorintho 2:11** inasema:

"Kwa maana ni nani ajuaye mambo ya mtu, ila roho ya mtu aliye ndani yake? Vivyo hivyo, hakuna ajuaye mambo ya Mungu ila Roho wa Mungu."

Aya hii **inaangazia maarifa ya kiungu ya Roho Mtakatifu**, ambayo **yanapita ufahamu wa kibinadamu**. Wakati **maarifa ya mwanadamu yana mipaka kutokana na mtazamo na uwezo wake wa kuelewa**, **Roho Mtakatifu ana maarifa kamilifu na hekima moja kwa moja kutoka kwa Mungu**.

Anatajwa kuwa **nafsi binafsi**, tofauti na Mungu Baba na Yesu Kristo, **akiwa na uelewa wa kina wa kweli za kiungu**.

C. Roho Mtakatifu Ana Upendo

1. **Paulo anazungumzia "upendo wa Roho"** - Warumi 15:30

Katika **Warumi 15:30**, **Paulo anawasihi waamini kwa jina la Bwana Yesu Kristo na kwa upendo wa Roho**:

"Lakini nawasihi, ndugu, kwa Bwana wetu Yesu Kristo, na kwa upendo wa Roho, kwamba mshirikiane nami katika kuomba kwa Mungu kwa ajili yangu."

Aya hii inaonyesha kuwa **Roho Mtakatifu ana uwezo wa kupenda**, jambo linalothibitisha kwamba **Yeye ni Nafsi ya kiungu na si nguvu isiyo na utu**. Hakuna **nguvu isiyo na utu inayoweza kuonyesha au kuwa na upendo**.

Theolojia ya Kikristo inathibitisha kuwa Roho Mtakatifu, kama Nafsi tofauti ndani ya Utatu Mtakatifu, anashiriki sifa zote za utu, ikiwa ni pamoja na uwezo wa kupenda na kupendwa.

Upendo wa Roho Mtakatifu unasisitiza asili Yake ya uhusiano na nafasi Yake hai katika maisha ya waamini.

D. Roho Mtakatifu Ana Mapenzi

1. **"Roho yule yule hufanya mambo haya yote, akimgawia kila mmoja peke yake kama apendavyo."** - 1 Wakorintho 12:11

Roho Mtakatifu anaonyesha **mapenzi Yake** katika **1 Wakorintho 12:11**, ambapo **Yeye huamua ni vipawa vya kiroho gani vitolewe kwa kila muumini**:

"Lakini kazi hizi zote huzitenda Roho huyo mmoja, huku akimgawia kila mtu peke yake kama apendavyo."

Kutumia mapenzi binafsi ni uthibitisho wa wazi wa utu wa Roho Mtakatifu. Yeye **haamui tu ni vipawa gani atakavyogawa**, bali pia **huongoza na kupanga kazi ya Mungu miongoni mwa watu Wake**.

---

2. **Matendo 13:2:**

"Basi, walipokuwa wakimhudumia Bwana na kufunga, Roho Mtakatifu akasema, 'Nitengeeni Barnaba na Sauli kwa kazi ile niliyowaita.'"

Katika kifungu hiki, **Roho Mtakatifu anazungumza na kutoa maagizo mahususi**, jambo linaloonyesha zaidi **mapenzi Yake na mamlaka Yake**.

---

3. **Matendo 16:6:**

"Wakapita katika nchi ya Frigia na Galatia, wakikatazwa na Roho Mtakatifu wasilihubiri lile neno katika Asia."

Hapa, **Roho Mtakatifu anaingilia kati moja kwa moja**, **akiwaepusha Paulo na Timotheo wasihubiri katika Asia**, jambo linaloonyesha **uwezo Wake wa kuelekeza na kuongoza kwa mujibu wa kusudi Lake la kiungu**.

Roho Mtakatifu si nguvu isiyo na utu, bali ni Nafsi ya Kiungu yenye maarifa, upendo, na mapenzi.

Sifa Zake na matendo Yake, kama yanavyoonyeshwa katika Maandiko, **zinathibitisha nafasi Yake ya kipekee ndani ya Utatu Mtakatifu na ushiriki Wake hai katika maisha ya waamini**. Kupitia **maarifa Yake ya kiungu, upendo Wake, na mwongozo Wake**, **Roho Mtakatifu anaendelea kuipa nguvu na kuelekeza Kanisa kwa makusudi ya Mungu.**

Roho Mtakatifu Anajua Mafumbo ya Mungu

Roho Mtakatifu anajua mafumbo ya ndani kabisa ya Mungu, na ni furaha Yake kuyafunua kwako—mradi tu moyo wako ni safi na uko tayari kupokea. Kama **Warumi 8:26-27** inavyoeleza:

"Kadhalika Roho hutusaidia katika udhaifu wetu; kwa maana hatujui kuomba jinsi itupasavyo, lakini Roho mwenyewe hutuombea kwa kuugua kusikoweza kutamkwa. Na yeye achunguaye mioyo anajua nia ya Roho, kwa kuwa huwaombea watakatifu sawasawa na mapenzi ya Mungu."

Roho Mtakatifu, kama Nafsi, ana uwezo wa kipekee wa kuchunguza kina cha Mungu na kufunua kweli Zake. Hili linaonyesha **nafasi tofauti ndani ya Utatu Mtakatifu**: **Mungu Baba, Mungu Mwana, na Mungu Roho Mtakatifu** ni **nafsi tatu tofauti, lakini wameungana kikamilifu kama Mungu mmoja**.

Fikiria hili: **kama vile hakuna mtu anayekujua vyema zaidi ya roho yako mwenyewe, hakuna anayemjua Mungu zaidi ya Roho Mtakatifu.**

Sifa za Roho Mtakatifu Zinazoonyesha Utu Wake

Roho Mtakatifu **ana mapenzi, akili, na hisia**, ambazo ni **sifa muhimu za utu**. Kwa mfano:

1. **Roho Mtakatifu ana mapenzi**
   - Yeye **hufanya maamuzi kwa uhuru**, kama inavyoonyeshwa katika **1 Wakorintho 12:11**, ambapo **Yeye hugawa vipawa vya kiroho "kwa kila mmoja kama apendavyo."**
2. **Roho Mtakatifu ana akili**
   - Yeye **anajua mawazo ya Mungu na huchunguza mambo ya ndani kabisa ya Mungu**, kama inavyoonekana katika **1 Wakorintho 2:10-11**.
3. **Roho Mtakatifu ana hisia**

- **Anaweza kuhuzunishwa**, kama Paulo anavyotukumbusha katika **Waefeso 4:30**:
- **"Wala msimhuzunishe Roho Mtakatifu wa Mungu, ambaye kwa Yeye mlitiwa muhuri hata siku ya ukombozi."**

Sifa hizi—**mapenzi, akili, na hisia**—zinathibitisha kwa uwazi kwamba **Roho Mtakatifu siyo nguvu isiyo na utu, bali ni Nafsi ya Kiungu.**

Roho Mtakatifu na Nafasi Yake Katika Ukombozi

Roho Mtakatifu **ana nafsi tofauti na Baba na Mwana, akiwa na mapenzi yake mwenyewe, akili, na uwezo wa kufanya maamuzi**. Hata hivyo, **Yeye hubaki mwaminifu kwa Yesu**.

Kabla ya Yesu **kuja duniani kama mwanadamu**, **Yeye alijisalimisha kikamilifu kwa Roho Mtakatifu**. Kama **Mathayo 1:20** na **Luka 1:30-35** zinavyosimulia, **Yesu alitungwa mimba kwa Roho Mtakatifu ndani ya tumbo la Mariamu, akimtumainia Roho Mtakatifu kabisa kama Mlezi Wake, Mwezeshaji Wake, na hatimaye Yeye ambaye angemuinua kutoka kwa wafu.**

Hii inaonyesha kuwa **Roho Mtakatifu anafanya kazi si tu katika uumbaji, bali pia katika ukombozi wa mwanadamu kwa njia ya Yesu Kristo**.

Umuhimu wa Roho Mtakatifu Katika Ufufuo wa Yesu

Kama **Roho Mtakatifu angeamua kutomfufua Yesu kutoka kwa wafu**, **wokovu wetu usingewezekana**, na Yesu **angebaki kaburini**. Hili linaonyesha **kiwango cha juu cha imani ambayo Yesu alikuwa nayo kwa Roho Mtakatifu** na nafasi muhimu ambayo **Roho alicheza katika utume Wake**.

Wakati Yesu **aliacha mbingu ili kuchukua umbo la mwanadamu, alimtegemea kabisa Roho Mtakatifu kutimiza utume Wake na kurudi kwa Baba**. Maandiko yanafunua kwamba **Yesu alipotoa nafsi Yake kwa Baba, alifanya hivyo kupitia Roho Mtakatifu**.

Kwa maneno mengine, **Baba alipomwomba Yesu aje duniani, Yesu alijibu akisema:**

"Nitakwenda, lakini ni ikiwa Roho Mtakatifu atanitegemeza, kunipa nguvu, na kunirudisha."

Roho Mtakatifu alikubali, na Yesu, **kwa utii na imani kamilifu**, akasema:

"Basi, najisalimisha kikamilifu Kwako."

Roho Mtakatifu Alikuwa Katika Udhibiti Kamili wa Maisha ya Yesu

Yesu alipokuwa duniani, **Roho Mtakatifu alikuwa katika udhibiti kamili wa maisha Yake. Luka 4:1** inatuambia kwamba **Yesu "alijazwa na Roho Mtakatifu"**, na kwamba **Roho alimtia mafuta pale Mto Yordani**.

Ilikuwa **Roho Mtakatifu aliyemwongoza Yesu kwenda nyikani ili kujaribiwa** (**Luka 4:1; Mathayo 3:1**), na **Roho ndiye aliyefanya miujiza kupitia Yeye**.

Kila **muujiza** ambao Yesu alifanya **ulitendeka kwa nguvu za Roho Mtakatifu**. Hata **mapepo hayawezi kufukuzwa bila uwepo wa Roho Mtakatifu**. Kama Yesu mwenyewe alivyoeleza katika **Mathayo 12:28**:

"Lakini ikiwa mimi natoa pepo kwa Roho wa Mungu, basi ufalme wa Mungu umewafikia."

Kauli hii inathibitisha kuwa **kila tendo la ukombozi na nguvu lilifanyika kwa uwezeshaji wa Roho Mtakatifu**.

Roho Mtakatifu: Nguvu ya Yesu Katika Maisha na Huduma Yake

Kwa hivyo, **nafasi ya Roho Mtakatifu katika maisha na huduma ya Yesu haikuweza kubadilishwa**. Kuanzia **kutungwa mimba hadi ufufuo, Roho alimtegemeza, akampa nguvu, na kumwongoza Yesu**, jambo ambalo linaonyesha **umoja na uaminifu ndani ya Utatu Mtakatifu na kazi muhimu ya Roho Mtakatifu katika mpango wa wokovu**.

Kama **Yesu mwenyewe alihitaji Roho Mtakatifu**, **sisi je, tunamuhitaji kiasi gani?**

Kama **Yesu alimtegemea Roho Mtakatifu, tunawezaje kujaribu kufanya vinginevyo?**

Kama **Yesu alimwamini Roho Mtakatifu kikamilifu, kwa nini usimwamini pia?**

Roho Mtakatifu ni mwaminifu—tafakari jinsi **alivyokuwa mwaminifu kwa Yesu**. **Hakumuacha kamwe, hata mara moja.**

Roho Mtakatifu Ndiye Anayeamua Kugawa Karama kwa Mwili wa Kristo

Roho Mtakatifu ndiye anayeamua ni karama gani zinatolewa kwa Mwili wa Kristo. Mungu amemkabidhi **jukumu kamili la Kanisa**. Kama inavyosema katika **1 Wakorintho 12:11**:

"Lakini kazi hizi zote huzitenda Roho huyo mmoja, huku akimgawia kila mtu peke yake kama apendavyo."

Aya hii **inasisitiza kwamba uwezo na nguvu za karama za kiroho huzalishwa na kutendwa na Roho Mtakatifu**. **Ugawaji wake uko chini ya mapenzi Yake pekee**—hakuna mwanadamu, mwanamume au mwanamke, **anayeweza kumpa mwingine karama za kiroho**. Mamlaka hayo **ni ya Roho Mtakatifu peke yake**.

Roho Mtakatifu Ndiye Mfunuaji wa Kazi ya Kristo

Mungu alimpenda ulimwengu kiasi cha kumpa Mwana Wake wa pekee. Yesu alikuja **kutimiza kazi ya Baba**, lakini ni **Roho Mtakatifu anayefunua ukweli wa kazi ya Yesu mioyoni mwa wanadamu. Roho Mtakatifu huonyesha na kufunua nguvu ya Kalvari**. Katika mpango huu wa kimungu:

- **Baba alitamka.**
- **Yesu alitimiza.**
- **Roho Mtakatifu alifunua.**

Bila **Roho Mtakatifu**, **hatungeelewa kamwe kile kilichotokea kweli**. Tungekuwa wapi kama **Roho Mtakatifu hangefunua ukweli wa dhabihu ya Kristo?**

Ukristo usingedumu hata kwa muda mfupi baada ya kifo cha Yesu. Ni **Roho Mtakatifu anayefanya kila kitu kijulikane. Yeye ndiye Mfunuaji Mkuu.**

Ukristo: Ufunuo wa Kristo Yesu

Ukristo siyo tu dini; ni ufunuo wa Kristo Yesu, na **Roho Mtakatifu ndiye anayefunua ufunuo huo**. Bila Yeye:

- **Tusingemjua Yesu.**
- **Tusingekuwa na Neno la Mungu.**
- **Tusingekuwa na Biblia, kwani Roho Mtakatifu ndiye aliyewatia nguvu manabii kuandika Neno la Mungu.**

Roho Mtakatifu ni msingi wa kuelewa na kupata ukweli wa Injili, na jukumu Lake kama **Mfunuaji Mkuu linaendelea kuwa msingi wa Ukristo hadi leo.**

Roho Mtakatifu Ana Mapenzi na Hisia Kama Binadamu

Roho Mtakatifu **ana mapenzi na hisia, kama wewe na mimi.** Biblia inasema katika **Waefeso 4:29-30**:

"Msimtoe maneno mabaya vinywani mwenu, bali yale yaliyo mema kwa ajili ya kujenga wengine sawasawa na haja, ili yawafae wale wanaosikia. Wala msimhuzunishe Roho Mtakatifu wa Mungu, ambaye kwa Yeye mlitiwa muhuri hata siku ya ukombozi."

Aya hizi zinafunua kwamba **Roho Mtakatifu anaweza kuhuzunishwa kwa maneno na matendo yetu**, hasa tunaposema **mambo mabaya, yasiyo ya fadhili au yenye kuumiza wengine.**

Yeye ni mwenye hisia kuu, na kupitia **maneno na matendo yetu, anaweza kuhisi huzuni au kuvunjika moyo.**

Kwa hiyo, **tunahitaji kumheshimu, kumpenda, na kufuata mwongozo Wake kwa unyenyekevu**, ili **tusimhuzunishe, bali tumfurahishe kwa maisha yetu yenye utii kwa Mungu.**

Roho Mtakatifu Ndiye Mwanachama Pekee wa Utatu Anayeweza Kuhuzunishwa

Roho Mtakatifu **ndiye mwanachama pekee wa Utatu Mtakatifu anayeelezwa katika Maandiko kuwa anaweza kuhuzunishwa au kujeruhiwa**. Hii **inaangazia asili Yake ya kibinafsi**—Yeye **ana akili, mapenzi, na hisia**.

Bila Roho Mtakatifu, hatuna uwezo wa kufanya jambo lolote lenye thamani ya kiroho kwa kudumu.

Roho Mtakatifu Anaweza Kuhuzunishwa

A. Yeye Anaweza Kupata Majeraha ya Kihisia na Kupuuziwa

1. **Waefeso 4:30**

"Wala msimhuzunishe Roho Mtakatifu wa Mungu."

Mtume Paulo anawaonya waamini **wasimhuzunishe Roho Mtakatifu**, akimaanisha kwamba **Yeye anaweza kuhisi huzuni tunapompuuza au kutomtii kwa makusudi**.

B. Maandiko Yanayounga Mkono Dhana ya Kumhuzunisha Roho Mtakatifu

Maandiko mengine yanathibitisha kwamba **Roho Mtakatifu anaweza kuhuzunishwa**, kama inavyoonekana katika aya zifuatazo:

- **Isaya 63:10**

"Lakini waliasi na kumhuzunisha Roho Wake Mtakatifu; kwa hiyo akageuka kuwa adui yao, naye mwenyewe akapigana nao."

- **Zaburi 78:40-41**

"Mara ngapi waliasi dhidi Yake jangwani na kumhuzunisha katika nchi isiyo na maji! Wakamjaribu Mungu mara nyingi, wakimhuzunisha Mtakatifu wa Israeli."

Aya hizi zinaonyesha kwamba **uasi, ibada ya sanamu, na kutotii humhuzunisha Roho Mtakatifu**, jambo ambalo **huathiri uhusiano Wake na watu wa Mungu**.

Roho Mtakatifu ni Nafsi ya Kibinafsi

Uwezo wa **kuhisi huzuni au kuumizwa** unathibitisha kwamba **Roho Mtakatifu siyo nguvu isiyo na utu au nishati tu, bali ni Nafsi halisi** ambaye **tunaweza kuwa na uhusiano naye**.

Yeye **ni nyeti kwa jinsi tunavyoishi na tunavyoitikia mwongozo Wake**.

- **Kumpuuza au kutotii Roho Mtakatifu kunaweza kuathiri uhusiano wetu Naye.**
- **Kutomtii kunaweza kuvuruga kazi Yake katika maisha yetu.**

Jinsi ya Kuishi Maisha Yanayomheshimu Roho Mtakatifu

Kama waamini, tunapaswa **kujitahidi kuishi maisha yanayomheshimu Roho Mtakatifu**, tukizingatia:

- **Maneno yetu**
- **Matendo yetu**
- **Mawazo na mitazamo yetu**

Kwa kufanya hivyo, **tunadumisha uhusiano wa karibu Naye** na kumruhusu **kufanya kazi kwa nguvu ndani yetu na kupitia sisi**.

B. Roho Mtakatifu Anaweza Kukufuriwa

1. **Kumkufuru Roho Mtakatifu kunahusisha kusema mabaya dhidi Yake au kuhusisha matendo Yake na Shetani.**
2. **Hii inatajwa kama "dhambi isiyosameheka" katika Mathayo 12:31-32:**

"Kwa hiyo nawaambia, kila dhambi na kufuru ya wanadamu itasamehewa, lakini kufuru dhidi ya Roho haitasamehewa. Mtu yeyote atakayesema neno dhidi ya Mwana wa Adamu, atasamehewa; lakini ye yote atakayesema dhidi ya Roho Mtakatifu, hatasamehewa, katika enzi hii wala katika enzi ijayo."

Kumkufuru Roho Mtakatifu kunachukuliwa kuwa **dhambi isiyosameheka** kwa sababu **inajumuisha kukataa**

kazi Yake, ambayo **inawaongoza watu kwenye toba na wokovu kupitia Yesu Kristo**.

Kwa kumkana au kuhusisha matendo Yake na Shetani, mtu anakataa jukumu la Roho katika wokovu, jambo linalopelekea uharibifu wa kiroho.

C. Roho Mtakatifu Anaweza Kutukanwa

1. **Waebrania 10:29 inataja hili kama tendo la "kumsulubu Mwana wa Mungu mara nyingine" na "kumtukana Roho wa neema"**:

"Je! Mnafikiri ni adhabu kali kiasi gani anayostahili yule anayemkanyaga Mwana wa Mungu chini ya miguu yake, akihesabu damu ya agano ambayo ilimtakasa kuwa kitu cha kawaida, na kumtukana Roho wa neema?"

2. **Kutukanwa huku kunahusiana na dhambi ya makusudi, kama ilivyoelezwa katika Waebrania 10:26:**

"Kwa maana ikiwa tunakosa kwa makusudi baada ya kupokea maarifa ya kweli, hakuna tena dhabihu inayobaki kwa ajili ya dhambi."

Kumtukana Roho wa neema kunatokea pale mtu anapokataa kazi ya Yesu Kristo, ambaye alitumwa kupitia Roho **kuleta wokovu**.

Kukataa huku kwa makusudi na kwa kuendelea, sambamba na dhambi ya makusudi, kunafanya moyo kuwa mgumu na kusababisha upofu wa kiroho, jambo linalofanya toba kuwa ngumu zaidi.

D. Roho Mtakatifu Anaweza Kudanganywa

1. **Matendo 5:3** inasimulia dhambi ya **Anania na Safira**, waliomdanganya Roho Mtakatifu:

"Lakini Petro akamwambia, 'Anania, kwa nini Shetani ameujaza moyo wako kumdanganya Roho Mtakatifu na kuzuia sehemu ya thamani ya shamba kwa ajili yako mwenyewe?'"

2. **Kumdanganya Roho Mtakatifu kunafananishwa na kumdanganya Mungu**, kwa sababu **Roho Mtakatifu ni sehemu ya Utatu Mtakatifu**.

Katika kisa hiki, **Anania na Safira walikubaliana kwa siri kudanganya Kanisa la kwanza kuhusu mchango wao wa kifedha**. Adhabu yao—**kufa papo hapo**—inaonyesha **uzito wa kudanganya Roho Mtakatifu**. Tukio hili linakuwa **onyo kali kwamba udanganyifu, hasa dhidi ya Mungu, una madhara makubwa**.

Dondoo Muhimu

Roho Mtakatifu ni Nafsi ya Kiungu ndani ya Utatu Mtakatifu, na makosa dhidi Yake yanachukuliwa kwa uzito mkubwa katika Maandiko.

- **Kumkufuru Roho Mtakatifu ni dhambi isiyosameheka kwa sababu inakataa kazi Yake ya kuwaongoza watu kwenye wokovu.**
- **Kumtukana Roho wa neema hutokea kupitia dhambi ya makusudi na kukataa kazi ya Kristo, jambo linalofanya moyo kuwa mgumu dhidi ya toba.**
- **Kumdanganya Roho Mtakatifu ni kosa dhidi ya Mungu Mwenyewe, jambo linaloonyesha nafasi muhimu ya Roho ndani ya Utatu Mtakatifu.**

Kwa hiyo, **kama waamini, tunaitwa kumheshimu, kumtii, na kudumisha uhusiano wa ukweli na Roho Mtakatifu**.

E. Roho Mtakatifu Anaweza Kupingwa

1. **Kama vile Stefano alivyowashutumu viongozi wa Kiyahudi katika Matendo 7:51:**

"Enyi wenye shingo ngumu na wasiotahiriwa mioyo na masikio! Sikuzote mnampinga Roho Mtakatifu; kama baba zenu walivyofanya, nanyi vivyo hivyo."

2. **Viongozi wa Kiyahudi walimpinga Roho Mtakatifu kwa kukataa ujumbe wa Mungu na kuwatesa**

wajumbe Wake waliovuviwa na Roho, kama inavyoelezwa katika **Matendo 7:52-53**:

"Ni yupi miongoni mwa manabii ambaye baba zenu hawakumtesa? Waliwaua wale waliotabiri kuja kwa Yule Mwenye Haki, ambaye sasa mmekuwa wasaliti na wauaji wake; ninyi mliopokea sheria kwa amri ya malaika, lakini hamkuizingatia."

Kupinga Roho Mtakatifu ni **kukataa kazi na mwongozo Wake**, jambo ambalo **linazuia mtu kupokea ukweli wa Mungu na kufanikisha kusudi Lake**.

Tunapaswa kuwa na mioyo yenye upole, yenye kupokea, na yenye utii kwa Roho Mtakatifu, ili tuweze kuishi kulingana na mapenzi ya Mungu na kufurahia uwepo Wake wa milele.

Upendo wa Roho Mtakatifu

Warumi 15:30 inasema:

"Lakini nawasihi, ndugu zangu, kwa Bwana wetu Yesu Kristo na kwa upendo wa Roho, kwamba mshirikiane nami katika kuomba kwa Mungu kwa ajili yangu."

Maneno haya **"upendo wa Roho"** ni ukumbusho kwamba **Roho Mtakatifu anatupenda kwa kina**. Wengi huimba, **"Yesu ananipenda, najua hili,"** lakini ni kweli pia kusema, **"Roho Mtakatifu ananipenda, najua hili."**

2 Wakorintho 13:14 inatoa ombi lenye nguvu:

"Neema ya Bwana wetu Yesu Kristo, na upendo wa Mungu, na ushirika wa Roho Mtakatifu ukae nanyi nyote."

Ombi hili **linaangazia ushirika ambao waamini wanapaswa kushiriki na Roho Mtakatifu**.

- **Yesu alitembea katika ushirika huu**, vivyo hivyo **mitume na watakatifu wa Mungu**.
- Ikiwa **unatamani upendo na neema ya Roho Mtakatifu, usipuuzie ushirika Wake**.

Kushirikiana na Roho Mtakatifu kunajumuisha:

☑ **Ushirika wa karibu**
☑ **Kushiriki kazi Yake**
☑ **Maongezi ya ndani na Yeye**

Hii ndiyo siri ya nguvu ya kiroho, ushindi, na uhuru kutoka kwa dhambi.

Uhuru wa Kweli Upo Katika Roho Mtakatifu

Mahali ambapo Roho wa Bwana yupo, kuna uhuru. Uhuru wa kweli **upo tu pale ambapo Roho Mtakatifu yupo.**

Ikiwa **unatafuta uhuru wa kweli, lazima utafute uwepo wa Roho Mtakatifu.**

Nguvu ya Roho Mtakatifu

Roho Mtakatifu ndiye nguvu ya Utatu Mtakatifu. Bila Yeye, **wala Mungu Baba wala Mungu Mwana wasingeweza kusema au kutenda.**

Roho Mtakatifu ni Mungu Mwenye Nguvu Zote na **dhihirisho la nguvu za Mungu.**

Watu wengine **kwa makosa humwona Roho Mtakatifu kuwa dhaifu kuliko Baba na Mwana**, kwa sababu **anatajwa kama Nafsi ya Tatu ya Utatu Mtakatifu.**

Hata hivyo, **nafasi Yake inaelezea jukumu Lake, siyo umuhimu Wake au nguvu Zake.**

Roho Mtakatifu ndiye **anayefunua na kudhihirisha kazi ya Mungu.**

Yeye **ndiye nguvu ya Baba na ya Mwana.**

- **Mungu Baba alitamka Neno.**
- **Mungu Mwana akawa Neno.**
- **Mungu Roho Mtakatifu anafunua Neno.**

Wakati Mungu alisema, **"Na tumfanye mwanadamu,"**

- **Yesu (Neno) aliumba mwili kwa udongo,**
- **Lakini Roho Mtakatifu aligeuza huo udongo kuwa mwili hai wenye damu inayoendelea kuzunguka.**

Ikiwa **Roho Mtakatifu anaweza kugeuza udongo kuwa mwili hai unaovuta pumzi,**

Ni nini **asichoweza kufanya katika maisha yako?**

Mtegemee nguvu Zake, tafuta uwepo Wake, na tembea katika ushirika Wake ili upate uhuru, mabadiliko, na ushindi.

Roho Mtakatifu Ndiye Aliyemfanya Mungu (Neno) Kuwa Mwili kama Yesu

Roho Mtakatifu **ndiye aliyemchukua Mungu (Neno) na kumfanya kuwa mwili kama Yesu**. Mtakatifu Mathayo hata **alimrejelea Yesu kama "mtoto wa Roho Mtakatifu"**.

Roho Mtakatifu **ndiye nguvu ya Mungu Mwenyezi**, kama ilivyoandikwa:

"Si kwa nguvu, wala si kwa uwezo, bali kwa Roho Wangu, asema Bwana wa majeshi." *(Zekaria 4:6)*

Nani Anaishi Ndani ya Moyo Wako?

Ni **Roho wa Yesu**, anayeitwa **Roho Mtakatifu**.

Kama **Yohana 14:26** inavyofundisha, **Roho Mtakatifu atakuongoza na kukufundisha mambo yote**.

Biblia pia inasema kwamba **kama hatuna Roho wa Mungu, basi hatumhusu Yeye**.

Kazi ya Mungu Kupitia Vizazi Vyote

- **Mungu Baba alipomaliza kazi Yake katika Agano la Kale, aliondoka na hakurudi kwa njia ile ile.**
- Kisha **alimtuma Mwana**, aliyekuja duniani, akatimiza kazi Yake, na akaondoka pia, **akiwa ameahidi kurudi siku moja**.

Wakati **Yesu alipoondoka, Roho Mtakatifu alikuja kuanzisha Kanisa la Yesu Kristo**, kumfunua Yesu kwa watu Wake, na kumfanya kuwa halisi kwa Kanisa Lake.

Roho Mtakatifu **bado yupo hapa, akiendelea na kazi Yake**.

Lakini **siku moja, kazi Yake itakamilika, naye ataondoka**—na **atakapoondoka, Kanisa litakwenda pamoja Naye**.

Wakati **Roho Mtakatifu ataondoka**:

- **Mpinga Kristo atatokea,**
- **Masihi wa uongo atainuka,**
- **Hukumu itakuja juu ya dunia.**

Uwepo wa Roho Mtakatifu Katika Kanisa

Kanisa halijamwona Baba wala Mwana, wala kusikia sauti zao moja kwa moja.

Lakini **tumesikia sauti ya Roho Mtakatifu**.

Wakati unahisi kuwa **Yesu amezungumza nawe**, kwa hakika **ni Roho Mtakatifu ambaye umekuwa ukimsikia wakati wote**.

Unaweza **kumwita Yesu au Bwana—na hutakosea**, kwa sababu **Yeye ni Roho wa Bwana**.

Utukufu wa Roho Mtakatifu

Roho Mtakatifu ni **sawa kwa nguvu, enzi, na utukufu na Baba na Mwana**.

Kama **Yohana 14:26** inavyosema, **Yeye hutukumbusha yote ambayo Yesu alifundisha na hutusaidia kuyaelewa mafundisho Yake**.

- **Roho Mtakatifu hushuhudia juu ya Yesu, siku zote akituonyesha Kwake.**
- **Wakati wote, Roho Mtakatifu hazungumzi juu Yake mwenyewe, bali humtukuza na kumfunua Yesu.**
- **Jukumu Lake ni kuongoza, kufundisha, na kuliwezesha Kanisa huku akimfanya Yesu kuwa halisi katika maisha ya waamini.**

Roho Mtakatifu Ana Nguvu Kiasi cha Kwamba Anauhukumu Ulimwengu kwa Dhambi

Roho Mtakatifu **ni mwenye nguvu sana kiasi kwamba Yeye ndiye anayeshawishi na kuhukumu ulimwengu kuhusu dhambi**.

Katika **Yohana 16:8**, Yesu alisema:

"Naye atakapokuja, atauhukumu ulimwengu kwa habari ya dhambi, na haki, na hukumu."

Roho Mtakatifu siyo tu kwamba anahukumu dhambi, bali pia anatenda miujiza, kama inavyoonekana katika **Matendo 8:39**:

"Walipokuwa wamepanda kutoka majini, Roho wa Bwana akamnyakua Filipo, yule towashi asimwone tena, naye akaendelea njiani akifurahi."

Roho Mtakatifu Anatuombea

Zaidi ya hayo, **Roho Mtakatifu anatuombea**, kama ilivyoelezwa katika **Warumi 8:26**:

"Kadhalika Roho hutusaidia katika udhaifu wetu; kwa maana hatujui kuomba jinsi itupasavyo, lakini Roho mwenyewe hutuombea kwa kuugua kusikoweza kutamkwa."

Roho Mtakatifu ni Nafsi, si Nguvu Isiyo na Utu

Matendo haya—

- ☑ **Kuhukumu dhambi**
- ☑ **Kuombea waamini**
- ☑ **Kufundisha**

Yote haya **ni sifa za Nafsi halisi, si nguvu isiyo na utu**.

Kwa hiyo, **Roho Mtakatifu ni Nafsi ya Kiungu anayefanya kazi kwa nguvu na mamlaka ndani ya maisha ya waamini na ulimwengu wote**.

Nguvu ya Roho Mtakatifu

Tafakari juu ya **nguvu Yake ya ajabu**: **uwezo wa kuhukumu ulimwengu wote kuhusu dhambi**.

Yesu pia alizungumzia **hukumu**, akieleza kwamba **Roho Mtakatifu ataufunulia ulimwengu kuwa watahukumiwa kwa sababu walimkataa Masihi**.

Siku hiyo, **ulimwengu utamwona Mwana wa Mungu katika utukufu Wake**, na **watu watalia na kuomboleza** wanapotambua **haki ya Mwana wa Mungu na uhalisia wa kumkataa kwao**.

Roho Mtakatifu atauhakikishia ulimwengu hukumu kwa sababu walikataa kumpokea Mwana wa Mungu.

- **Yeye ana nguvu kiasi kwamba atawafufua watakatifu wote kutoka kwa wafu.**

- **Ni kwa uwezo wa Roho Mtakatifu kwamba miili ya waamini itabadilishwa "kwa kufumba na kufumbua jicho"** *(1 Wakorintho 15:52).*

Roho Mtakatifu **ndiye nguvu ya Utatu Mtakatifu**, muhimu katika **kila tendo la kimungu la Mungu**.

Roho Mtakatifu Anakuelekeza

Katika **Yohana 16:13**, Yesu alisema:

"Lakini atakapokuja Yeye, Roho wa kweli, atawaongoza kwenye kweli yote."

Roho Mtakatifu **ni Nafsi inayokuongoza na kutembea nawe.**

- **Mwongoza njia ni mtu anayekushika mkono, kukuongoza, na kukaa nawe kila hatua ya safari.**
- **Nafsi hii ya ajabu—Roho Mtakatifu—yuko nawe siku zote.**

Biblia **inatuhakikishia uwepo Wake wa kudumu**, akitupa nguvu, kutufundisha, na kutuongoza katika kweli yote.

Roho Mtakatifu si tu nguvu ya Mungu, bali pia ni rafiki wa karibu anayewaimarisha na kuwabadilisha waamini wote.

Roho Mtakatifu Ni Nafsi Halisi

Tumethibitisha kuwa **Roho Mtakatifu ni Nafsi**, mtu ambaye **binadamu wanaweza kuwa na uhusiano wa moja kwa moja na wa kibinafsi Naye**.

Hii inadhihirika katika **huduma Yake ya kibinafsi kwa waamini**, kama inavyoelezwa katika Maandiko:

☑ **Hushawishi watu juu ya dhambi, haki, na hukumu** *(Yohana 16:8-11)*

☑ **Huwazalia upya waamini** *(Yohana 3:5-8)*

☑ **Huwaongoza kwenye kweli yote** *(Yohana 16:13)*

☑ **Huwatakasa waamini** *(Warumi 8:1-17)*

☑ **Huwawezesha kwa huduma** *(Matendo 1:8)*

☑ **Aliwavuviwa waandishi wa Maandiko** *(2 Timotheo 3:16, 2 Petro 1:21)*

Katika hali zote hizi, **kazi Yake haielezwi kama ya chini ya Baba na Mwana, bali kama kazi inayosaidia na yenye nafasi ya kipekee katika mpango wa Mungu**.

Umuhimu wa Roho Mtakatifu Katika Biblia

A. Kutajwa Kwake Katika Agano la Kale

1. **Roho Mtakatifu anatajwa mara 88 katika Agano la Kale.**
2. **Anarejelewa katika vitabu 23 vya Agano la Kale.**
3. **Neno halisi "Roho Mtakatifu" linapatikana mara tatu pekee** *(kwa mfano, Zaburi 51:11).*
4. **Maneno mengine kama "Roho wa Mungu" au "Roho wa Bwana" yanatumika mara nyingi** *(kwa mfano, Mwanzo 1:2).*

B. Kutajwa Kwake Katika Agano Jipya

1. **Roho Mtakatifu anatajwa mara 264 katika Agano Jipya.**
2. **Injili zina zaidi ya marejeo 60 kuhusu Roho Mtakatifu.**
3. **Kitabu cha Matendo ya Mitume kinamtaja mara 57, mara nyingi kikipewa jina "Matendo ya Roho Mtakatifu."**
4. **Nyaraka zinamtaja Roho Mtakatifu mara 132.**
5. **Ni nyaraka tatu pekee—Filemoni, 2 Yohana, na 3 Yohana—zisizomtaja waziwazi Roho Mtakatifu.**

Matendo ya Kibinafsi ya Roho Mtakatifu

1. Roho Mtakatifu Husema

- **1 Timotheo 4:1**

"Lakini Roho anena waziwazi ya kwamba nyakati za mwisho wengine watajitenga na imani."

- **Ufunuo 2:7**

"Yeye aliye na sikio na asikie yale ambayo Roho ayaambia makanisa."

2. Roho Mtakatifu Hufundisha

- **Luka 12:12**

"Kwa kuwa Roho Mtakatifu atawafundisha saa ile ile yawapasayo kusema."

- **Yohana 14:26**

"Yeye atawafundisha yote na kuwakumbusha yote niliyowaambia."

3. Roho Mtakatifu Hutoa Maagizo na Kutekeleza Mamlaka

- **Matendo 13:2**

"Roho Mtakatifu akasema, 'Nitengeeni Barnaba na Sauli kwa kazi ile niliyowaita.'"

  - Maneno haya **yangekuwa ya kupotosha ikiwa Roho Mtakatifu hakuwa Nafsi yenye mamlaka na nia.**

4. Roho Mtakatifu Huombea Waamini

- **Warumi 8:26**

"Roho mwenyewe hutufanyia maombezi kwa kuugua kusikoweza kutamkwa."

  - Kama vile **Yesu anavyotuombea, jambo linalothibitisha utu Wake na utofauti Wake na Baba, hivyo pia maombezi ya Roho Mtakatifu yanathibitisha utu Wake na nafasi Yake ya kipekee ndani ya Utatu Mtakatifu.**

Biblia **daima inamtambulisha Roho Mtakatifu kama Nafsi halisi anayefanya mambo kwa nia, mamlaka, na upendo.**

- **Uwezo Wake wa kusema, kufundisha, kuamuru, na kuombea unadhihirisha utu Wake na nafasi Yake tofauti ndani ya Utatu Mtakatifu.**

- **Tofauti na nguvu isiyo na utu, Roho Mtakatifu ni Nafsi ya Tatu ya Utatu Mtakatifu, Mungu kikamilifu, na anayehusika kikamilifu katika maisha ya waamini na mpango wa Mungu kwa wanadamu.**

SURA YA 02

Uungu wa Roho Mtakatifu

Roho Mtakatifu Ni Kiumbe wa Kiungu

Roho Mtakatifu **ni Nafsi ya Kiungu** na **sehemu ya Utatu Mtakatifu**, ambao unajumuisha **Mungu Baba, Yesu Kristo Mwana, na Roho Mtakatifu**.

Kama Nafsi ya Tatu ya Utatu Mtakatifu, **Roho Mtakatifu ni sawa kwa mamlaka na milele na Mungu Baba na Mungu Mwana**, akishiriki kikamilifu katika **asili na uungu wao**.

Roho Mtakatifu **ni uwepo wa Mungu duniani na ndani ya mioyo ya waamini**.

- **Yeye huwapa Wakristo uwezo wa kuishi maisha ya uungu.**
- **Huwapa waamini ufahamu wa Maandiko.**
- **Huwaongoza waamini katika ukuaji wao wa kiroho.**

Mafundisho ya Utatu Mtakatifu

Mafundisho ya **Utatu Mtakatifu yanafundisha kwamba Mungu ni kiumbe mmoja wa Kiungu anayekuwepo katika nafsi tatu tofauti**:

- ✅ **Baba**
- ✅ **Mwana**
- ✅ **Roho Mtakatifu**

Imani hii ya msingi ya Kikristo **inasisitiza usawa wa kiungu na umoja wa nafsi hizi tatu**, huku **ikidumisha majukumu yao ya kipekee**.

Majina na Sifa za Kiungu za Roho Mtakatifu

Biblia **inamrejelea Roho Mtakatifu kwa majina na sifa za kiungu**, jambo linalothibitisha **uungu Wake**:

- **"Roho wa Mungu"** *(Mwanzo 1:2)* – **Roho Mtakatifu alikuwepo na alihusika katika uumbaji.**
- **"Roho wa Bwana"** *(Isaya 61:1)* – **Yeye huwapa nguvu wale wanaofanya kazi ya wokovu na haki.**
- **"Roho wa Kweli"** *(Yohana 16:13)* – **Yeye huwaongoza waamini katika kweli yote.**

Katika **Matendo 5:3-4**, udanganyifu wa **Anania na Safira dhidi ya Roho Mtakatifu** unafananishwa na **kumdanganya Mungu**, jambo linalosisitiza zaidi **uungu wa Roho Mtakatifu**.

Roho Mtakatifu Kama Sehemu Muhimu ya Uelewa wa Kikristo Kuhusu Mungu

Roho Mtakatifu **ni sehemu muhimu ya uelewa wa Kikristo kuhusu Mungu**.

- **Yeye siyo tu nguvu au dhana isiyo dhahiri**, bali ni **Nafsi ya Kiungu**.
- **Yeye ni sawa kwa mamlaka na milele na Baba na Mwana.**

Kupitia kazi Yake katika:

- ☑ **Uumbaji**
- ☑ **Ufunuo wa Maandiko**
- ☑ **Ukombozi wa wanadamu**

Roho Mtakatifu huudhihirisha uwepo na nguvu za Mungu duniani.

Anashiriki kikamilifu katika maisha ya kila muumini na Kanisa kwa ujumla, akicheza **nafasi muhimu katika mpango wa Mungu kwa ulimwengu.**

A. Sifa za Roho Mtakatifu Zinaonyesha Asili Yake ya Kiungu

1. **Roho Mtakatifu ni mwenye kujua yote (anajua mambo yote):**

"Roho huchunguza yote, hata mambo ya ndani ya Mungu. Kwa maana ni nani ajuaye mawazo ya mtu, ila roho ya mtu aliye ndani yake? Vivyo hivyo, hakuna ajuaye mawazo ya Mungu ila Roho wa Mungu."
— 1 Wakorintho 2:10-11

2. **Roho Mtakatifu ni mwenye kuwa kila mahali (yupo kila mahali):**

"Nitatoka wapi kutoka kwa Roho Wako? Nitatokea wapi kutoka kwa uwepo Wako? Nikikwea mbinguni, uko pale; nikifanya kitanda changu kuzimu, uko pale. Nikipaa kwa mabawa ya asubuhi, nikikaa kwenye pande za bahari, hata pale mkono Wako utaniongoza, mkono Wako wa kulia utanishikilia."
— Zaburi 139:7-10

3. **Roho Mtakatifu ni wa milele:**

"...kupitia Roho wa milele akajitoa mwenyewe bila doa kwa Mungu..."
— Waebrania 9:14

B. Kazi za Roho Mtakatifu Zinaonyesha Asili Yake ya Kiungu

1. **Roho Mtakatifu alihusika katika uumbaji wa dunia:**

"Roho wa Mungu alikuwa akitangatanga juu ya uso wa maji."

— Mwanzo 1:2

"Roho wa Mungu ameniumba; pumzi ya Mwenyezi inanipa uhai."

— Ayubu 33:4

2. **Roho Mtakatifu alihusika katika miujiza: "Lakini ikiwa ni kwa Roho wa Mungu natoa mapepo, basi ufalme wa Mungu umewafikia."**

— Mathayo 12:28

"...kwa nguvu za ishara na maajabu, kwa nguvu ya Roho wa Mungu."

— Warumi 15:19

3. **Roho Mtakatifu alihusika katika ukombozi wa wanadamu:**

"...kupitia Roho wa milele akajitoa mwenyewe bila doa kwa Mungu..."

— Waebrania 9:14

4. **Roho Mtakatifu anahusika katika kuzaliwa upya kwa wanadamu:**

"Hakuna mtu anayeweza kuingia katika ufalme wa Mungu, isipokuwa azaliwe kwa maji na kwa Roho."

— Yohana 3:5

"...Alituokoa kwa kuoshwa kwa kuzaliwa upya na upya wa Roho Mtakatifu, ambaye alimtuma kwetu kwa wingi kupitia Yesu Kristo, Mwokozi wetu."

— Tito 3:5-6

Roho Mtakatifu Kama Uungu

Sifa hizi na kazi za Roho Mtakatifu waziwazi zinathibitisha mafundisho kwamba **Roho Mtakatifu ni Kiungu**. Katika **Matendo 5:3-4, 9**, Petro anazungumzia **Roho Mtakatifu na Mungu kwa kubadilishana**, akithibitisha **uungu wa Roho Mtakatifu**. Hii ina maana tu ikiwa **Roho Mtakatifu ni, kwa hakika, Mungu**.

Hata hivyo, ikiwa **Roho Mtakatifu ni Nafsi ya Kiungu**, hili linaibua maswali muhimu ya kithorojia:

- **Je, Biblia inafundisha dhana ya mungu wengi?**
- **Je, kuna miungu mitatu, au kuna Mungu mmoja tu?**
- **Ni uhusiano upi kati ya Roho Mtakatifu, Baba, na Yesu Kristo?**

Nafasi na Tabia ya Roho Mtakatifu

Baada ya kuonyesha kwamba **Maandiko yanathibitisha wazi kuwa Roho Mtakatifu ni Nafsi**, swali linalofuata ni **kwa vigezo vipi na katika nafasi gani tunapaswa kumtazama**.

Biblia inamtambulisha **Roho Mtakatifu kuwa sawa kwa heshima na Baba na Mwana**, akiwa na **nafasi ya juu kama sehemu ya Utatu Mtakatifu**.

Ufundisho wa **Utatu Mtakatifu hauanzishi mungu wengi**, bali **unasisitiza umoja wa Mungu mmoja katika nafsi tatu**, kila moja ikiwa **kiungu kikamilifu**, ikishiriki **asili moja**, lakini **ikiwa tofauti katika majukumu na uhusiano**.

Uwepo wa milele wa Roho Mtakatifu, **sifa za kiungu**, na **nafasi muhimu katika uumbaji, ukombozi, na kuzaliwa upya**, kwa wazi zinathibitisha **uungu Wake** na **nafasi Yake muhimu ndani ya Utatu Mtakatifu**.

Imeelezwa vema:

"Yeye ni Mungu, akimiliki, kwa utofauti wa Nafsi, umoja wa kiungu usioelezeka na Baba na Mwana, au Yeye ni kiumbe cha Mungu, kilichotengwa kutoka kwa Mungu kwa asili na hadhi, na kisicho na ubora mwingine zaidi ya ule wa kipekee aliopewa katika nafasi ambayo amewekwa katika uumbaji. Hakuna nafasi kati ya hizi mbili. Hakuna kitu cha kati kati ya Muumba na kiumbe kinachoweza kukubalika. Hata kama Roho Mtakatifu angewekwa juu kabisa katika uumbaji wote, juu kuliko malaika wa juu zaidi kama vile malaika huyo anavyovuka kiumbe cha chini kabisa cha maisha, pengo lingekuwepo na bado lingekuwa kubwa. Yeye anayeitwa kwa dhati Roho wa Milele hawezi kuwa Mungu."

Uthibitisho wa Roho Mtakatifu kama Mungu

Sasa nitajitahidi kuonyesha, kwa kutumia Neno Lisilokosea la Mungu, kwamba **Roho Mtakatifu amewekwa kando kwa majina na sifa zinazohusiana na uungu**.

- **Yeye amejaliwa nguvu nyingi zisizo na chanzo** na **ni mchania wa kazi ambazo zinapita kabisa uwezo wa viumbe vinavyoweza kupimika**, kazi ambazo **zinaweza kumilikiwa na Mungu Mwenyewe pekee.**

Licha ya kuwepo kwa Nafsi tofauti ndani ya asili ya Utatu Mtakatifu kuwa ni jambo la fumbo na linalozidi uelewa wa mwanadamu, ikiwa tutajinyenyekeza kwa mafundisho wazi ya Maandiko, lazima tufikie hitimisho kwamba kuna Nafsi Tatu za Kiungu—zote ni za kipekee, za milele, na za usawa.

Roho Mtakatifu, ambaye kazi zake zinajumuisha **uumbaji wa ulimwengu**, **inspirasoni ya Maandiko**, **uumbaji wa ubinadamu wa Kristo**, na **kuzaliwa upya na kutakaswa kwa wateule**, ni, na lazima awe, **Mungu**. Kama vile mtume Paulo anavyosema katika **2 Wakorintho 3:17**, **"Basi Bwana ndiye Roho."**

Hii ni kweli, ingawa ni fumbo, inadhihirisha enzi na umoja wa Mungu wa Utatu Mtakatifu: Baba, Mwana, na Roho Mtakatifu—Nafsi Tatu, Mungu Mmoja, wanaoishi kwa ushirikiano kamili na uungu.

Ushahidi wa Kibiblia wa Uungu wa Roho Mtakatifu

1. **Kumdanganya Roho Mtakatifu ni Kumdanganya Mungu**

Katika **Matendo 5:3-4**, Petro anamkabili **Anania**, akisema:

“Kwa nini Shetani ameujaza moyo wako kumdanganya Roho Mtakatifu?” Kisha anafafanua: **“Hujadanganya wanadamu, bali Mungu.”** Hii inathibitisha wazi kwamba **kumdanganya Roho**

Mtakatifu ni kumdanganya Mungu, jambo linalothibitisha kwamba **Roho Mtakatifu lazima awe Mungu**.

Vivyo hivyo, waamini wanaitwa **"hekara ya Mungu"** kwa sababu **"Roho wa Mungu anakaa ndani yenu"** *(1 Wakorintho 3:16)*. Zaidi ya hayo, **mwili wa muumini mmoja mmoja unaitwa "hekalu la Roho Mtakatifu"** *(1 Wakorintho 6:19)*, na **maonyo yanatolewa**: **"Basi, mtukuze Mungu katika miili yenu"** *(1 Wakorintho 6:20)*.

Katika **1 Wakorintho 12**, ambapo utofauti wa vipawa vya kiroho, huduma, na shughuli unajadiliwa, Roho Mtakatifu anatajwa kama **"Roho yule yule"** *(mstari wa 4)*, **"Bwana yule yule"** *(mstari wa 5)*, na **"Mungu yule yule"** *(mstari wa 6)*. Hii inasisitiza tena **umoja na uungu wa Roho Mtakatifu**. Zaidi ya hayo, **2 Wakorintho 6:16** inamrejelea Roho Mtakatifu kama **"Mungu aliye hai."**

2. Roho Mtakatifu Anaitwa Yehova

Jina **Yehova** ni la kipekee kwa Mungu na **halifai kutumika kwa kiumbe chochote kilichoumbwa**. Maandiko yanamtambulisha Roho Mtakatifu kama **Yehova** kwa njia kadhaa:

- **Yehova anafasiliwa kama akizungumza kupitia manabii tangu mwanzo wa wakati** *(Luka 1:68, 70)*, lakini **2 Petro 1:20-21** inasema kuwa **manabii walizungumza kwa Roho Mtakatifu**. Uhusiano huu unaonyesha **utambulisho wa Roho Mtakatifu kama Yehova** *(angalia pia 2 Samweli 23:2-3 na linganisha na Matendo 1:16)*.
- Katika **Zaburi 78:17-18**, Israeli inasemekana kumjaribu na kumchokoza **"Aliye Juu Zaidi" (Yehova) jangwani**. Hata hivyo, **Isaya 63:10** inatambulisha hili kama **"kufanya uasi dhidi ya Roho Mtakatifu na kumhuzunisha."**
- **Kumbukumbu la Torati 32:12** inasema: **"Bwana pekee ndiye aliwaongoza."** Lakini, **Isaya 63:14** inasema, **"Roho wa Bwana aliwapa mapumziko."** Aya hizi zinathibitisha **nafasi ya kiungu ya Roho Mtakatifu na umoja wake na Yehova.**
- **Yehova anamwamuru Isaya katika Isaya 6:8-9: "Nenda uwaambie watu hawa, 'Sikilizeni kweli, lakini hamtielewi.'"** Hii inatolewa moja kwa moja kwa Roho Mtakatifu katika **Matendo 28:25-26**, ambapo Paulo anasema, **"Roho Mtakatifu alizungumza kwa usahihi kupitia Isaya**

nabii, akisema, 'Nendeni kwa watu hawa na kusema: Sikilizeni mtasikia, lakini hamtaelewa.'"

Marejeo haya yanathibitisha wazi **utambulisho wa Roho Mtakatifu kama Yehova**.

Hatimaye, **2 Wathesalonike 3:5** inamtaja Roho Mtakatifu **kama "Bwana."**

Ushahidi wa Kibiblia Unathibitisha Uungu wa Roho Mtakatifu

Ushahidi wa kibiblia unathibitisha kwa nguvu **uungu wa Roho Mtakatifu**. Anatambulika kwa majina, sifa, na kazi za **Yehova**, akionyesha kwamba **Yeye si kiumbe mdogo bali ni Mungu kamili**, aliye sawa kwa heshima na milele na **Baba na Mwana**. Hii ni kweli ya msingi katika uelewa wa Kikristo kuhusu **Utatu Mtakatifu**.

Ukamilifu na Ukweli wa Mungu katika Roho Mtakatifu

Asili ya kiumbe chochote hutokana na sifa zake. Kiumbe kinachomiliki sifa za malaika au mwanadamu kinatambulika ipasavyo kama kiumbe hicho. Kwa njia ile ile, Yeye anaye miliki sifa za kipekee za Mungu lazima atambulike na kuabudiwa kama Mungu.

Maandiko yanathibitisha kwa wingi kwamba **Roho Mtakatifu anazo sifa ambazo ni za kipekee kwa Mungu**. **Uthibitisho huu unadhihirisha asili Yake ya kiungu na kuthibitisha uungu Wake**:

1. **Utakatifu Kamili**

Kama vile Mungu anaitwa **"Mtakatifu"** na **"Mtakatifu wa Wote,"** Roho Mtakatifu anaitwa **"Roho wa Utakatifu"** *(Warumi 1:4)*, akisisitiza **utakatifu wa asili Yake** na **uungu wa nafsi Yake**. Hii inalingana na maelezo ya Mungu katika **Kutoka 15:11**:

"Ni nani kama wewe, ee Bwana, kati ya miungu? Ni nani kama wewe, mwerevu katika utakatifu?"

2. **Milele**

Roho Mtakatifu ni wa milele, kama ilivyoandikwa katika **Waebrania 9:14**:

"...ambaye kupitia Roho wa milele alijitoa mwenyewe bila doa kwa Mungu..."

3. **Uwepo Kila Mahali**

Roho Mtakatifu yupo kila mahali, kama Daudi anavyosema katika **Zaburi 139:7**:

"Nitatoka wapi kutoka kwa Roho wako? Nitatokea wapi kutoka kwa uwepo wako?"

4. **Kujua Kila Kitu**

Roho Mtakatifu anajua yote, kama inavyoonyeshwa katika **1 Wakorintho 2:10-11**:

"Roho huchunguza yote, hata mambo ya ndani ya Mungu. Kwa maana ni nani ajuaye mawazo ya mtu, ila roho ya mtu aliye ndani yake? Vivyo hivyo, hakuna ajuaye mawazo ya Mungu ila Roho wa Mungu."

5. **Nguvu Zote**

Roho Mtakatifu ni mwenye nguvu zote. Anaitwa **"Nguvu ya Aliye Juu Zaidi"** *(Luka 1:35)*, akirejelea **nafasi Yake katika mimba ya miujiza ya Yesu. Nguvu Zake zote pia zinadhihirishwa katika Mika 2:8** na **Isaya 40:28**, ambapo kazi Zake zinaonyesha **nguvu na utukufu wa Mungu**.

Ushahidi wa Maandiko kwa Roho Mtakatifu

Maandiko yanatambua kwa wazi **sifa za kiungu na ukamilifu** za Roho Mtakatifu ambazo ni za kipekee kwa Mungu:

- **Utakatifu**,
- **Milele**,
- **Uwepo kila mahali**,
- **Kujua yote**,
- **Nguvu zote**.

Sifa hizi zinathibitisha **asili ya kiungu** ya Roho Mtakatifu na **nafasi Yake kama Nafsi ya Tatu ya Utatu Mtakatifu**. Roho Mtakatifu **si nguvu au ushawishi tu, bali ni Mungu kamili**, anayestahili kuabudiwa na kuheshimiwa.

4. Roho Mtakatifu Anaonyeshwa Kwa Nguvu Kamili Katika Utatu Mtakatifu

Roho Mtakatifu anadhihirisha mamlaka Yake ya kiungu na nafasi Yake ndani ya Utatu Mtakatifu kupitia **vitendo na shughuli Zake za nguvu kamili**.

- **Kuongoza na Kuongoza**
- Katika **Mathayo 4:1**, imeandikwa: **"Kisha Yesu aliongozwa na Roho aende nyikani."** Nani ila **Nafsi ya Kiungu** angekuwa na haki ya kuongoza au kufundisha Mjumbe? Na kwa nani ila **Mungu Mwenyewe** angekuwa **Mkombozi** atakayejiweka chini yake kwa hiari?
- **Utawala Mkuu**
- Katika **Yohana 3:8**, Yesu alilinganisha **matendo ya Roho Mtakatifu** na **upepo**, ambao **"upuliza popote apendavyo."** Kama vile upepo **hauwezi kudhibitiwa na mwanadamu**, ndivyo **matendo ya utawala wa Roho**, anayefanya kazi kwa mamlaka ya kiungu, **asiyezuiliwa na kiumbe chochote**.
- **Ugawaji wa Vipawa vya Kiroho**
- **1 Wakorintho 12:11** inasema waziwazi kwamba **Roho Mtakatifu anagawanya vipawa vya kiroho kama apendavyo**:
- **"Lakini Roho huyo mmoja na yule yule anafanya mambo yote haya, akiwagawia kila mmoja kwa namna ya pekee kama apendavyo."**
- Hii inadhihirisha kwamba **Roho Mtakatifu anafanya kazi kulingana na mapenzi Yake mwenyewe na haki ya kiungu.**
- Ni Mungu pekee anayeweza kutumia mamlaka kama haya juu ya vipawa vya kiroho, ikithibitisha kwamba **Roho Mtakatifu ni "Mungu wa yote, alibarikiwa milele."**
- **Kuita na Kuweka Wakfu Wamishonari** Katika **Matendo 13:2-4**, Roho Mtakatifu anaonyeshwa akiwaita wanaume katika huduma, jukumu ambalo linahusiana na **Mungu pekee**:
- **"Walipokuwa wakimtumikia Bwana na kufunga, Roho Mtakatifu akasema, 'Tenganisheni**

Barnaba na Sauli kwa ajili ya kazi ambayo niliwaita.'" Roho Mtakatifu si tu kwamba aliwaita, bali pia aliielekeza kanisa kuwatenga na kuwapeleka katika kazi yao. **Kitendo hiki cha kiungu kinathibitisha mamlaka na utawala Wake.**

- **Kuteua Viongozi wa Kanisa**
- Katika **Matendo 20:28**, Roho Mtakatifu anasemekana **kuteua wachungaji katika kanisa**:
- **"Jihadharini nanyi wenyewe na kwa kundi lote, ambalo Roho Mtakatifu amewaweka kuwa wachungaji, kulichunga kanisa la Mungu alilonunua kwa damu Yake mwenyewe."**
- Hii inasisitiza **nafasi ya kiungu ya Roho Mtakatifu katika utawala na uangalizi wa Kanisa.**

Matendo ya **Roho Mtakatifu—kuongoza Kristo, kugawa vipawa vya kiroho, kuita wamishonari, na kuteua viongozi wa kanisa**—yanadhihirisha **mamlaka Yake ya kiungu na nguvu kamili**. Kazi hizi zinathibitisha kwamba **Roho Mtakatifu si nguvu au ushawishi tu bali ni Nafsi ya Kiungu**, **Mungu kamili**, **aliye sawa na Baba na Mwana**, akidhihirisha **umoja na nguvu ya Utatu Mtakatifu**.

5. Kazi Zinazotajwa kwa Roho Mtakatifu Zinadhihirisha Uungu Wake

Kazi zinazotajwa kwa **Roho Mtakatifu** kwa wazi **zinathibitisha uungu Wake**. Yeye **anashiriki kikamilifu katika uumbaji, utunzaji, ufunuo, na ukombozi**, akifanya kazi ambazo **ni za kiungu pekee ambazo kiumbe chochote cha kawaida kingeweza kutenda**:

- **Uumbaji: Nafasi ya Roho Mtakatifu katika uumbaji haiwezi kukanwa.** Kama **Ayubu anavyosema: "Kwa Roho Wake, aliupamboa mbingu"** *(Ayubu 26:13)* na **"Roho wa Mungu ameniumba"** *(Ayubu 33:4)*. **Nguvu ya kiumba ya Roho Mtakatifu ni sawa na ile ya Baba na Mwana.**
- **Utunzaji: Roho Mtakatifu anahusika kwa nguvu katika kazi ya utunzaji unaoendelea**, kama inavyoonekana katika **Isaya 40:13-15** na **Matendo 16:6-7**,

ambapo **mwelekeo Wake na mapenzi Yake ya utawala yanaonyeshwa.**

- **Inspirasoni ya Maandiko: Maandiko yote yanatokana na Mungu** *(2 Timotheo 3:16)*, na **2 Petro 1:21** inasema wazi kwamba chanzo cha inspirasoni hii ni **Roho Mtakatifu**: **"Wanaume walizungumza kutoka kwa Mungu walipoongozwa na Roho Mtakatifu."**
- **Ubinafsi wa Kristo: Mimba ya miujiza ya Kristo ilifanywa na Roho Mtakatifu**, kama inavyosemwa katika **Mathayo 1:20**: **"Hicho kilichozaliwa ndani yake ni kwa Roho Mtakatifu."**
- **Upako wa Kristo: Yesu alipopakwa kwa ajili ya huduma Yake duniani na Roho Mtakatifu**, kama ilivyotabiriwa katika **Isaya 61:1** na kuthibitishwa katika **Yohana 3:34.**
- **Miujiza ya Kristo: Miujiza aliyotenda Yesu ilifanywa kwa nguvu za Roho Mtakatifu** *(Mathayo 12:28).*
- **Ufufuo wa Kristo: Yesu alifufuliwa kutoka kwa wafu kwa nguvu za Roho Mtakatifu**, kama ilivyoandikwa katika **Warumi 8:11**: **"Ikiwa Roho wa Yule aliyeyfufua Yesu kutoka kwa wafu anakaa ndani yenu, Yeye aliyemfufua Kristo Yesu kutoka kwa wafu atatoa pia uhai kwa miili yenu inayokufa kwa Roho Wake anayekaa ndani yenu."**

Nani ila Nafsi ya Kiungu angeweza kutenda kazi hizi kubwa?

Rai ya Kibinafsi

Msomaji, je, una uthibitisho wa kibinafsi na wa ndani kwamba **Roho Mtakatifu si mwingine bali ni Mungu?** Je, amefanya kazi ndani yako kwa njia ambazo nguvu yoyote ya kawaida ingeweza kutenda? Fikiria:

- Je, Roho Mtakatifu amekuleta kutoka kwa kifo cha kiroho hadi uhai?
- Je, amekufanya kuwa kiumbe kipya ndani ya Kristo, akakupa imani hai?

- Je, amekujaza kwa matamanio matakatifu na shauku ya Mungu?
- Je, anapuliza ndani yako roho ya maombi?
- Je, anafunua mambo ya Kristo kwako, akitumia maagizo ya Mungu na ahadi kwa moyo wako?

Ikiwa ndivyo, haya ni **ushuhuda hai ndani yako**, yakishuhudia **uungu wa Roho Mtakatifu**. Kazi Yake ya kiungu katika maisha yako ni uthibitisho kwamba **Yeye si nguvu tu bali ni Roho Mtakatifu wa Mungu**, aliye sawa kwa heshima na milele na **Baba na Mwana**.

Muhtasari: Roho Mtakatifu Anaitwa Mungu

Uungu wa Roho Mtakatifu unathibitishwa kwa wingi katika Maandiko, na **marejeo ya moja kwa moja kwa Yeye kama Mungu**. Kwa mfano, katika **Matendo 5:3-4**, Petro anamkemea **Anania**, akisema:

"Anania, kwa nini Shetani ameujaza moyo wako kumdanganya Roho Mtakatifu na kuzuilia sehemu ya bei ya shamba? Ilipokuwa bado, haikuwa yako mwenyewe? Na baada ya kuuzwa, haikuwa chini ya mamlaka yako? Kwa nini umezaa jambo hili moyoni mwako? Hujadanganya wanadamu, bali Mungu."

Aya hii kwa wazi **inalinganisha kumdanganya Roho Mtakatifu na kumdanganya Mungu**, na kuondoa shaka yoyote kuhusu **asili ya kiungu ya Roho Mtakatifu**.

Marejeo ya Maandiko Yanayothibitisha Uungu wa Roho Mtakatifu

Mafundisho haya yanaendana na marejeo mengine ya kibiblia ambapo matendo yanayohusishwa na Mungu pia yanahusishwa na Roho Mtakatifu. Linganisha aya zifuatazo:

1. **Kutoka 17:7:**

"Akasema jina la mahali pale Massah na Meriba, kwa sababu ya ugomvi wa wana wa Israeli, na kwa sababu

walimjaribu Bwana, wakisema, 'Je, Bwana yuko kati yetu au la?'"

2. **Zaburi 95:6-11:**

"Basi, njooni, tuabudu na kuanguka; tuinamie mbele ya Bwana, Muumba wetu. Kwa maana Yeye ni Mungu wetu, na sisi ni watu wa malisho Yake, na kondoo wa mkono Wake. Leo, mkitaka kusikia sauti Yake, 'Msiweke mioyo yenu migumu, kama ilivyokuwa katika uasi, kama ilivyokuwa siku ya majaribu jangwani, wakati baba zenu walijaribu Mimi; walinijaribu, ingawa waliona kazi Zangu. Kwa miaka arobaini nilikuwa na huzuni na kizazi hicho, nikasema, 'Ni watu wanaopotea mioyoni mwao, wala hawaijui njia Zangu.' Basi, nilikuwaapia hasira Yangu, 'Hawataki kuingia mapumzikoni Mwangu.'"

3. **Waebrania 3:7-11:**

"Kwa hiyo, kama Roho Mtakatifu anavyosema: 'Leo, mkitaka kusikia sauti Yake, msiweke mioyo yenu migumu kama ilivyokuwa katika uasi, siku ya majaribu jangwani, ambapo baba zenu walijaribu Mimi, walinijaribu, na waliona kazi Zangu kwa miaka arobaini. Basi, nilikuwa na hasira na kizazi hicho, nikasema, 'Daima wanapotea mioyoni mwao, wala hawajui njia Zangu.' Basi, nilikuwaapia hasira Yangu, 'Hawataki kuingia mapumzikoni Mwangu.'"

Maelezo Muhimu

- **Ulinganifu wa Kiungu:** Katika **Matendo 5**, Petro anaonyesha wazi kuwa **Roho Mtakatifu ni Mungu**. Vilevile, katika **Waebrania 3:7-11**, mwandishi anahusisha maneno ya **Zaburi 95**, yaliyosemwa na Mungu, moja kwa moja kwa **Roho Mtakatifu**.
- **Ushuhuda Moja:** Tukio lile lile—**uasi na majaribu jangwani**—linatajwa katika **Kutoka 17**, **Zaburi 95**, na **Waebrania 3**, na maandiko haya yote matatu yanathibitisha mamlaka ya kiungu ya mzungumzaji, aliyejulikana kama **"Bwana"** au **"Roho Mtakatifu."**

Aya hizi kwa pamoja zinathibitisha kuwa **Roho Mtakatifu ni Mungu kamili**, akishiriki katika **asili ya kiungu na mamlaka ya Baba na Mwana. Nafasi Yake katika ufunuo wa kiungu, kushawishi, na hukumu inasisitiza uungu Wake**, na kumfanya **kuwa mfae kuabudiwa na kuheshimiwa kando na nafsi nyingine za Utatu Mtakatifu**.

A. Roho Mtakatifu ni wa Kila Mahali

Zaburi 139:7:

"Nitatoka wapi kutoka kwa Roho wako? Au nitatokea wapi kutoka kwa uwepo wako?"

1 Wakorintho 12:13:

"Kwa maana kwa Roho mmoja sisi sote tuliabatizwa katika mwili mmoja—ikiwa ni Wayahudi au Wagiriki, ikiwa ni watumwa au huru—na sote tumefanywa kunywa katika Roho mmoja."

Kweli ya uwepo wa kila mahali wa Roho Mtakatifu ni mafundisho ya msingi katika Ukristo. Zaburi 139:7-8 inaonyesha wazi hili, ikitangaza kwamba **Roho Mtakatifu hayazuiliwi na nafasi au wakati**:

"Nitatoka wapi kutoka kwa Roho wako? Nitatokea wapi kutoka kwa uwepo wako? Nikikwea mbinguni, uko pale; nikifanya kitanda changu kuzimu, uko pale."

Huu **uwepo wa kila mahali unasisitizwa zaidi katika Yohana 14:16-17**, ambapo Yesu anawaahidi wanafunzi Wake uwepo wa kudumu wa **Roho Mtakatifu**:

"Na nitaomba kwa Baba, naye atawapa mwingine Msaidizi awepo nanyi milele—Roho wa kweli."

Umuhimu wa Uwepo wa Kila Mahali wa Roho Mtakatifu

Imani katika **uwepo wa kila mahali wa Roho Mtakatifu** ni muhimu sana kwa Wakristo. Inamaanisha kwamba **uwepo wa Mungu haujazuiliwa na mahali au wakati wowote maalum. Roho Mtakatifu yuko daima na waamini**, akitoa **mwongozo, faraja, na nguvu kwa safari yao ya kiroho**.

Huu **uwepo wa kila mahali unahakikisha kwamba haijalishi waamini wako wapi**—ikiwa ni wakati wa furaha au katika mapito ya taabu—**hawako peke yao kamwe. Uwepo wa kudumu wa Roho Mtakatifu ni chanzo cha nguvu, mwelekezo wa kweli, na ukumbusho wa uaminifu usiobadilika wa Mungu.**

Kwa kuunganisha waamini wote kupitia uwepo Wake, **Roho Mtakatifu anaunda hisia ya utambulisho wa pamoja na umoja wa kiroho**, kama inavyoonyeshwa katika **1 Wakorintho 12:13**. **Hali hii inasisitiza ukweli kwamba Mungu yuko karibu daima**, akifanya kazi ndani ya na kupitia watu Wake kwa madhumuni Yake.

A. Roho Mtakatifu ni Mwenye Kujua Yote

Roho Mtakatifu ni mwenye kujua yote, ikimaanisha **Yeye ni mwenye kujua kila kitu**. **Hii ni kweli inayothibitishwa katika vifungu kadhaa vya kibiblia** vinavyoangazia **ufahamu na maarifa yasiyokuwa na kikomo ya Roho Mtakatifu.**

1 Wakorintho 2:10-11 inasema:
"Hizi ni mambo ambayo Mungu ametufunulia kwa Roho Wake. Roho huchunguza yote, hata mambo ya ndani ya Mungu. Kwa maana ni nani ajuaye mawazo ya mtu, ila roho ya mtu aliye ndani yake? Vivyo hivyo, hakuna ajuaye mawazo ya Mungu ila Roho wa Mungu."

Aya hii inasisitiza **ufahamu wa kina wa Roho Mtakatifu kuhusu mawazo ya Mungu na uwezo Wake wa kufunua maarifa ya kiungu kwa waamini.**

Vivyo hivyo, **Yohana 14:26** inasema:
"Lakini Msaidizi, Roho Mtakatifu, ambaye Baba atamtuma kwa jina langu, atawafundisha mambo yote na atawakumbusha yote niliyowaambia."

Aya hii inaonyesha **nafasi ya Roho Mtakatifu katika kufundisha na kukumbusha waamini kuhusu ukweli wa Mungu**, ikiongeza nguvu ya **ujuzi wake**.

Ujuzi wa Roho Mtakatifu

Ujuzi wa Roho Mtakatifu ni sifa ya kipekee kwa Mungu, inayothibitisha **asili Yake ya kiungu na umoja Wake ndani ya Utatu Mtakatifu pamoja na Mungu Baba na Yesu Kristo**. Kama sehemu ya Utatu, **Roho Mtakatifu anashiriki sifa zote za Mungu**, ikiwa ni pamoja na **ujuzi wa yote**.

Maarifa haya yasiyokuwa na kikomo ya Roho Mtakatifu yanawapa waamini **mwongozo, ufahamu, na **uelewa wa mapenzi na madhumuni ya Mungu. Ujuzi wake wa yote unahakikisha kwamba Yeye anaweza kufundisha, kufunua, na kutukumbusha ukweli unaohitajika kwa ukuaji wa kiroho na maisha ya uungu.**

Ujuzi wa Roho Mtakatifu, kama ilivyofunuliwa katika Maandiko, unamthibitisha kama kiumbe wa kiungu na sehemu muhimu ya Utatu Mtakatifu. Asili Yake ya kujua yote ni ushuhuda wa uungu Wake, na pia ni chanzo cha **faraja na nguvu kwa waamini**, kwa kuwa anafundisha, anaongoza, na kutukumbusha kuhusu ukweli na ahadi za Mungu.

A. Roho Mtakatifu ni Mwenye Nguvu Zote

Roho Mtakatifu anamiliki nguvu zote, ikimaanisha **ana nguvu zisizo na kikomo na uwezo wa kutenda miujiza. Sifa hii ya kiungu inaonyeshwa katika Maandiko kupitia kazi Zake katika uumbaji, uingiliaji wa miujiza, na mabadiliko ya watu na jamii.**

Luka 1:35-37:

"Malaika akajibu na kusema kwake, 'Roho Mtakatifu atakuja juu yako, na nguvu za Aliye Juu Zitakufunika; kwa hiyo, pia, huyo Mtakatifu atakayezaliwa ataitwa Mwana wa Mungu. Hakika, Elizabeth, jamaa yako, naye amezaa mwana katika uzee wake, na huu ni mwezi wa sita kwa yeye aliyeitwa tasa. Kwa maana kwa Mungu hakuna lisilowezekana.'"

Aya hii inaonyesha **nafasi ya Roho Mtakatifu katika mimba ya miujiza ya Yesu Kristo**, ikithibitisha **nguvu Yake ya kutimiza kile kinachoshindikana kwa mwanadamu.**

Warumi 8:11:

"Lakini ikiwa Roho wa Yule aliyemfufua Yesu kutoka kwa wafu anakaa ndani yenu, Yeye aliyemfufua Kristo kutoka kwa wafu atatoa pia uhai kwa miili yenu inayokufa kwa Roho Wake anayekaa ndani yenu."

Hapa, **uwezo wa Roho Mtakatifu wa kutenda miujiza** unaonyeshwa katika **nguvu Yake ya kumfufua Yesu kutoka kwa wafu** na **kutuaisha waamini**.

Nafasi ya Roho Mtakatifu katika Uumbaji

Roho Mtakatifu alicheza nafasi muhimu katika **uumbaji wa ulimwengu**, akifanya kazi kwa umoja kamili na **Mungu Baba** na **Yesu Kristo Mwana**. Hii inadhihirika katika mistari ya mwanzo ya **Mwanzo**:

"Hapo mwanzo Mungu aliumba mbingu na dunia. Dunia ilikuwa tupu na bila umbo, giza lilikuwa juu ya uso wa vilindi, na Roho wa Mungu alikuwa akitangatanga juu ya maji." — Mwanzo 1:1-2

Picha ya **Roho akizunguka juu ya maji** inadhihirisha **ushiriki wake wa moja kwa moja katika kuleta mpangilio na uhai katika uumbaji**. Hii inalingana na marejeo mengine ya kibiblia kuhusu **nguvu ya kiumbaji ya Roho**, kama vile:

- **Ayubu 33:4: "Roho wa Mungu ameniumba, na pumzi ya Mwenyezi inanipa uhai."**

Nguvu Zote za Roho Mtakatifu

Nguvu za Roho Mtakatifu zinadhihirishwa wazi katika **nafasi Yake katika uumbaji**, **nguvu Yake ya kutenda miujiza**, na **uwezo Wake wa kuleta mabadiliko ya kiroho**. Kama sehemu ya **Utatu Mtakatifu**, **anashiriki sifa za kiungu za Mungu Baba na Mwana**, akithibitisha **uungu Wake** na **nguvu zisizo na kikomo**. Hii ni kweli ya msingi katika kuelewa **nafasi ya Roho Mtakatifu katika ulimwengu** na **kazi Yake katika maisha ya waamini**.

Aya hii inasisitiza kwamba **Roho Mtakatifu alikuwepo wakati wa uumbaji** na **alichukua nafasi ya moja kwa moja katika kuleta mpangilio na uhai kwa ulimwengu**. Ushiriki wa Roho Mtakatifu unaonyeshwa katika **hesabu mbalimbali za kibiblia**.

Katika **Injili ya Yohana**, **nguvu ya kiumbaji na kudumisha ya Roho Mtakatifu** inahusishwa na **Neno**, ambalo lilikuwa pamoja na Mungu na lilikuwa Mungu:

"Hapo mwanzo kulikuwa na Neno, na Neno lilikuwa pamoja na Mungu, na Neno lilikuwa Mungu. Alikuwa pamoja na Mungu tangu mwanzo. Kwa Yeye, vitu vyote vilifanywa; pasipo Yeye, hakuna kilichofanywa kilichofanywa. Ndani Yake kulikuwa na

uhai, na huo uhai ulikuwa nuru ya wanadamu wote." — Yohana 1:1-4

Zaburi 104:30 pia inasisitiza nafasi ya Roho Mtakatifu katika uumbaji na upya:

"Unatuma Roho Wako, wanaundwa; na unafanya upya uso wa dunia."

Aya hii inaonyesha jinsi **Roho Mtakatifu anavyoumba** lakini pia **anadumisha na kufanya upya uumbaji**.

Vivyo hivyo, **Ayubu 26:13** in描述 nguvu na umahiri wa Roho Mtakatifu katika uumbaji:

"Kwa Roho Wake aliuapamba mbingu; mkono Wake ulipasua nyoka anayekimbia."

Picha hii ya kisanaa inamwonyesha Roho kama **mwenzi wa kiungu wa uzuri, mpangilio, na mamlaka katika ulimwengu**.

Uwepo wa Roho Mtakatifu na ushiriki Wake wa moja kwa moja katika uumbaji unadhihirisha **asili Yake ya kiungu na nguvu**. Yeye si tu **Muumba** bali pia **Mwendeshaji wa uhai**, akifanya kazi kwa umoja na **Mungu Baba** na **Neno**, Yesu Kristo. Aya hizi zinathibitisha **nafasi muhimu ya Roho Mtakatifu katika tendo la kiungu la uumbaji na katika upya unaoendelea wa vitu vyote**.

B. Anatenda Miujiza

Mathayo 12:28 inasema:

"Lakini ikiwa ni kwa Roho wa Mungu natoa mapepo, basi ufalme wa Mungu umewafikia."

Kauli hii ilisemwa na **Yesu** akijibu mashtaka kutoka kwa **Mafarisayo**, waliodai kuwa Yeye anatenda miujiza kwa nguvu za **Beelzebubu**, mfalme wa mapepo.

Katika aya hii, **Yesu anathibitisha kuwa uwezo wake wa kutoa mapepo ni kwa sababu ya nguvu za Roho Mtakatifu**, mara nyingi huitwa **Roho wa Mungu** katika Maandiko. Kwa kuelezewa miujiza Yake kwa **Roho wa Mungu**, Yesu anasisitiza **chanzo cha kiungu** na **mamlaka ya huduma Yake**. Tamko hili si tu linajitetea dhidi ya tuhuma, bali pia linaonyesha kwamba **kazi Yake inalingana moja kwa moja na mpango wa Mungu wa kuanzisha ufalme Wake duniani**.

Ufali wa Mungu na Nguvu za Roho Mtakatifu

Ufama wa Mungu ni mada kuu katika mafundisho ya Yesu, ikionyesha **utawala wa Mungu juu ya uumbaji wote**, ikiwa ni pamoja na **mioyo na maisha ya watu**. Kwa kutoa mapepo kwa nguvu za Roho Mtakatifu, **Yesu anadhihirisha ukweli na uwepo wa ufalme wa Mungu duniani**. Kitendo hiki ni **ishara ya wazi kwamba ufalme wa Mungu unavunja historia ya wanadamu na mamlaka ya Mungu inadhihirishwa juu ya nguvu za uovu**.

Kwa watu wa wakati wa Yesu, ujumbe huu ulikuwa na umuhimu mkubwa. Walikuwa wakitamani mwokozi na kuanzishwa kwa **ufalme wa Mungu duniani**. Miujiza ya Yesu, iliyofanywa kwa nguvu za Roho Mtakatifu, ilikuwa **ushahidi halisi kwamba ufalme wa Mungu ulikuwepo na ulikuwa na nguvu kati yao**.

Aya hii inasisitiza **nafasi muhimu ya Roho Mtakatifu katika miujiza ya Yesu** na **madhumuni Yake ya kufunua na kuanzisha ufalme wa Mungu duniani**. Pia inatoa **ukumbusho wa asili ya kiungu ya huduma Yake na nguvu ya mabadiliko ya Roho Mtakatifu katika kuonyesha mamlaka ya Mungu na kushinda nguvu za giza**.

C. Sawa na Baba na Mwana

Mathayo 3:16-17 inaelezea **ubatizo wa Yesu na Yohana Mbatizaji**:

"Na Yesu alipo batizwa, mara akatoka katika maji, na tazama, mbingu zilifunguliwa kwake, akaona Roho wa Mungu akishuka kama njiwa na kukaa juu yake; na tazama, sauti kutoka mbinguni ikasema, 'Huyu ni Mwanangu mpenzi, niliyempenda, naye napendezwa naye.'"

Aya hii ni muhimu kwani inaashiria **mwanzo wa huduma ya hadhara ya Yesu. Ubatizo wake unakuwa kitendo cha ishara cha usafi na tamko la umma la utambulisho na ujumbe wake**.

Utatu Udhihirishwa

Katika tukio hili, **Nafsi zote tatu za Utatu Mtakatifu ziko na zinashiriki kikamilifu**, zikionyesha **majukumu yao ya kipekee na usawa wao ndani ya Utatu**:

1. **Mungu Baba: Sauti Yake kutoka mbinguni inatangaza Yesu kama Mwanaye mpendwa**, ikithibitisha **utambulisho wake wa kiungu na ujumbe wake**.
2. **Mungu Mwana: Yesu, Mwana wa Mungu aliye jidhihirisha** anajitolea kwa ubatizo, akionyesha **unyoofu wake na utiifu kwa mapenzi ya Baba**.
3. **Mungu Roho Mtakatifu: Roho anashuka juu ya Yesu kama njiwa**, akionyesha **amani, usafi, na uwezo kwa ajili ya huduma Yake**.

Tukio hili linadhihirisha kwa nguvu **umoja na usawa wa Baba, Mwana, na Roho Mtakatifu**, kila mmoja akitimiza **nafasi yao ya kipekee ndani ya mpango wa kiungu wa ukombozi**.

Nafasi ya Roho Mtakatifu

Picha ya **Roho Mtakatifu akishuka kama njiwa** inasisitiza **nafasi Yake ya moja kwa moja katika huduma ya Yesu. Roho Mtakatifu alimwezesha Yesu kutimiza ujumbe Wake, kutenda miujiza, na kutangaza ujio wa ufalme wa Mungu. Nguvu hii inaonyesha asili ya kiungu na mamlaka ya Roho Mtakatifu**.

Ubatizo wa Yesu unadhihirisha umoja kamili na usawa wa Utatu Mtakatifu—Baba, Mwana, na Roho Mtakatifu. Kila Nafsi ya Utatu inacheza **nafasi ya kipekee katika kazi ya ukombozi wa Mungu**, lakini wote ni **kiungu kamili, sawa kwa heshima, na wa milele. Hii ni mafundisho ya msingi ya Kikristo** inayoimarisha **uhusiano kati ya Nafsi tatu za Utatu Mtakatifu** na kuthibitisha **hali ya kiungu ya Roho Mtakatifu na nafasi yake muhimu katika huduma ya Kristo**.

Aya hii inasisitiza **nafasi muhimu ya Roho Mtakatifu katika huduma ya Yesu** na **kuonyesha utambulisho wa kiungu na ujumbe Wake kama Mwana wa Mungu**. **Ushiriki wa Roho Mtakatifu unathibitishwa zaidi katika maandiko muhimu ya kibiblia**

yanayoonyesha usawa wake katika Utatu Mtakatifu na asili yake ya milele.

Roho Mtakatifu katika Huduma ya Yesu

Mathayo 28:19-20:

"Nendeni basi, mfanye mataifa yote kuwa wanafunzi, mkibatiza kwa jina la Baba, na la Mwana, na la Roho Mtakatifu, mkifundisha kuyaangalia yote niliyowaamuru. Na tazama, mimi ni pamoja nanyi kila wakati, hata mwishoni mwa dunia."

Aya hii inasisitiza **umoja na mamlaka ya Baba, Mwana, na Roho Mtakatifu** katika **Amri Kuu. Kuongezwa kwa Roho Mtakatifu katika kanuni ya ubatizo kuthibitisha uungu Wake na usawa Wake ndani ya Utatu Mtakatifu**.

2 Wakorintho 13:14:

"Neema ya Bwana Yesu Kristo, na upendo wa Mungu, na ushirika wa Roho Mtakatifu uwe pamoja nanyi nyote."

Hapa, **Roho Mtakatifu anatajwa waziwazi kando ya Yesu Kristo na Mungu Baba**, akisisitiza **nafasi Yake katika maisha ya waamini** na **asili Yake ya kiungu**.

Roho Mtakatifu ni wa Milele

Waebrania 9:14:

"Basi, damu ya Kristo, ambaye kwa Roho wa milele alijitoa mwenyewe bila doa kwa Mungu, itatakasaje dhamiri zetu kutoka kwa matendo ya kifo ili kumtumikia Mungu aliye hai?"

Asili ya milele ya Roho Mtakatifu inamaanisha kwamba Yeye hana mwanzo wala mwisho na amekuwepo milele. Hii ni sifa ya kipekee ya uungu, ikionyesha **asili ya Mungu isiyo na kikomo na isiyobadilika**.

Yohana 14:16-17:

Yesu anamtaja Roho Mtakatifu kama **"Roho wa Ukweli"** atakayekaa na wanafunzi Wake milele:

"Na nitaomba kwa Baba, naye atawapa mwingine Msaidizi awe pamoja nanyi milele—hata Roho wa Ukweli, ambaye dunia haiwezi kumkubali, kwa maana haoni, wala haijui; ninyi mnamjua, kwa maana anakaa nanyi na atakuwa ndani yenu."

Yohana 16:13 inasisitiza zaidi **nafasi ya milele ya Roho Mtakatifu katika kuongoza waamini katika ukweli wote**:

"Lakini atakapokuja Roho wa ukweli, atawaongoza katika ukweli wote."

Uwepo Endelevu wa Roho Mtakatifu

Katika **Matendo 2**, Roho Mtakatifu anashuka juu ya mitume siku ya Pentekoste, ikianisha mwanzo wa uwepo Wake unaoendelea duniani. Tukio hili linaonyesha **kazi inayoendelea ya Roho Mtakatifu katika kuwawezesha, kuwaongoza, na kubadili waamini na Kanisa kupitia historia**.

Asili ya Milele ya Roho Mtakatifu

Asili ya **milele ya Roho Mtakatifu** ni **kweli ya msingi katika tafsiri ya kikristo**, ikionyesha **asili Yake ya kiungu kama moja ya nafsi tatu za Utatu Mtakatifu. Usawa wa Roho Mtakatifu na Baba na Mwana, uwepo Wake usio na kikomo nje ya wakati na nafasi**, na **uwepo Wake wa moja kwa moja duniani** zinathibitisha **nafasi Yake kama Roho wa Ukweli**, akiongoza waamini na kufunua **madhumuni na mapenzi yasiyobadilika ya Mungu**.

SURA YA 03

Majina ya Roho Mtakatifu

Majina ya Roho Mtakatifu

Roho Mtakatifu anaitwa kwa majina mbalimbali katika Maandiko na teolojia ya Kikristo, kila jina likionyesha **nafasi Yake ya kipekee** na **majukumu Yake katika maisha ya waamini** na **kazi ya ufalme wa Mungu**.

1. **Mfariji au Msaidizi**

Roho Mtakatifu anasimuliwa kama **Mfariji au Msaidizi** anayeunga mkono, kuimarisha, na kuhamasisha waamini.

- **"Na nitaomba kwa Baba, naye atawapa mwingine Msaidizi, awasaidie na awepo nanyi milele—Roho wa ukweli." — Yohana 14:16-17**

2. **Roho wa Ukweli**

Roho Mtakatifu anafunua ukweli wa Mungu kwa waamini na kuwaongoza katika ukweli wote.

- **"Lakini atakapokuja, Roho wa ukweli, atawaongoza katika ukweli wote." — Yohana 16:13**

3. **Roho wa Hekima na Uelewa**

Roho Mtakatifu anatoa hekima na uelewa, akiwasaidia waamini kutambua mapenzi ya Mungu na kufanya maamuzi yenye hekima.

- **"Roho wa Bwana atakaa juu yake—Roho wa hekima na uelewa." — Isaya 11:2**

4. **Roho wa Nguvu**

Roho Mtakatifu anawawezesha waamini kuishi maisha ya uungu, kushuhudia Kristo, na kutenda miujiza.

- **"Lakini mtapokea nguvu wakati Roho Mtakatifu atakapokuja juu yenu; nanyi mtakuwa mashahidi wangu." — Matendo 1:8**

5. **Roho wa Utakatifu**

Roho Mtakatifu anawatakasa na kuwaosha waamini, akiwafanya watakatifu na kupendeza mbele za Mungu.

- **"...na ambaye kwa Roho wa utakatifu aliteuliwa kuwa Mwana wa Mungu kwa nguvu kwa kufufuka kwake kutoka kwa wafu: Yesu Kristo Bwana wetu." — Warumi 1:4**

6. **Roho wa Neema**

Roho Mtakatifu anatoa nguvu na uwezo kwa waamini kuishi maisha yaliyotiwa neema na msamaha.

- **"Vipi mnafikiria kwamba mtu anayestahili adhabu zaidi, ambaye amekanyaga chini Mwana wa Mungu, ambaye ametendea kama kitu kisicho takatifu damu ya agano iliyowatakaseni, na ambaye ameudhi Roho wa neema?" — Waebrania 10:29**

7. **Roho wa Maisha**

Roho Mtakatifu anawapa waamini uhai wa kiroho, akiwafanya waishi maisha tele yaliyotolewa na Kristo.

- **"Kwa maana kwa Kristo Yesu, sheria ya Roho anayeleta uhai imekwisha kuwaweka huru kutoka kwa sheria ya dhambi na kifo." — Warumi 8:2**
- Majina haya ya Roho Mtakatifu yanasisitiza **nafasi Zake nyingi** katika maisha ya waamini na kazi Yake

katika kuendeleza **ufalme wa Mungu**. **Roho Mtakatifu** ni **uwepo halisi wa Mungu ndani ya watu binafsi na Kanisa**, akiwaongoza waamini katika **ukuaji wao wa kiroho**, akiwawezesha kuishi kwa imani yao, na kuwaandaa kutimiza **madhumuni ya Mungu**. Kama **Mfariji**, **Roho wa Ukweli**, **Roho wa Nguvu**, na mengineyo, **Roho Mtakatifu ni mshiriki muhimu na mwenye kazi kubwa katika maisha ya kila Mkristo**.

- Maandiko yanathibitisha kwamba **Roho Mtakatifu ni nafsi** na **sehemu muhimu ya Utatu Mtakatifu**, akiwa na **nafasi ya kipekee katika kazi ya wokovu na utakaso**. Anatajwa kama **Mfariji**, **Mshauri**, na **Msaidizi**, anayeimarisha na kuwaongoza waamini katika maisha yao ya kila siku. **Yohana 14:16-17, 26** inamtaja Roho Mtakatifu kama **yule anayekuja kwa waamini kuwatia mafundisho ya kila kitu na kuwakumbusha mafundisho ya Kristo**.
- Roho Mtakatifu pia anahusishwa na **kutunga matunda ya Roho katika maisha ya waamini**. Matunda haya—**upendo, furaha, amani, uvumilivu, wema, ufanisi, uaminifu, upole, na kujitawala** *(Wagalatia 5:22-23)*—hufanya kama ushahidi wa **uhusiano wenye afya na unaokua na Mungu**. Yanadhihirisha kazi ya mabadiliko ya Roho Mtakatifu, ambayo inawawezesha waamini kuishi maisha yanayotukuza Mungu na kuonyesha tabia Yake.
- Kuutambua na kukubali **asili ya kiungu ya Roho Mtakatifu ni muhimu kwa roho ya Kikristo ya kweli**. Kupitia **Roho Mtakatifu**, waamini wanapata **nguvu ya upendo na neema ya Mungu**, ikibadilisha maisha yao na kuwawezesha kutimiza **madhumuni yao ya kiroho**.

"Majina" Yanadhihirisha Tabia Yake

Majina na majina ya Mungu yanaonyesha **asili Yake**, **tabia Yake**, na **sifa Zake**. Yanaangazia ni nani Mungu na jinsi anavyohusiana na wanadamu. Kwa mfano, jina **"Yahweh"** linadhihirisha **kujitegemea kwa Mungu** na **asili Yake ya milele**, wakati **"El Shaddai"** linasisitiza **nguvu na uwezo Wake**. Jina la **"Baba"** linawakilisha **upendo na uangalizi Wake kwa watoto Wake**, wakati **"Mhakimu"** linasisitiza **haki na uadilifu Wake**.

Kuchunguza majina haya na majina kunapanua **uelewa wa Mungu** na kuimarisha **uhusiano wetu Naye**. Tunapojifunza zaidi kuhusu **asili ya Mungu**, tunaalikwa kujibu kwa njia ya maana: kumtukuza kwa ukuu Wake, kumtumaini kwa uaminifu Wake, na kumtafuta kwa mwongozo na hekima.

Ni muhimu **kujifunza majina ya Mungu na majina kwa unyenyekevu na heshima**, tukitambua kwamba **uelewa wa kibinadamu utaendelea kuwa mdogo kutosha kuelewa kikamilifu ukubwa na utukufu wa Mungu**. Ingawa majina na majina Yake yanafunua **kweli kubwa kuhusu asili Yake**, hayawezi kabisa kushika undani na ugumu wa **kuwa kwake**. Mwishowe, **uelewa wa kweli wa Mungu unapatikana kupitia uhusiano wa kibinafsi Naye**, unaowezeshwa kwa imani katika Yesu Kristo.

Nafsi tatu za Utatu Mtakatifu—Baba, **Mwana**, na **Roho Mtakatifu**—zimejidhihirisha kwa fadhili kupitia **majina mbalimbali**, **nafasi**, na **majina**. Ingawa **asili na sifa za Mungu mwenye kujitegemea** ziko mbali na **uelewa wa kibinadamu**, **nafsi na tabia Yake zinaweza kujulikana**. Kila jina au jina ambalo Mungu amejiwekea lenyewe linatumika kama **njia ya ufunuo**, likitufundisha Yeye ni nani na jinsi tunavyopaswa kumuhusisha Naye. Mungu hadanganyi; **majina Yake yanaonyesha asili Yake ya kweli**. Kwa sababu hii, **Anatuita tumtumaini kwa jina Lake**, akiahidi kuwa **Yeye atakuwa yote anayoyakilisha jina Lake**.

Mafanikio katika Utatu Mtakatifu

Kama ilivyoelezewa hapo juu, **Roho Mtakatifu anaitwa kwa majina, nafasi, na majina mbalimbali katika Maandiko**, yote yanayothibitisha **nafsi Yake** na **uungu Wake**. Baadhi ya majina haya ni ya kipekee kwa **Roho Mtakatifu**, wakati mengine yanashirikiana na **Baba** na **Mwana**, yakionyesha **umoja wa asili yao** ndani ya **asili ya kiungu**.

Katika **mpango wa kiungu wa ukombozi**, **Baba**, **Mwana**, na **Roho Mtakatifu** wanajidhihirisha kwetu kupitia **nafasi na sifa za kipekee**. Kwa mfano, **Baba anahusishwa mara nyingi na kuanzisha uumbaji na ukombozi**, **Mwana anahusishwa na kutimiza wokovu**, na **Roho Mtakatifu anahusishwa na kutumika na kudumisha wokovu**. Hata hivyo, **tofauti hizi hazimaanishi kutenganishwa**; **Nafsi za Utatu Mtakatifu hufanya kazi kwa ushirikiano kamili na mafanikio**.

Roho Mtakatifu anaitwa Roho wa Baba (**Yohana 14:26**) na **Roho wa Mwana** (**Wagalatia 4:6**) kwa sababu **anafanya kazi kwa umoja kamili na wote wawili. Kazi za mmoja wa Nafsi za Utatu** ni **kazi za wengine**, zikichangiwa na **asili yao isiyogawanyika. Umoja huu kamili** ni mfano wa kile ambacho sayansi inakielezea kama **"kiunganisho cha covalent"**, ambapo **vipengele tofauti hufanya kazi pamoja kuunda umoja mmoja**.

Majina ya Roho Mtakatifu katika Maandiko

(i) Roho

Moja ya majina yanayotumika kumwita **Roho Mtakatifu** ni "**Roho**," ambalo linasisitiza **asili Yake ya kiungu ya milele** na **utendaji Wake katika mioyo ya waamini**.

Neno "**Roho**" linaonyesha **asili ya kiungu ya Roho Mtakatifu**, likithibitisha **tamko katika Yohana 4:24**: **"Mungu ni Roho, na wale wanaomwabudu lazima wamwabudu kwa roho na kweli."** Hii inathibitisha kuwa **Roho Mtakatifu si kiumbe kilichoumbwa** bali **nafsi ya kiungu ya milele**, mmoja wa **Nafsi tatu za Utatu Mtakatifu**.

Jina "**Roho**" pia linaelezea **njia ya utendaji wake katika maisha ya waamini**. **Roho Mtakatifu mara nyingi hulinganishwa na pumzi au upepo katika Maandiko**, picha hii inadhihirisha **nguvu isiyoonekana lakini inayotoa uhai ya Roho Mtakatifu**. Kwa mfano, siku ya **Pentekoste**, **Roho Mtakatifu anas described** kama akishuka juu ya wanafunzi **"kwa sauti ya upepo mkubwa unaoenda kwa haraka"** (**Matendo 2:2**). Tukio hili linathibitisha **uwepo Wake** na **nguvu za kubadilisha maisha ya waamini na Kanisa**.

Jina hili linajumuisha **asili ya Roho Mtakatifu** yenye **nyuso nyingi** na linathibitisha **nafasi Yake kama nguvu inayotoa uhai inayoshikilia waamini katika njia yao ya kiroho na kumtumikia Mungu**.

(ii) Roho Mtakatifu

Jina lingine maarufu la **Nafsi ya tatu ya Utatu Mtakatifu** ni **"Roho Mtakatifu,"** ambalo ni jina lake maarufu zaidi katika **Agano**

Jipya. Jina hili linasisitiza **asili yake isiyo na dosari** na **nafasi yake ya kipekee** ndani ya **Utatu Mtakatifu**.

Neno "**Roho Mtakatifu**" linamaanisha **utakatifu wa kipekee wa nafsi yake—bila uchafu au kasoro**. Hii inapingana moja kwa moja na **roho chafu au zisizo takatifu**, ambazo zinahusishwa na **nguvu za uovu au mapepo**. **Utakatifu wa Roho Mtakatifu unadhihirisha tabia ya Mungu**, kama ilivyoonyeshwa katika **Kutoka 15:11**:

"Nani kama wewe, Ee Bwana, miongoni mwa miungu? Nani kama wewe, mwenye utukufu katika utakatifu?"

Jina "**Roho Mtakatifu**" linatumiwa kutofautisha **asili na sifa Zake**, kama vile jina **"Yahweh"** au **"Bwana"** linavyotofautisha **Mungu mmoja wa kweli, aliyejitegemea** kutoka kwa miungu bandia. **Utakatifu Wake** si sifa tu bali ni **kipengele cha kutambulisha utambulisho Wake wa kiungu**, kinachosisitizwa katika Maandiko yote.

Waamini wanaitwa **kumheshimu na kumstaajabu Roho Mtakatifu** kama **mwanachama wa Utatu Mtakatifu** na kutambua **kazi Yake ya kipekee katika maisha yao**. Kama **Roho wa utakatifu**, Yeye anawatakasa na kubadilisha, akiwawezesha waamini kuonyesha **tabia ya Mungu** katika **maisha yao ya kila siku**.

Jina "**Roho Mtakatifu**" linasisitiza **nafsi ya Roho Mtakatifu**, likithibitisha kuwa Yeye ni **nafsi ya kipekee na si nguvu au ushawishi tu**. Hii inaonyeshwa wazi katika **Marko 3:29-30**: **"Lakini atakayemtukana Roho Mtakatifu hatapata msamaha, bali atakuwa chini ya hukumu ya milele kwa sababu walisema, 'Ana roho chafu.'"**

Aya hii inaonyesha wazi **nafsi ya Roho Mtakatifu**. **Kulilinganisha na "roho chafu"**—ambayo ni kiumbe cha kibinafsi—**kunahitaji kwamba Roho Mtakatifu pia awe Nafsi**, kwani tofauti kama hiyo haiwezi kuwepo vinginevyo.

Jina "**Roho Mtakatifu**" pia linasisitiza **utendaji wa kipekee wa Roho Mtakatifu katika kazi Zake zote**. Iwe kazi inahusisha **kufanya giza au kufumba macho**, **kuzaliwa upya au kutakaswa**, kila tendo la Mungu ni takatifu. Hii inasisitiza zaidi **uungu kamili wa Roho Mtakatifu** na kuonyesha **nafasi yake muhimu katika teolojia ya Kikristo**.

(iii) "Roho Nzuri" ya Mungu

Roho Mtakatifu anaitwa **"Roho Nzuri"** ya Mungu katika **Nehemia 9:20**:

"Ulimpa pia Roho yako nzuri ili kuwaelekeza."

Vivyo hivyo, **Zaburi 143:10** inasema:

"Nifundishe kutenda mapenzi yako, kwa maana wewe ni Mungu wangu; Roho yako ni nzuri."

Jina hili la Roho Mtakatifu kama **"nzuri"** linadhihirisha **asili Yake na kazi Zake**. Katika **Luka 18:19**, Yesu anasema, **"Hakuna anayefaa kusema ni mzuri, ila Mungu peke yake."** Hivyo, **wema wa Roho** unalingana na **asili ya kiungu ya Mungu**. Hii inajitokeza tena katika **Mathayo 19:17**, ambapo Yesu anatangaza: **"Kuna mmoja tu ambaye ni mzuri."**

Wema wa Roho Mtakatifu pia unaonekana katika **matendo Yake**, kama ilivyoelezwa katika **Waefeso 5:9**:

"Kwa maana tunda la Roho liko katika wema wote, haki, na ukweli."

(iv) "Roho Huru"

Roho Mtakatifu pia anaitwa **"Roho Huru"** katika **Zaburi 51:12**:

"Nirudishie furaha ya wokovu wako, na unishike kwa Roho wako huru."

Jina hili linasisitiza **nafasi Yake kama mtoaji mkarimu**, akitoa vipawa Vyake bure na bila kulaumiwa. Kama ilivyoonyeshwa katika **1 Wakorintho 12:11**:

"Lakini Roho mmoja na yule yule hufanya mambo haya yote, akigawanya kila mmoja kama apendavyo."

Vile vile, **"Roho Huru"** inaonyesha **kazi Yake katika kuwaokoa wateule wa Mungu kutoka katika kifungo cha dhambi na Shetani**, akiwaleta katika **uhuru wa utukufu wa watoto wa Mungu**. **Nafasi hii ya kuwakomboa Roho Mtakatifu** ni muhimu katika **huduma Yake**, kwa kuwa **anatumia kazi ya ukombozi ya Kristo kwa waamini na kuwawezesha kutembea katika uhuru na haki**.

(v) Roho wa Kristo

Roho Mtakatifu anaitwa "**Roho wa Kristo**" katika **Warumi 8:9**:

"Lakini kama mtu yeyote hana Roho wa Kristo, yeye si wa Kristo."

Jina hili linasisitiza kuwa **Roho anatumwa na Kristo** (**Matendo 2:33**) kuendeleza kazi Yake duniani na kumtukuza (**Yohana 16:14**). **Maneno haya yanaonyesha uhusiano muhimu kati ya Kristo na Roho Mtakatifu**, yakisisitiza kuwa wale ambao ni wa Kristo wataonyesha **matunda ya Roho** ambayo yalionekana katika **maisha ya Kristo mwenyewe**.

Katika muktadha huu, "**Roho wa Kristo**" inamaanisha **nafasi ya Roho Mtakatifu katika kutengeneza tabia inayofanana na Kristo katika waamini**, akikuza ndani yao **upendo, unyenyekevu, na haki** ambavyo vilimfafanua Yesu katika huduma Yake ya duniani.

(vi) Roho wa Bwana

Roho Mtakatifu pia anaitwa "**Roho wa Bwana**" katika **Matendo 8:29**, akionyesha **mamlaka Yake ya kiungu** na ** matarajio ya kutokawia kutoka kwa wafuasi Wake**. Jina hili linaonyesha **nafasi ya Roho kama anayetekeleza mapenzi ya Bwana duniani**.

Isaya 11:1-2 inasema kuhusu **Roho wa Bwana** akimjalia **Masihi aliyetabiriwa**:

"Mti utachipuka kutoka shina la Yese; kutoka mizizi yake mti utazaa matunda. Roho wa Bwana atakaa juu Yake—Roho wa hekima na uelewa, Roho wa ushauri na nguvu, Roho wa maarifa na kumcha Bwana."

Roho wa Bwana anatoa uwezo na kuimarisha, akileta hekima, nguvu, na haki. **Uwezo huu unadhihirishwa katika Isaya 61:1-2**, ambapo Roho anapaka mafuta kwa huduma: **"Roho wa Bwana yu juu yangu, kwa maana Bwana amenipaka mafuta ili niwahubirie maskini habari njema. Amenituma kutangaza ahueni kwa waliovunjika mioyo, kutangaza uhuru kwa wafungwa na kuachiliwa kwa walioko gizani."**

Aya nyingine, kama **Yohana 3:8** na **Zaburi 35:5**, zinasisitiza **muhimili wa mwelekeo wa kiungu wa Roho** na **mamlaka Yake ya**

kiungu, zikilinganisha **matendo Yake na upepo**—usioonekana lakini **una nguvu isiyopingika**.

(vii) Roho wa Milele

Katika **Waebrania 9:14**, Roho Mtakatifu anaitwa **"Roho wa Milele"**, jina ambalo linasisitiza **asili Yake ya kiungu**: **"Basi, damu ya Kristo, ambaye kwa Roho wa milele alijitoa mwenyewe bila doa kwa Mungu, itatakasaje dhamiri zetu kutoka kwa matendo ya kifo ili kumtumikia Mungu aliye hai?"**

Jina hili linasisitiza asili ya Roho Mtakatifu isiyo na mwisho, likithibitisha **nafasi Yake kama mwanachama wa Utatu Mtakatifu**. Neno **"milele"** linathibitisha **asili ya Roho isiyobadilika na isiyokuwa na mwanzo wala mwisho**, sifa ambayo ni ya kipekee kwa Mungu. Pia linadhihirisha kazi Yake katika **ukombozi**, **utakaso**, na **kudumisha waamini** kwa wakati wote.

Ni **Mungu pekee ndiye anayestahili kuitwa milele** katika maana ya kweli. Ingawa viumbe vingine vinaweza kuwa na **uwepo wa milele kwa neema ya Muumba wao**, **Mungu pekee anamiliki uhai usiotokana na mwingine**, **ujuzi wa kujitegemea**, na **uwepo wa lazima**. **Majina ya Roho Mtakatifu kama "Roho wa Milele"** katika **Waebrania 9:14** yanathibitisha **asili Yake ya kiungu** na kuonyesha **umoja Wake na Baba na Mwana katika Utatu Mtakatifu**.

(viii) Parakletos au Mfariji

Roho Mtakatifu pia anaitwa **"Parakletos"**, au **"Mfariji"**, katika **Yohana 14:16-17**:

"Nami nitamwomba Baba, naye atawapa mwingine Mfariji, atakayekuwapo nanyi milele, yaani, Roho wa kweli, ambaye ulimwengu hauwezi kumpokea, kwa maana hauoni, wala haumjui Yeye. Lakini ninyi mnamjua, kwa sababu anakaa nanyi, na atakuwa ndani yenu."

Neno **"Parakletos"** linatokana na neno la Kigiriki **"parakletos,"** linalomaanisha **"aliyeitwa kando kusaidia"** au **"mwakilishi."** Jina hili linasisitiza **nafasi ya Roho Mtakatifu katika kutoa nguvu, mwongozo, na faraja kwa waamini**. Yesu aliahidi kwamba Roho Mtakatifu atachukua nafasi Yake kwa wanafunzi baada ya kuondoka Kwake, kuhakikisha uhusiano wa kibinafsi na wa msaada unaendelea.

Jina "**Parakletos**" linasisitiza kuwa **Roho Mtakatifu si nguvu isiyoeleweka bali ni msaidizi wa kibinafsi na mwakilishi.** Nafasi Yake inajumuisha:

1. **Maombi kwa niaba ya waamini.**
2. **Mwongozo**: Kuelekeza waamini katika ufahamu wa kina wa ukweli wa injili.
3. **Nguvu**: Kutoa nguvu za kiungu za kuvumilia mitihani na kutimiza madhumuni ya Mungu.

Maana ya Parakletos

Kulingana na **Strong's Concordance #3875** na **Thayer's Greek Lexicon**, neno **parakletos** lina maana nyingi:

1. **Aliyeitwa kando ya mtu**: Aliyeitwa kutoa msaada.
2. **Mwakilishi wa kisheria**: Mtu anayelalamikia jambo la mwingine mbele ya hakimu.
3. **Mombezi**: Mtu wa kati kati ya Mungu na wanadamu, kama Kristo anavyomombea mkono wa kulia wa Mungu.
4. **Msaidizi na Mfariji**: Kutoa msaada, moyo, na msaada wa kiungu katika kila sehemu ya maisha ya muumini.

Jina hili hasa linasisitiza **misheni ya Roho Mtakatifu ya kuongoza waamini katika ukweli wote**, kuwatia nguvu kwa ajili ya mitihani na mateso, na kuimarisha uhusiano wao na Mungu. **Roho Mtakatifu**, kama **Parakletos**, anahakikisha kwamba **uwepo na kazi ya Kristo** inaendelea kuwawezesha na kuwashikilia wafuasi Wake.

Mfariji ina maana ya kina zaidi kuliko tu "Mfariji wa majonzi." Neno hili linatokana na maneno ya Kilatini **com** ("kando") na **fortis** ("nguvu"). Hivyo basi, **Mfariji** ni mtu anayesimama kando ya mwingine anaye hitaji msaada, akitoa nguvu na msaada. Wakati Kristo alisema kwamba atamuomba Baba awape watu wake "Mfariji mwingine," alimaanisha kwamba **Roho Mtakatifu** atachukua nafasi Yake, akifanya kwa wanafunzi kile alichokifanya kwao alipokuwa duniani.

Roho Mtakatifu anawaimarisha waamini kwa njia nyingi: akitoa faraja wanapokuwa na huzuni, akitoa neema wanapohisi udhaifu au mashaka, na kutoa mwongozo wanapokuwa na mkanganyiko.

Hata hivyo, neno "**Mfariji**" halikamilishi kikamilifu upana wa nafasi ya **Roho Mtakatifu** kama "**allos Parakletos**" (Msaidizi mwingine). Kwa kuwa **Roho Mtakatifu** ni **mwanachama hai na mwenye shughuli wa Utatu Mtakatifu**, hakuna neno moja linaloweza kufunika **asili Yake**, kama vile hakuna neno moja linaloweza kuelezea kikamilifu **Mungu Baba** au **Mungu Mwana**.

Kamusi ya Webster's Ninth New Collegiate inafafanua **Mfariji** (ikiwa imeandikwa kwa herufi kubwa) kama "**Roho Mtakatifu**" au "**mwenye kutoa faraja.**" Ingawa tafsiri hii inatambulisha dhana ya **Roho Mtakatifu**, bado haifai kwa kuelezea **tabia na kazi Yake kamili**. Kudai kuelewa kwa undani **Roho Mtakatifu** kwa kutegemea tu tafsiri kama hii ni sawa na kudai uhusiano wa karibu na mtu ambaye umeonana naye kwa muda mfupi tu.

Changamoto inatokea hasa kutokana na **vizuizi vya kitamaduni na kihistoria** vilivyopo katika tafsiri. Ingawa tafsiri yenyewe inaweza isiwe na makosa, mara nyingi inaweza kuwa haitoshi katika kuwasilisha **hai ya asili** na **nyongeza ya maana** ya neno.

Maandishi ya Kigiriki ya Agano Jipya yalitumiwa katika tafsiri mbalimbali za Kiingereza. Kati ya hizo, **King James Version (KJV)** ya mwaka 1611 inabaki kuwa na ushawishi mkubwa. Hata hivyo, **Kiingereza cha karne ya 17** kinaweza kisijali na wasomaji wa kisasa. Kinyume chake, **New International Version (NIV)**—iliyotolewa mwishoni mwa karne ya 20—ina lengo la kutafsiri maandiko ya Kiebrania, Kiaramu, na Kigiriki katika Kiingereza cha kisasa.

Kwa mfano, **Yohana 14:16** katika NIV inasema: **"Nami nitamuomba Baba, naye atawapa mwingine Mshauri atakayekuwapo nanyi milele."**

Mstari wa chini wa tafsiri ya NIV Study Bible unaelezea neno hili, ukitoa muktadha wa ziada kwa wasomi wa kisasa na kutoa **uelewa kamili wa nafasi ya Roho Mtakatifu.**

Mshauri au "Msaidizi"

Neno "**Mshauri**," au "**Msaidizi**," ni neno la kisheria linalozidi "ushauri wa kujitetea" (kama inavyoonekana katika **1 Yohana 2:1**) na linahusisha mtu yeyote anayesaidia au kusaidia mtu aliye katika shida, hasa katika mambo ya kisheria. **Roho Mtakatifu** anawasilishwa kama yule anayesimama kando ya watu wa Kristo, akitoa msaada thabiti na ulinzi.

Biblia ya New American Standard (NASB) inatafsiri **Yohana 14:16** kama:

"Nitamwomba Baba, naye atawapa mwingine Msaidizi, atakayekuwapo nanyi milele."

Maneno **Mfariji, Mshauri,** na **Msaidizi** yote yanachukua vipengele vya huduma ya **Roho Mtakatifu**, lakini hakuna hata moja linayoweza kuonyesha kwa ukamilifu utajiri wa neno la Kigiriki la awali **Parakletos**. Watafsiri wa **King James Version (KJV)** walikutana na changamoto ya kutafsiri **Parakletos** katika Kiingereza, na hatimaye walichagua neno "**Mfariji**". Hata hivyo, tafsiri hii ilileta vikwazo, kwa sababu **Parakletos** inajumuisha maana pana na yenye muktadha tajiri ambayo inazidi uwezo wa neno lolote moja la Kiingereza.

Uchunguzi wa karibu kuhusu Roho Mtakatifu na **nafasi Yake ndani ya Utatu Mtakatifu** unatoa mwangaza kuhusu ugumu na undani wa **Parakletos**.

Asili ya Milele ya Utatu Mtakatifu

Ni muhimu kuelewa kuwa **watu wote watatu wa Utatu Mtakatifu—Mungu Baba, Mungu Mwana, na Mungu Roho Mtakatifu—wamekuwepo tangu milele**. Ukweli huu unathibitishwa katika **Ufunuo 1:8** (**NIV**):

"'Mimi ni Alfa na Omega,' asema Bwana Mungu, 'Yule aliye, na aliyekuwako, na atakayekuja, Mwenyezi.'"

Matamshi haya ya **uwepo wa milele** na **utawala mkuu** yanarudiwa katika **Ufunuo 21:6** na **22:13**, yakithibitisha **asili ya milele na isiyobadilika ya Mungu.**

Uwepo wa Mapema wa Yesu Kristo

Ni makosa kufikiri kwamba Yesu Kristo, Mwana, alianza kuwepo wakati alipozaliwa kama binadamu. Yesu mwenyewe alikabiliana na dhana hii alipozungumza na kundi la Wayahudi wasiokuaamini, wazawa wa Ibrahimu, kuhusu asili Yake ya milele. Katika **Yohana 8:58** (**KJV**), Yesu alitangaza:

"Amin, amin, nawaambia, Kabla Ibrahimu hajakuwako, mimi ni."

Tamko hili lina maana kubwa ya ki-theolojia. Neno **"Mimi ni"** linahusiana moja kwa moja na jina la kiungu lililodhihirishwa kwa Musa katika **Kutoka 3:14**, ambapo Mungu anajiweka wazi kama **"MIMI NI YULE NILIYE."** Karibu mwaka 1445 K.K., Mungu alimwagiza Musa kuwaongoza Waisraeli kutoka utumwani Misri, akifichua jina Lake kama tamko la **uwepo wake wa kujitegemea**, **asili ya milele**, na **tabia isiyobadilika**.

Kwa kutumia **"Mimi ni,"** Yesu anajitambulisha waziwazi na Mungu wa milele, akithibitisha umungu Wake na uwepo Wake wa mapema.

Wakati Musa alipoomba jina la Mungu aliloliambia Waisraeli, Mungu alijibu kwa unyenyekevu mkubwa:

"Mungu akamwambia Musa, MIMI NI YULE NILIYE; akaendelea kusema, Hivyo utawaambia Wana wa Israeli, MIMI NI amenipeleka kwenu." — Kutoka 3:14 (KJV)

Tamko hili la **"MIMI NI"** linadhihirisha **asili ya milele ya Mungu** na **uwepo Wake wa kujitegemea**. Wakati Yesu alipotangaza **"MIMI NI,"** alijidhihirisha kama **Mungu Mwana**. Moja ya matukio ya kushangaza lilitokea wakati alipokamatwa ambapo Yuda Iskariote aliongoza umati kumkamata. Tamko la Yesu la **"MIMI NI"** (angalia kwamba "Yeye" ni nyongeza ya baadaye katika tafsiri kama **King James Version** na si sehemu ya maandiko ya Kigiriki ya awali) lilisababisha athari ya kushangaza:

Yohana 18:3-8 (KJV):

"Basi Yuda, alipopokea kikundi cha watu na maafisa kutoka kwa makuhani wakuu na Mafarisayo, alifika pale akiwa na taa na mishumaa na silaha. Yesu kwa hiyo, akijua yote yaliyokuwa yatamfika, alitoka na kuwaambia, 'Mnatafuta nani?' Walijibu, 'Yesu wa Nazareti.' Yesu akawaambia, 'Mimi ni [Yeye].' Naye Yuda, aliyemsaliti, alisimama nao. Basi, mara aliposema kwao, 'Mimi ni [Yeye],' walirudi nyuma na kuanguka chini. Kisha aliwauliza tena, 'Mnatafuta nani?' Wakasema, 'Yesu wa Nazareti.' Yesu akajibu, 'Nimeshawambia kuwa Mimi ni [Yeye]...'"

Neno **"MIMI NI"** lilikusababisha umati kutetemeka, na walikubaliana kuanguka chini. Athari hii inasisitiza **mamlaka ya**

kiungu na **nguvu** zilizozungumzwa na Yesu, alipodhihirisha umungu Wake waziwazi mbele ya usaliti na kukamatwa.

Yesu Atangaza Umungu Wake

Kabla ya kukamatwa kwake, Yesu alitangaza mara kwa mara utambulisho wake wa kiungu, akitumia neno **"Mimi ni"** ili kuthibitisha kuwa Yeye ni **Mungu Mwana**, **Mungu aliyeyashika mwili**, **Imanueli** ("Mungu pamoja nasi," **Mathayo 1:23**). Katika tukio moja, Yesu alifundisha katika hekalu kuhusu asili Yake ya mbinguni na dhamira Yake, akiwatahadharisha Wayahudi kuhusu matokeo ya kumkataa:

Yohana 8:23-24, 28-30 (KJV):

"Akawaambia, 'Ninyi mmetoka chini; Mimi ni kutoka juu: ninyi ni wa dunia hii; Mimi si wa dunia hii. Kwa hiyo nalisema kwenu, ya kwamba mtakufa katika dhambi zenu: kwa maana kama hamtaamini kwamba Mimi ni [Yeye], mtakufa katika dhambi zenu.'... Kisha Yesu akawaambia, 'Mkitwaa Mwana wa Adamu, ndipo mtakapojua ya kwamba Mimi ni [Yeye], na ya kwamba sifanyi chochote kwa nafsi yangu; bali kama Baba yangu alivyoniambia, ninasema haya. Na Yeye aliyenituma yupo pamoja nami: Baba hajaniacha peke yangu; kwa maana mimi daima hufanya yale yanayompendeza Yeye.' Wakati Yesu alipozungumza maneno haya, wengi walimwamini."

Katika matamshi haya, Yesu alithibitisha kwamba alitumwa na Baba kutimiza dhamira yake ya kiungu. Alitabiri pia kuwa **kufa kwa ajili ya dhambi** ("mtakapomwinua Mwana wa Adamu") kutadhihirisha utambulisho wake wa kweli kama **Mungu Mwana**, akifanya mapenzi ya Baba.

Yesu alifunua kusudi lake la kiungu kwa **Nikodemo**, Mfarisayo, akisisitiza uhuru wa ubinadamu kuchagua kama kumwamini au kumkataa. Ingawa Yesu angekufa ili kumkomboa binadamu, uamuzi wa kumkubali au kumkataa uko mikononi mwa kila mtu. Mungu tayari amekamilisha kila kitu kinachohitajika kuwarejesha wanadamu kwa Yeye mwenyewe na hatafanya zaidi. Fursa ya wokovu ipo:

"Kwa maana Mungu hakumtuma Mwanawe duniani ili aihukumu dunia; bali ili dunia iweze kuokolewa kwa Yeye. Yeye amwaminiye Yeye hahukumiwi: bali yeye asiyemwamini tayari

amehukumiwa, kwa sababu hakumwamini Jina la Mwana pekee wa Mungu." — Yohana 3:17-18 (KJV)

Katika unabii wa **Mika**, kuzaliwa kwa Kristo kama binadamu kunatabiriwa pamoja na uthibitisho wa kuwepo Kwake kwa milele:

"Lakini wewe, Bethlehemu Efratha, ijapokuwa wewe ni mdogo miongoni mwa kabila za Yuda, kutoka kwako atatokea kwangu Yule atakayekuwa mtawala juu ya Israeli, ambaye asili yake ni tangu zamani, tangu enzi za kale." — Mika 5:2 (NIV)

Mtume Petro anathibitisha asili ya milele ya Kristo, kusudi lake lililotanguliwa, na ufunuo wake wa wakati katika barua yake: **"Kwa maana alijulikana tangu kabla ya kuanzishwa kwa dunia, lakini amejidhihirisha katika nyakati hizi za mwisho kwa ajili yenu." — 1 Petro 1:20 (NASB)**

Ni makosa kufikiri kwamba **Roho Mtakatifu** hakuwepo hadi baada ya kupaa kwa Kristo. Uwepo wa milele wa **Roho Mtakatifu** unathibitishwa katika vifungu vya mwanzo vya Biblia: **"Hapo mwanzo Mungu aliumba mbingu na dunia. Na dunia ilikuwa tupu na isiyo na umbo, na giza lilikuwa juu ya uso wa vilindi. Na Roho wa Mungu alitulia juu ya uso wa maji." — Mwanzo 1:1-2 (KJV)**

Kupuuza au kupunguza uwepo na nguvu ya **Roho Mtakatifu** ni kudhoofisha imani ya Kikristo yenyewe. Makanisa mengi yanapata shida kutekeleza kikamilifu nguvu na mamlaka yanayohitajika kwa ajili ya kazi yao kwa sababu wanashindwa kuelewa au kusisitiza muundo na nguvu za **Utatu Mtakatifu**.

Mungu Baba kama Muumba

Mungu Baba anatiwa utukufu kupitia **Mwanawe**, **Yesu Kristo**, ambaye anafafanuliwa kama picha ya Mungu asiyeonekana na kielelezo cha uumbaji:

"Yeye [Yesu] ni picha ya Mungu asiyeonekana [Baba], mzaliwa wa kwanza wa viumbe vyote. Kwa maana kwa Yeye [Yesu] vitu vyote viliumbwa, vyote vilivyo mbinguni na duniani, vya kuonekana na visivyoonekana, iwe viti vya enzi au mamlaka au watawala au nguvu—vitu vyote vimeumbwa kwa njia yake na kwa ajili yake." — Wakolosai 1:15-16 (NASB)

Kifungu hiki kinasisitiza nafasi kuu ya Mwana katika uumbaji na umoja wake na Baba.

Ufunuo wa Mungu Kupitia Mwana

Kitabu cha Waebrania kinaelezea zaidi ufunuo wa Mungu Baba kupitia huduma, kifo, na ufufuo wa **Yesu Kristo**: **"Mungu, aliyezungumza kwa njia mbalimbali na kwa njia tofauti kwa wakati wa zamani kwa baba zetu kupitia manabii, amezungumza nasi siku hizi za mwisho kwa Mwanawe, ambaye amemteua kuwa Mrithi wa vitu vyote, kupitia Yeye pia alivyoviumba vilimwengu; Yeye ambaye ni mng'ao wa utukufu wake na picha halisi ya utu wake, na anayeushikilia vitu vyote kwa Neno la nguvu yake, alipokuwa ametakasa dhambi zetu mwenyewe, alikalia mkono wa kuume wa Mkuu Aliye Juu."** — **Waebrania 1:1-3 (NKJV)**

Kifungu hiki kinadhihirisha **Yesu** kama uonyesho wa mwisho wa asili na utukufu wa Mungu, kikiweka wazi jukumu lake katika uumbaji, ukombozi, na kudumisha vitu vyote.

Sheria Zilizopewa na Mungu Baba

Sheria zilizopewa na **Mungu Baba** hazikukusudiwa kuweka mizigo isiyowezekana kwa wanadamu kama njia ya kufikia haki. Badala yake, zilikuwa zikitumika kuwasaidia watu kutambua hitaji lao la **Masihi**, **Yesu Kristo**. Ni **Shetani** anayepotosha makusudi ya Mungu, akimwonyesha kama mtawala mkali.

Kitabu cha **Warumi** kinafafanua kusudi la Mungu kwa sheria, kikiweka wazi kwamba sheria inadhihirisha kushindwa kwa wanadamu kufikia haki kwa nguvu zao wenyewe na kuonyesha hitaji lao la neema ya kimungu kupitia Kristo:

"Sasa tunajua kwamba lolote sheria inalisema, inalisema kwa wale walio chini ya sheria, ili kila kinywa kimekome, na ulimwengu wote uwe na hatia mbele ya Mungu. Basi, kwa matendo ya sheria hakuna mwili utakaehesabiwa haki mbele zake, kwa maana sheria inajua dhambi. Lakini sasa haki ya Mungu mbali na sheria imefunuliwa, ikiashiriwa na Sheria na Manabii, hata haki ya Mungu, kwa imani katika Yesu Kristo, kwa wote na juu ya wote wanaoamini." — **Warumi 3:19-22 (KJV)**

Kifungu hiki kinasisitiza kuwa sheria inafanya kazi kama kioo, ikionyesha dhambi ya wanadamu na hitaji la ukombozi kupitia imani katika **Yesu Kristo**. Kinaonyesha kwamba haki haiji kwa juhudi za binadamu au ufuatiliaji wa sheria, bali kwa imani katika neema ya Mungu iliyoletwa na **Masihi**.

SURA YA 04

Kazi ya Roho Mtakatifu kwa Wanadamu

Ni kosa kudhani kwamba huduma za **Roho Mtakatifu** ni za aina moja au kwamba kazi Zake ni sawa kwa kiwango chochote. Kudai hivi ni kupunguza uhuru wa **Personi ya Tatu ya Utatu** kuliko uhuru unaofurahiwa na wanadamu. Wote wanaoshirikiana kwa hiari huonyesha utofauti katika shughuli zao; hata mimi na wewe hatufungwi kwa aina moja ya kazi au athari. Pale inapotakiwa, tunarekebisha nguvu ya juhudi zetu kulingana na uwezo wetu na mapenzi yetu. Je, **Roho Mtakatifu** anavyoonyeshaje utofauti na ukuu katika kazi Yake?

Huduma ya **Roho Mtakatifu** kwa wanadamu ni msingi wa mafundisho ya Kikristo. Jukumu Lake linajumuisha wokovu, utakatifu, na ufanisi, na hutenda kazi kwa kipekee katika maisha ya kila muumini. Hapa chini ni vipengele muhimu vya kazi ya **Roho Mtakatifu**:

1. **Kutia Hatia kwa Dhambi**: **Roho Mtakatifu** anawatia watu hatia kwa dhambi zao, hitaji lao la wokovu, na kutengwa kwao na Mungu.

2. **"Atakapokuja, atatia hatia ulimwenguni kuhusu dhambi, haki, na hukumu." — Yohana 16:8-11**

3. **Upya wa Maisha**: **Roho Mtakatifu** anawachangua waumini, akiwapatia maisha mapya na kuwawezesha kuwa viumbe vipya katika Kristo.

"Alituokoa kwa kuoshwa kwa kuzaliwa tena na kufanywa upya kwa Roho Mtakatifu." — Tito 3:5

4. **Kuishi Ndani ya Waumini**: **Roho Mtakatifu** anaishi ndani ya waumini, akiwapa faraja, mwongozo, na nguvu kwa ajili ya maisha ya kila siku.

"Je, hamjui ya kwamba miili yenu ni hekalu la Roho Mtakatifu, aliye ndani yenu?" — 1 Wakorintho 6:19

5. **Utakatifu**: **Roho Mtakatifu** anawatakasa waumini, akiwawezesha kuishi maisha matakatifu na kuwasaidia kuzaa matunda ya kiroho.

"Lakini matunda ya Roho ni upendo, furaha, amani, uvumilivu, fadhili, wema, uaminifu, upole, na kujidhibiti." — Wagalatia 5:22-23

6. **Uwezo wa Huduma**: **Roho Mtakatifu** anawawezesha waumini kwa vipawa vya kiroho ili kutumika katika huduma na kuendeleza malengo ya Mungu. **"Kuna aina mbalimbali za vipawa, lakini Roho mmoja ndiye anayegawa." — 1 Wakorintho 12:4-11**

7. **Kusali kwa Niaba ya Waumini**: **Roho Mtakatifu** anasali kwa niaba ya waumini, akieleza mahitaji yao kwa Mungu kwa njia ambazo si za maneno ya kibinadamu. **"Roho mwenyewe anasali kwa niaba yetu kwa kilio kisicho na maneno." — Warumi 8:26-27**

8. **Umoja**: **Roho Mtakatifu** anawaunganisha waumini kuwa mwili mmoja katika Kristo, akiiwezesha kanisa kwa ajili ya utume wake.

"Kwa maana sisi sote tulibatizwa kwa Roho mmoja ili kuwa mwili mmoja." — 1 Wakorintho 12:12-13

Kama ilivyoonyeshwa, kazi ya **Roho Mtakatifu** ni nyingi na inabadilika, ikijumuisha mabadiliko ya ndani, mwongozo wa nje, uwezeshaji kwa huduma, na kusali kwa niaba. Huduma hizi ni muhimu kwa ukuaji wa kiroho wa waumini na kwa utume wa kanisa duniani.

Tabia na njia ya kazi za Roho Mtakatifu zinatokana na mapenzi na kusudi lake lenye mamlaka, kama ilivyoainishwa katika 1 Wakorintho 12. Wakati mwingine kazi Yake inafanywa kwa "mguso wa kidole Chake," wakati mwingine kwa "mkono Wake," na katika matukio ya kipekee, kama vile siku ya Pentekoste, Anaonyesha nguvu Yake kwa "kufichua mkono Wake." Matendo Yake hayatawaliwi na hitaji, bali hutendeka kulingana na mapenzi mema ya mapenzi Yake.

---

1. **Roho Mtakatifu Anafunua Mapenzi ya Mungu**

Moja ya majukumu muhimu ya **Roho Mtakatifu** ni kufunua mapenzi ya Mungu. Ana wasiliana na amri ya Mungu, kama ilivyoelezwa katika Matendo 17:30:

"Mungu anawaamuru watu wote kila mahali watubu."

Katika **Yohana 16:8**, Yesu alielezea kwamba **Roho Mtakatifu** "anatia hatia ulimwenguni kuhusu dhambi, haki, na hukumu." Hii inamaanisha kuwa **Roho Mtakatifu** anawaonyesha wanadamu hali yao ya dhambi, anafichua kutengwa na Mungu ambako dhambi inasababisha, na anawafunulia msamaha na haki kupitia Kristo.

Katika Agano la Kale

Roho Mtakatifu alifunua mapenzi ya Mungu kupitia manabii. Kulingana na **2 Petro 1:21**:

"Manabii, ingawa ni binadamu, walizungumza kutoka kwa Mungu walipobebwa na Roho Mtakatifu."

Katika Agano Jipya

Roho Mtakatifu alifunua mapenzi ya Mungu kupitia mitume. Yesu alihakikishia mitume katika **Yohana 14:26**:

"Msaidizi, Roho Mtakatifu, ambaye Baba atamtuma kwa jina langu, atawafundisha mambo yote na atawakumbusha kila kitu nilichowaambia."

Leo

Roho Mtakatifu anaendelea kufunua mapenzi ya Mungu kupitia watu waliotiwa vipawa kwa ajili ya huduma. **Waefeso 4:11** inasema:

"Basi Kristo Mwenyewe alitoa mitume, manabii, wahubiri,

wachungaji na waalimu." Vipawa hivi vinatolewa na **Roho Mtakatifu** ili kuongoza na kuwakosesha watu leo.

Zaidi ya hayo, katika **1 Wakorintho 2**, **Roho Mtakatifu** anafungua mioyo kwa kweli za kiroho. Kazi hii ya kimungu inawezesha watu kuelewa na kujibu wito wa Mungu, mchakato unaozidi akili za kibinadamu na kugusa kiini cha roho.

Hivyo basi, **Roho Mtakatifu** anafunua mapenzi ya Mungu kwa kutumia mitume waaminifu kutangaza Neno Lake na kwa kuangazia mioyo ili kuelewa na kujibu ukweli.

2. Roho Mtakatifu Anatekeleza Wokovu

Roho Mtakatifu anatekeleza wokovu kwa waumini wa Agano la Kale na Agano Jipya. Hata hivyo, kuna tofauti: waumini wa Agano la Kale walikuwa wakitazamia kwa imani kazi ya ukombozi ambayo Kristo angefanya, wakati waumini wa Agano Jipya na wa leo wanatazama nyuma kwa imani kwa kile ambacho Kristo tayari amekamilisha.

1 Wakorintho 6:11 inasema:

"Mlikuwa mmeoshwa, mmetakaswa, mmehakiishwa kwa jina la Bwana Yesu na kwa Roho wa Mungu wetu."

Mara tu **Roho Mtakatifu** anapomtia mtu hatia ya dhambi na kumwezesha kuelewa injili, anatekeleza wokovu kwa njia zifuatazo:

- **Kuosha Dhambi**: Roho anawachafua waumini kutoka kwa dhambi wanapojibu kwa injili.
- **Kutakaswa**: Roho anawatenga waumini kutoka kwa dunia na kuwaweka kwa Mungu, akiwajiandaa kwa wokovu na maisha yaliyobadilika ili kuonyesha utakatifu Wake.
- **Haki**: Roho anatangaza waumini kuwa wasio na hatia ya dhambi kwa kutumia dhabihu kamili ya Kristo kwa akaunti yao. Kupitia hili, Mungu anaona haki ya Kristo badala ya kasoro zao.

---

3. Roho Mtakatifu Anaishi Ndani Yetu

Tofauti moja kubwa kati ya kazi ya Roho Mtakatifu katika Agano la Kale na Agano Jipya ni jinsi anavyoishi ndani ya waumini.

Katika Agano la Kale, Roho Mtakatifu hakuishi ndani ya waumini bali aliishi pamoja nao. Kwa mfano:

- **Kutoka 25:8**: **"Na wautengenezee patakatifu, ili niwepo kati yao."**
- **Kumbukumbu la Torati 12:5**: **"Bali mtatafuta mahali ambapo Bwana Mungu wenu atakapochagua, kutoka katika kabila zote zenu, ili kuweka jina lake kuwa patakatifu pa kukalia."**
- **1 Wafalme 8:13**: Baada ya kumaliza Hekalu, Sulemani alitangaza, **"Nimejenga nyumba tukufu kwako, na mahali pa wewe kukaa milele."**

Katika mifano hii, uwepo wa Mungu ulikuwa umepangwa katika eneo fulani, na ufikiaji wake ulifanyika kupitia Hekalu. Uwepo Wake ulikuwa na mipaka kijiografia na kwa taifa la Israeli, na waumini wangeweza tu kumjia ndani ya mipaka iliyowekwa na Sheria.

Hata hivyo, katika Agano Jipya, **Roho Mtakatifu** anaishi ndani ya waumini. Kuishi kwake ndani yao kunaficha uhusiano wa kina zaidi na wa kibinafsi na Mungu. Yesu aliahidi:

- **Yohana 14:17-18**: **"Roho wa kweli, ambaye dunia haiwezi kumpokea kwa sababu hiona wala hajui; lakini ninyi mnajua, kwa maana anakae nanyi na atakuwa ndani yenu. Sitawaacha mayatima; nitakuja kwenu."**
- **2 Wakorintho 3:16**: **"Je, hamjui ya kuwa ninyi ni hekalu la Mungu na ya kwamba Roho wa Mungu anakaa ndani yenu?"**
- **Waefeso 1:13-14**: **"Ninyi mlioshwa na Roho Mtakatifu wa ahadi, ambaye ni dhamana ya urithi wetu."**

Wakati waumini wa Agano la Kale walipata tumaini kwa uwepo wa Mungu katika Hekalu, ufikiaji wao kwa Mungu ulikuwa na mipaka na ulifanywa kupitia Sheria. Kinyume chake, waumini wa Agano Jipya—na waumini wa leo—wanapata tumaini kwa uwepo wa **Roho Mtakatifu** anayeishi ndani yao. Mungu yuko tena "huko" lakini ndani yetu.

Kama viungo vya mwili wa Kristo, vinavyoundwa na watu kutoka mataifa yote, koo, na lugha, sasa tunayo njia moja kwa moja ya kumfikia Mungu. Kupitia Kristo, tunaweza "kuja kwa ujasiri kwa kiti cha enzi cha neema" (**Waebrania 4:16**). Ahadi Yake ya "kutotuacha wala kututuacha" inahakikisha uwepo Wake unaoendelea na inatuhakikishia wokovu wetu.

4. Roho Mtakatifu Anatupa Karama za Kiroho

Roho Mtakatifu anawapa waumini karama za kiroho—uwezo maalum au vipawa vinavyokusudiwa kuwahudumia wengine na kujenga kanisa. Karama hizi ni pamoja na unabii, kuzungumza kwa lugha, uponyaji, na hekima, miongoni mwa nyingine.

Kuna tofauti ya kuvutia kati ya kazi ya Roho Mtakatifu katika Agano la Kale na Agano Jipya, hasa linapohusu jinsi karama hizi zilivyotolewa na kutumika.

Katika Agano la Kale, Roho Mtakatifu alikujia juu ya watu binafsi kwa madhumuni maalum, lakini makazi yake hayakuwa ya kudumu. Kwa mfano, katika **1 Samweli 16:14**, inasema, **"Roho wa Bwana akamwondoka Sauli,"** na katika **Waamuzi 16:20**, **"Samsoni hakujua kuwa Bwana alikuwa amemwondoka."** Mifano hii inaonyesha kuwa uwepo wa Roho Mtakatifu ulikuwa wa muda mfupi, ulitolewa tu kwa kazi au wakati maalum. Kwa mfano, katika kitabu cha Waamuzi, Roho aliwapa nguvu waamuzi mbalimbali na viongozi kuwakomboa Waisraeli kutoka kwa maadui zao, lakini hii ilikuwa ni upako wa muda kwa majukumu maalum.

Zaidi ya hayo, wakati watu katika Agano la Kale walipogeuka kutoka kwa Mungu au kutotii amri Zake, Roho Mtakatifu alikuwa akiondoka kutoka kwao. Mifano ya Sauli na Samsoni inaonyesha hili, ikionyesha kuwa uwepo wa Roho Mtakatifu haukudumu milele kwa mtu katika Agano la Kale.

Kinyume chake, katika Agano Jipya, baada ya kupaa kwa Yesu, Roho Mtakatifu alimwagiwa juu ya waumini wote wakati wa Pentekoste, na makazi yake yakawa ya kudumu. Mabadiliko haya yalileta mabadiliko katika jinsi Roho Mtakatifu alivyohusiana na waumini. Matokeo yake, waumini wa Agano Jipya mara nyingi huitwa "hekalu la Roho Mtakatifu" (**1 Wakorintho 6:19-20**), ikiashiria kuwa sasa Roho Mtakatifu anaishi ndani yao daima, si tu kwa muda maalum kwa kazi fulani.

Zaidi ya hayo, katika Agano la Kale, Roho Mtakatifu alitoa karama tu kwa watu fulani kwa majukumu au kazi maalum. Kwa mfano, katika **Hesabu 11**, Musa na wazee 70 walipokea Roho Mtakatifu kuwasaidia kuongoza watu. Vivyo hivyo, katika **Mwanzo 41**, Yusufu anasemekana kuwa na Roho wa Mungu kwa sababu ya uwezo wake wa kutafsiri ndoto, ambao ulikuwa ni kipawa cha maalum kwa lengo fulani.

Sasa tulinganishe jinsi Roho Mtakatifu anavyotoa karama katika Agano Jipya na leo.

Tunabarikiwa kwa "baraka zote za kiroho," kama inavyosema **Waefeso 1:3**. Baraka hizi zinatolewa kwa mapenzi ya Baba, kupitia kazi ya Mwana, na kutumika kwa nguvu ya Roho Mtakatifu.

Leo, waumini wote wanapokea Roho Mtakatifu. **Waefeso 1:13** inasema: **"Mkiwa mmesadiki Kristo, mliwekewa alama kwa Roho Mtakatifu wa ahadi."** Hii inamaanisha kuwa kila muumini ametiwa alama na kupewa nguvu na Roho Mtakatifu kama dhamana ya imani yetu na urithi wetu wa baadaye.

Kila mtu ana kusudi la kipekee, na Roho Mtakatifu anatoa karama zinazohitajika ili kutimiza kusudi hilo. Karama hizi zinatupa nguvu ya kutenda "matendo mema ambayo Mungu aliyatayarisha kwa ajili yetu" na kuzalisha matunda ya Roho—kama vile upendo, furaha, amani, uvumilivu, wema, fadhili, uaminifu, upole, na kujidhibiti.

Roho Mtakatifu anaishi ndani ya waumini, kama inavyothibitishwa na **1 Wakorintho 6:19**: **"Je, hamjui ya kuwa miili yenu ni hekalu la Roho Mtakatifu, ambaye yuko ndani yenu?"** Yeye ndiye anayefanya asili yetu ya dhambi kuzaliwa upya (**Tito 3:5**), anatuvua katika familia ya Mungu (**1 Wakorintho 12:13**), na kutusaidia kuelewa Neno la Mungu (**1 Wakorintho 2:9-13**). Roho Mtakatifu pia anatufundisha (**Waroma 8:14**), anaimarisha imani yetu (**Waefeso 3:16-19**), na ni dhamana ya wokovu wetu (**Waefeso 1:13-14**).

Kazi ya Roho Mtakatifu kwa Wasioamini

Hebu tuchunguze baadhi ya kazi za Roho Mtakatifu kwa wasioamini, ambazo ni tofauti na kazi Zake maalum na bora kwa waliookolewa.

1. **Kuzuia Uovu**

Ikiwa Mungu angewaruhusu wanadamu kufuata maovu yao ya asili na nguvu za Shetani bila kizuizi chochote, vitu vyote vya wema na maadili vingeondolewa kabisa kutoka duniani. Hata hivyo, Mungu amewapa watu uwezo wa kufanya maamuzi na uchaguzi bila kuwa na mapangilio au kudhibitiwa na nguvu za nje. Bila kizuizi cha Roho Mtakatifu, wanadamu wangeweza kujitenga na dhambi, na uovu ungeweza kujaa haraka duniani.

Dhana hii inaonyeshwa wazi katika **Mwanzo 6:3, 4, 5, na 12**. Mungu alizuia uovu ambao ulikuwa umekithiri duniani katika siku hizo, akuzuia usishike kabisa uumbaji. Vivyo hivyo, Roho Mtakatifu anazuia uharibifu wa asili wa dunia bila kuiondoa kabisa. Ingawa dunia inaweza kuwa mbaya, tuna sababu nyingi za kushukuru na kumsifu Roho Mtakatifu kwa kuzuia kuwa mbaya zaidi.

Dunia inawachukia watu wa Mungu, kama inavyosema **Yohana 15:19**:

"Ikiwa mlikuwa wa dunia, dunia ingewapenda kama wake. Lakini kwa vile mlivyo, hamko katika dunia, bali mimi nimewachagua kutoka kwa dunia. Ndiyo maana dunia inawachukia."

Aya hii ni sehemu ya mazungumzo makubwa ambapo Yesu anawaambia wanafunzi wake kuhusu uhusiano wao na dunia na Yeye mwenyewe.

Chuki au dhihaka ambayo dunia mara nyingi inaonyesha dhidi ya watu wa Mungu ni mada ya kawaida katika dini nyingi. Inatokana na mgongano kati ya maadili na misingi inayoshikiliwa na waumini na utamaduni wa jumla. Katika baadhi ya matukio, imani na mazoea ya dini yanapinga au kutishia utamaduni unaotawala, jambo linaloweza kusababisha uhasama au mateso.

Hata hivyo, ni muhimu kutambua kwamba si jamii zote za kidini zinakutana na mateso au uhasama kutoka kwa jamii, na ukubwa wa uzoefu huu unaweza kutofautiana kulingana na eneo la kijiografia, vilevile na muktadha wa kihistoria, kitamaduni, na kisiasa. Zaidi ya hayo, mafundisho ya kidini mara nyingi yanaweka msisitizo juu ya umuhimu wa amani, upendo, na huruma kwa watu wote, bila kujali imani zao au asili zao.

Katika **Zaburi 14:1-3**, tunakutana na picha inayotia wasiwasi ya uovu mkubwa wa jamii ya wanadamu. Kisha katika mstari wa 4, Mtunzi wa Zaburi anauliza, **"Je! Wote wanaofanya uovu hawana maarifa? Wao huliwa watu wangu kama wanavyokula mkate, na hawamlalii Bwana?"** Jibu linafuata katika mstari wa 5, **"Huko walikuwa na hofu kubwa; kwa maana Mungu yuko katika kizazi cha wenye haki."** Ni Roho Mtakatifu anayeweka hiyo "hofu kubwa" ndani yao, akizuia matendo mengi ya uovu dhidi ya watu wa Mungu. Roho Mtakatifu anazuia uovu wao. Nguvu Yake ni kubwa kiasi kwamba hata waovu wanashikiliwa nyuma na mkono Wake mwenye nguvu. Kama alivyomwambia Pilato katika **Yohana 19:11**, **"Huna**

nguvu yoyote dhidi yangu, isipokuwa kama imepewa kwako kutoka juu."

2. Katika Kuhamasisha Matendo Mema

Utii wote wa watoto kwa wazazi wao, upendo wa kweli kati ya waume na wake, unaweza kutolewa kwa Roho Mtakatifu. Maadili yoyote na uaminifu, kutokuwa na ubinafsi, wema, unyenyekevu kwa mamlaka, na heshima kwa sheria na utawala ambayo bado ipo duniani inaweza kufuatiliwa hadi kwa kazi za neema za Roho Mtakatifu.

Mfano wa kushangaza wa ushawishi wa fadhili wa Roho Mtakatifu hupatikana katika **1 Samweli 10:26**: **"Sauli alikwenda nyumbani kwake Gibea; na alikwenda pamoja naye kikundi cha wanaume, ambao mioyo yao Mungu (Roho) alikuwa amegusa."** Aya hii, inayofafanua upako wa Sauli kama mfalme wa kwanza wa Israeli, inaonyesha ushawishi wa Roho Mtakatifu kwa watu, ukifanya mioyo yao kuelekea haki na utii.

Katika teolojia ya Kikristo, Roho Mtakatifu anatambuliwa kama mtu wa tatu katika Utatu, sawa na Mungu Baba na Yesu Kristo. Roho Mtakatifu anafanya kazi kama msaidizi wa neema na nguvu ya kimungu, akifanya kazi ndani ya mioyo na akili za waamini ili kuleta matendo mema na haki ya kimaadili.

Imani kwamba utii wote kwa wazazi, upendo kati ya wenzi, na tabia ya kimaadili inaweza kutolewa kwa Roho Mtakatifu inasisitiza ukweli kwamba mambo yote mema hatimaye hutoka kwa Mungu, na kwamba wanadamu, kwa nguvu zao wenyewe, hawawezi kufikia haki ya kweli. Dhana hii imejifunga kwa undani katika mafundisho ya Kikristo, hasa katika kuelewa wokovu kupitia imani katika Yesu Kristo na kuzaliwa tena kwa Roho Mtakatifu.

Mioyo ya wanadamu kwa asili inavutiwa na uasi na kutokuwa na subira dhidi ya mamlaka, hasa inapokuwa mamlaka kutoka kwa mtu aliyejizatiti kutoka asili maskini. Bwana, kupitia Roho Mtakatifu, aligeuza mioyo ya wanaume hao kukubali kumtii Sauli na kuwapa utayari wa kumtii. Baadaye, Roho aliguswa moyo wa Sauli, akiongozwa kumwokoa Daudi, akampolea hadi kufikia hatua ya kulia (1 Samweli 24:16). Vivyo hivyo, ilikuwa Roho Mtakatifu aliyewapa Waebrania neema machoni pa Wamisri—ambao walikuwa wakiwachukia kwa uchungu—na kuwapa ruhusa ya kuomba na kupokea pete za masikio kutoka kwa Wamisri (Kutoka 12:35-36).

3. Katika Kuwaadhibu kwa Makosa Yetu Wachache wanaelewa kwamba dhamiri katika hali ya asili haifanyi kazi isipokuwa iguswe na Roho Mtakatifu. Kama viumbe walioanguka, wenye mwelekeo wa dhambi kama ilivyoelezwa katika **Yohana 3:19**, wanadamu hupinga na kukataa kuadhibiwa kwa makosa yoyote. **"Roho Yangu haitashindana na mwanadamu milele, kwa maana yeye pia ni mwili"** (Mwanzo 6:3). Kwa kuwa "mwili," wanadamu kamwe hawangeweza kuhisi chuki yoyote dhidi ya dhambi bila Roho Mtakatifu kuwafufua mabaki ya mwanga wa asili bado ulio ndani ya roho. Kama "mwili," wanadamu walioanguka wanapinga hukumu za Roho (Matendo 7:51) na wangeendelea hivyo milele isipokuwa wafanyike "roho" (Yohana 3:6).

Yohana 3:19 inasema, **"Na hii ndiyo hukumu, kwamba nuru imekuja ulimwenguni, na wanadamu walipenda giza badala ya nuru, kwa sababu matendo yao yalikuwa maovu."** Aya hii inaonyesha hali ya dhambi ya wanadamu na mwelekeo wa asili wa kukataa ukweli wa Mungu na haki yake kwa manufaa ya giza na maovu.

4. **Mwanzo 6:3**, inayosema, **"Roho Yangu haitashindana na mwanadamu milele, kwa maana yeye pia ni mwili,"** mara nyingi inaeleweka kama onyo kuhusu dhambi za asili za wanadamu na mwelekeo wao wa uasi. Inasimama kwa hali ya kuanguka ya wanadamu, ambao kwa asili wanavutiwa na dhambi na kutokutii. Katika muktadha huu, aya hii pia inasisitiza kuwa ushawishi wa Roho Mtakatifu ni muhimu kwa kuongoza watu kuelekea haki na wokovu. Ukweli kwamba dhamiri katika hali yake ya asili inabaki isiyotumika bila Roho Mtakatifu inadhihirisha ukweli kwamba wanadamu hawawezi kufikia ukamilifu wa maadili kwa juhudi zao wenyewe. Roho Mtakatifu anahitajika kufufua dhamiri na kuongoza watu kuelekea haki. Dhana hii ni kanuni ya kimsingi katika teolojia ya Kikristo, hasa katika mafundisho ya kuzaliwa tena au kuzaliwa upya. Kupitia kazi ya Roho Mtakatifu, waamini wanapata mabadiliko katika mioyo na akili zao, ambayo yanawawezesha kuishi kulingana na mapenzi ya Mungu.

5. Katika Kutoa Habari na Maarifa Yanayofaa – Kuangaza

Kuhusu mambo ya kimungu, wanadamu walioanguka si tu kwamba wanakosa mwanga wa kiroho bali wako katika "giza" kamili (**Waefeso 5:8**). Wanadamu, katika hali yao ya asili, hawana ufahamu wa mambo ya kiroho zaidi ya wanyama wa uwanja. Hii inaonekana wazi katika hali ya dunia ya mataifa yasiyojua Mungu.

6. Hivyo, tunaelezaje akili inayopatikana kwa wengi ndani ya Ukristo ambao bado hawonyeshi dalili za kuwa viumbe vipya katika Kristo? Wameangaziwa na Roho Mtakatifu (**Waebrania 6:4**). Wengi wanavutiwa kuuliza maswali kuhusu mada za kibiblia ambazo hazikabili dhamiri zao au kutaka mabadiliko katika maisha yao. Kwa hakika, baadhi hupata furaha kubwa katika hizo. Hii inalingana na jinsi umati wa watu katika wakati wa Kristo ulivyofurahiya kushuhudia miujiza yake, lakini hawangeweza kustahimili mahitaji yake makubwa. Vivyo hivyo, wakati mwanga wa Roho unafurahiwa na wengi, uwepo wake wa kuadhibu mara nyingi unakutana na upinzani.

7. **Kazi ya Roho Mtakatifu kwa Waamini**
Tayari tumeshachunguza baadhi ya kazi za jumla na ndogo ambazo Roho Mtakatifu hufanya kwa wasioamini, ambao hawaleti maarifa ya wokovu wa kweli. Sasa, hebu tuangalie kazi yake maalum na ya wokovu kwa watu wa Mungu, tukizingatia hasa umuhimu wa kazi hii. Kwa msomaji wa Kikristo, inaweza kuwa rahisi kuelewa umuhimu wa tendo hili la kimungu tunaposema kwamba kazi nzima ya Roho Mtakatifu ndani ya waliochaguliwa ni kuhamasisha mioyo yao kuwa na chuki kali dhidi ya dhambi kama dhambi, na upendo wa shauku na kutamani kwa utakatifu kama utakatifu. Mabadiliko haya ni jambo ambalo hakuna nguvu za kibinadamu zinazoweza kufanikisha. Liko nje ya uwezo wa mahubiri ya uaminifu kufanikisha. Kusoma tu au kusambaza Neno Lisilokosea hakuzalishi mabadiliko haya. Ni muujiza wa neema, jambo la kimungu, ambalo ni kazi ya Mungu pekee.

8. Gangrene Kamili Bila Roho Mtakatifu
Kiasili, ikiwa wanadamu wangekuwa wanazama tu kwa kiasi

fulani katika hali ya uharibifu wa maadili, na kuwa na hali mbaya (ambayo ni imani inayoshikiliwa na wengi wa wahubiri na wasikilizaji wao leo, ambao hawajafundishwa kibinafsi na Mungu kuhusu hali yao ya uharibifu wa kweli), ikiwa kila mmoja angeliupenda Mungu kwa dhati, na kama wangeweza kutia nia nzuri na kuwa rahisi kushawishika kuwa Wakristo, basi Roho Mtakatifu asingehitaji kutumia nguvu zake za Mwenyezi kufanya kile ambacho hawawezi kufanya wao wenyewe.

9. Zaidi ya hayo, ikiwa "kuokolewa" kungekuwa tu kuamini kwamba mimi ni mtenda dhambi aliye lost na nipo katika njia ya kuzimu, na kwamba kwa kuamini tu kwamba Mungu ananipenda, kwamba Kristo alikufa kwa ajili yangu, na kwamba ataniokoa kwa sharti kwamba "nimkubali kama Mwokozi wangu binafsi" na "kupumzika juu ya kazi yake aliyomaliza," basi hakuna tendo la kishujaa la Roho Mtakatifu linalohitajika kunwezesha kutimiza sharti hiyo. Kujali tu kwa maslahi yangu binafsi lingeniwezesha, na kila kilichohitajika kingekuwa ni uamuzi wa mapenzi yangu.

10. Kinyume chake, ikiwa watu wote wanachukia Mungu, kama ilivyoonyeshwa katika Yohana 15:23, 25, na wana akili ambazo ni "adui kwa Mungu" (Warumi 8:7), ili kusema kwamba "hakuna anayemtafuta Mungu" (Warumi 3:11), wakipendelea kufuata mwelekeo wao na raha zao, basi inakuwa wazi kwamba nguvu na kazi ya kubadilisha ya Roho Mtakatifu ni muhimu kabisa. Ikiwa, badala ya kuelekea mema, "mioyo ya wana wa wanadamu imejaa kwa dhambi" (Mhubiri 8:11), na wakati Mungu anapojulisha rehema Zake na kuwakaribisha kwa uhuru, "wote kwa moja wanakubali kujiwakilisha" (Luka 14:18), basi inadhihirika kwamba nguvu zisizoshindwa za Roho Mtakatifu na kazi yake ya kubadilisha inahitajika ili kubadilisha moyo wa mtenda dhambi. Ni wakati huu tu ambapo uasi unaweza kubadilishwa kwa unyenyekevu, na chuki kubadilika kuwa upendo. Hii ndiyo maana Kristo alisema, "Hakuna anayeweza kuja Kwangu, isipokuwa Baba aliyenituma awavutae" (Yohana 6:44).

11. Zaidi ya hayo, ikiwa Bwana Yesu Kristo alikuja kuendeleza na kutawala madai makuu ya Mungu, badala ya

kupunguza au kuyaacha, kama alivyosema katika Mathayo 7:13-14, "Mlango ni mdogo na njia ni ngumu inayopelekea uzima, na wachache ndio wanaoipata," hakuwa akielekeza kwenye njia rahisi na pana ambayo kila mtu angeweza kutembea. Ikiwa wokovu alioutoa ni kuokolewa kutoka kwa dhambi na ubinafsi, kutoka kwa ulimwengu na kujifariji kwa mwili, na kutoa asili mpya inayotamani na kuchagua kuishi kwa utukufu wa Mungu, kutafuta kumfurahisha Yeye katika kila kipengele cha maisha yetu, basi inakuwa wazi bila ubishi kwamba ni Roho Mtakatifu pekee ndiye anaweza kuingiza ndani ya mtu tamaa ya kweli kwa wokovu wa aina hiyo. Zaidi ya hayo, ikiwa sharti la wokovu halikuwa tu "kukumkaribisha Kristo" au "kupumzika juu ya kazi yake aliyomaliza," bali mtenda dhambi anaitwa kuachilia silaha za uasi, kukataa kila sanamu, na kujisalimisha kwa masharti kwa Yeye kama Bwana na Mfalme pekee, basi ni muujiza wa neema pekee ambao unaweza kumwezesha mtu aliyefungwa na dhambi kukutana na mahitaji hayo.

SURA YA 05

Roho Mtakatifu na Kristo Yesu

Tunatambua kuwa matibabu yetu ya mada hii ngumu na ya kina inaweza kuwa vigumu kwa baadhi ya wasomaji wetu kuelewa, lakini tunatumaini watakuwa na subira wakati tunalenga kutoa msaada kwa wale wanaotafuta kuelewa zaidi mambo ya Mungu.

Roho Mtakatifu Anajua Mambo Ya Kina Ya Mungu Kama ilivyosemwa awali, tunajaribu kugusia aina mbalimbali za wasomaji wenye kiwango tofauti cha uelewa. Tunataka kutoa mitazamo mbalimbali ili kufaa mahitaji ya kiroho ya hadhira yetu. Kama vile mtu aliye na njaa hatoki mezani kwa sababu moja ya vyakula havimpendezi, tunaomba subira wakati tunatoa mtazamo kamili wa somo hili.

Yesu Kristo, akiwa binadamu, alijiunga na Muungano wa Hypostatic—muungano wa asili za kimungu na kibinadamu katika Personi moja. Katika muungano huu, Personi ya Kristo ilitiwa mafuta, kumaanisha alichaguliwa na kuwekewa vifaa vya kutimiza jukumu au ofisi fulani. Yesu alitiwa mafuta na Mungu kuwa Mwokozi wa wanadamu, na upako huu ulikuwa kiini cha mpango wa Mungu kwa ajili ya ukombozi wa dunia. Ilitimilizwa kupitia mwili wa Yesu Kristo, ambapo asili yake ya kimungu ilijiunga na asili yake ya kibinadamu kutekeleza kazi ya wokovu.

Kwa hivyo, tunaweza kusema kwa haki kwamba Yesu, katika Personi yake, alitiwa mafuta kwa ajili ya ofisi yake, kumaanisha alichaguliwa na kuwekewa vifaa maalum kwa ajili ya jukumu la Mwokozi. Hata hivyo, ni ubinadamu wake ambao unapokea vifaa halisi vya zawadi, neema, na vipaji vya Mungu vinavyohitajika kutimiza jukumu hili.

Roho Mtakatifu anacheza jukumu muhimu katika upako wa Yesu Kristo, ingawa jukumu hili daima linatii mapenzi ya Mwana. Roho Mtakatifu anafanya kazi kulingana na mapenzi ya Mwana, hasa linapohusiana na kumtia mafuta Yesu kwa Roho. Huu mchakato wa upako ulifanyika katika hatua tatu tofauti. Hatua ya kwanza ilianza wakati wa mwili wa Yesu, alipozaliwa na kuchukua sura ya kibinadamu. Hii ilikua mwanzo wa upako wake, alipoungana na ubinadamu na kuanza kupokea zawadi na neema za kimungu zinazohitajika kutimiza dhamira yake.

Vipengele vilivyotajwa hapo juu vinasisitiza umuhimu wa asili za kimungu na kibinadamu za Yesu Kristo katika mchakato wa upako, pamoja na jukumu la Roho Mtakatifu katika kutekeleza mapenzi ya Mwana wakati wa mchakato huu.

Hatua ya pili ya upako wa Yesu ilitokea wakati wa ubatizo wake, ambapo alitangazwa hadharani kuwa Mwana wa Mungu na kuanza huduma yake. Tukio hili lilikuwa hatua muhimu katika upako wake, ambapo alipokea vifaa vya ziada vya zawadi na neema za Mungu kutekeleza dhamira yake.

Hatua ya tatu na ya mwisho ya upako wake ilitokea wakati wa kupaa kwake, alipo rudi mbinguni na kuketi mkono wa kulia wa Mungu kwenye kiti cha utawala. Wakati huu, Yesu alipokea Roho Mtakatifu kutoka kwa Baba, zawadi ambayo baadaye angeimimina kwa Kanisa lake kwa kipimo kikubwa.

Hii inadhihirisha asili ya hatua tatu za upako wa Yesu, zikionyeshwa katika hatua tatu tofauti. Kilele cha upako huu kilitokea alipoongezeka mbinguni, alipokea Roho Mtakatifu kutoka kwa Baba ili kumtoa kwa Kanisa lake. Zawadi hii ya Roho Mtakatifu inabaki kuwa kipengele muhimu cha imani ya Kikristo, ikiwapa waumini nguvu ya kuishi maisha ya uaminifu na utumishi kwa Mungu.

Roho Mtakatifu katika Ubinadamu na Ubatizo wa Kristo

Hatua ya kwanza ya upako wa Yesu ilianza tumboni mwa mama yake na kuendelea kupitia utoto wake hadi umri wa miaka 30. Wakati huu, ubinadamu wake ulijazwa na neema zote za kiroho, na alikuwa akiongozwa, akilindwa, na kuhifadhiwa na kazi ya moja kwa moja ya Roho Mtakatifu, Personi wa Tatu wa Utatu Mtakatifu.

Upako wa mapema wa Yesu Kristo ulikuwa muhimu katika kumwandaa kwa huduma yake. Ulimpa zawadi za kiroho na neema zinazohitajika ili kutimiza jukumu lake kama Mwokozi wa wanadamu na kuhakikisha kwamba aliongozwa na kuhifadhiwa na Roho Mtakatifu, ambaye alifanya kazi ndani yake kumwandaa kwa dhamira yake.

Vipengele hivi vinasisitiza umuhimu wa upako huu wa mapema, ambao ulitokea kabla ya Yesu kuanza huduma yake ya hadhara. Inasisitiza jukumu muhimu la Roho Mtakatifu katika mchakato huu na kuonyesha jinsi upako huu ulivyokuwa na umuhimu katika kumwandaa Yesu kwa dhamira yake kuu ya wokovu.

Roho Mtakatifu amekuwepo milele kama mwanachama wa Utatu Mtakatifu, pamoja na Mungu Baba na Mungu Mwana. Mwanzo 1:1-2 inathibitisha uwepo wa Roho Mtakatifu tangu mwanzo wa uumbaji, ambapo Roho wa Mungu alitembea juu ya uso wa maji.

Ni muhimu kutambua kwamba kazi ya Roho Mtakatifu haikuwa mpya wakati wa Pentekosti bali ilikuwa hai tangu Agano la Kale. Unabii wa kuja kwa Messiah na uwezeshaji wa manabii na viongozi katika Israeli zote zinaonyesha kazi inayoendelea ya Roho Mtakatifu. Kuja kwa Roho Mtakatifu katika Pentekosti, baada ya kupaa kwa Yesu, ilikuwa tukio muhimu, lakini haikuwakilisha mwanzo wa uwepo au shughuli za Roho duniani.

Kupuuza au kupunguza uwepo na nguvu za Roho Mtakatifu ni hatari kwa imani ya Kikristo. Makanisa mengi yanashindwa kutimiza dhamira yao kwa sababu hayajaelewa kikamilifu au kusisitiza umuhimu wa Roho Mtakatifu na jukumu lake katika Utatu Mtakatifu.

Sasa, tunageukia upako wa pili wa Yesu, ambao ulimtenga rasmi kwa ajili ya dhamira yake ya hadhara na kumjalia mamlaka ya kimungu ya kutekeleza kazi yake.

Mathayo 3:16-17 inaelezea wakati muhimu katika maisha ya Yesu Kristo, ikionyesha ubatizo wake na Yohana Mbatizaji. Baada ya Yesu kubatizwa, Roho Mtakatifu alishuka juu yake kwa sura ya njiwa, na sauti ya Mungu Baba ilitangaza Yesu kuwa Mwana Wake mpendwa.

Tukio hili linaashiria mwanzo wa huduma ya hadhara ya Yesu na lina maana kadhaa muhimu. Kwanza, linadhihirisha utayari wa Yesu kujitambulisha na wanadamu na kujisalimisha kwa mapenzi ya Mungu. Pili, linatumikia kama uthibitisho wa hadhara wa utambulisho wa kimungu na mamlaka ya Yesu, ukithibitishwa na sauti ya Mungu Baba. Mwishowe, linasisitiza jukumu muhimu la Roho Mtakatifu katika kumpatia Yesu nguvu kwa ajili ya huduma yake.

Yesu Kristo ndiye pekee aliye bila dhambi, asiye na doa, na dhabihu tosha kwa ajili ya dhambi za ulimwengu mzima—zilizopita, zilizopo, na zitakazokuja. Imani hii ni msingi wa imani ya Kikristo na inasisitizwa kila wakati katika Agano Jipya. Kifo cha Yesu cha dhabihu msalabani ni dhihirisho kuu la upendo wa Mungu kwa wanadamu na njia ambayo tunaunganishwa naye.

Ubatizo wa Yesu katika Mathayo 3:16-17 hauonyeshi tu tukio muhimu katika maisha ya Kristo bali pia ni ishara ya nguvu za Roho Mtakatifu na tangazo la asili ya kimungu na mamlaka ya Yesu. Pia unasisitiza umuhimu wa kifo cha Yesu cha dhabihu kwa ajili ya msamaha wa dhambi.

Luka 4:14 inasema kuwa baada ya kubatizwa, Yesu alirudi kutoka mto Yordani "akiwa amejaa Roho Mtakatifu" na akaongozwa na Roho kwenda nyikani. Hii inadhihirisha mwanzo wa huduma ya hadhara ya Yesu na inabeba umuhimu wake mwenyewe.

Kwanza, kifungu hiki kinathibitisha kuwa ubinadamu wa Yesu ulithibitishwa na Roho Mtakatifu. Inadhihirisha kuwa Yesu hakuwa tu wa kimungu bali pia wa kibinadamu kikamilifu, na kwamba alitegemea nguvu za Roho Mtakatifu kutimiza huduma yake duniani.

Pili, kinasisitiza umuhimu wa maandalizi ya kiroho na kutegemea Roho Mtakatifu katika huduma. Wakati wa Yesu nyikani ulikuwa ni kipindi cha majaribu na majaribu, na ilikuwa kwa nguvu za Roho Mtakatifu pekee kwamba aliweza kuhimili majaribu ya shetani.

Mwisho, tukio hili lilikuwa mwanzo wa huduma ya Yesu, ambayo ilijulikana kwa nguvu na uwepo wa Roho Mtakatifu. Katika Injili zote, tunaona Yesu akifanya miujiza, akiponya wagonjwa, na akihubiri habari njema za Ufalme wa Mungu—yote yakiwa yametekelezwa kwa nguvu za Roho Mtakatifu.

Luka 4:14 inasisitiza jukumu kuu la Roho Mtakatifu katika huduma ya Yesu na inasisitiza umuhimu wa maandalizi ya kiroho na kutegemea Roho Mtakatifu kutimiza kazi ya Mungu.

Katika Luka 4:18-19, 21, inayojulikana kama "Manifesto la Nazareti" la Yesu, anafunua kusudi na dhamira ya huduma yake duniani. Alimpakwa mafuta na Roho Mtakatifu, Yesu alitumwa kuhubiri Habari Njema, kuponya waliojeruhiwa mioyo yao, kuleta uhuru kwa waliokamatwa, kurejesha macho ya vipofu, na kuwaweka huru wale walioonewa. Hii ilikuwa ni utimizo wa unabii kutoka Isaya 61, ambao Yesu alisoma kwa sauti katika sinagogi. Kwa kutangaza kwamba maandiko yalitimilizwa mbele yao, Yesu alifanya tamko la ujasiri kwamba Yeye ndiye Masihi aliyekuwa ahadi, ambaye alikuja kuleta wokovu na ukombozi kwa watu wake.

Isaya 61 imekuwa ikitambuliwa na Wayahudi kama unabii wa Kimasiha, na Yesu alikuwa akijitangaza kuwa yeye ndiye aliyekamilisha unabii huo. Alipakwa mafuta na Roho Mtakatifu kwa ajili ya kusudi maalum la kuhubiri Habari Njema, kuponya wagonjwa, kuleta uhuru kwa walioonewa, na hatimaye kujitolea mwenyewe kama dhabihu kamili kwa dhambi za wanadamu.

Kweli kwamba Yesu alitangaza kwamba unabii huu umetimia ndani yake ilikuwa ni hatua muhimu katika huduma yake, ikichochea majibu makali kutoka kwa watu. Ilithibitisha mamlaka yake na dhamira yake ya kimungu, ikianza muktadha wa huduma yake duniani.

Hatua ya kwanza ya upako wa Yesu na Roho ilifanyika wakati wa kumwishwa, wakati ubinadamu wake ulipoumbwa na kujazwa na hekima kamili na utakatifu usio na doa. Hii ilikuwa muhimu kwa maana, kama Biblia inavyosema, "wote wamefanya dhambi na kupungukiwa na utukufu wa Mungu" (Warumi 3:23), lakini Yesu alikuwa dhabihu isiyokuwa na dhambi kwa ajili ya dhambi za wanadamu. Kupitia nguvu za Roho Mtakatifu, Yesu aliweza kuishi maisha kamili na matakatifu, kutimiza sheria na kutimiza mapenzi ya Baba.

Upako wa mara mbili wa Yesu Kristo ulikuwa muhimu kwa ajili ya jukumu lake la kipekee kama Mungu kamili na binadamu kamili, akiwa Mjumbe kati ya Mungu na wanadamu. Upako wa kwanza ulimwandaa ubinadamu wake kwa neema zote za kiroho na utakatifu kamili tangu wakati wa kuzaliwa kwake, wakati upako wa pili ulimpatia nguvu za kiroho na zawadi za kihuduma kwa ajili ya huduma yake ya hadhara. Upako hizi zote mbili zilikuwa muhimu kwa Yesu kumaliza dhamira yake na kuonyesha utii kamili kwa Baba.

Isaya 11:2-3 ni kifungu cha unabii kinachozungumzia Masihi atakayekuja ambaye atapakwa mafuta na Roho wa Bwana kwa hekima, ufahamu, ushauri, nguvu, maarifa, na hofu ya Bwana. Sifa hizi zilitimilizwa katika Yesu Kristo, ambaye ni Mwana wa Mungu na Masihi aliyetabiriwa. Upako wa Roho Mtakatifu juu ya Yesu ulikuwa uthibitisho wa dhamira yake ya kimungu na mamlaka, ukimwezesha kutekeleza kazi ya Mungu duniani.

"Kwa maana Yeye ambaye Mungu alimtuma husema maneno ya Mungu; kwa kuwa Mungu hamjapi Roho kwa kipimo" (Yohane 3:34). Tamko hili linasisitiza ukuu wa Kristo, kwani anapokea Roho kwa njia ambayo mwanadamu wa kawaida hawezi. Tofauti hii inasisitizwa zaidi katika Waefeso 4:7: "Lakini kila mmoja wetu amepewa neema kama vile Kristo alivyogawa." Tofauti na wengine, ni katika Mjumbe tu ambapo "utimilifu wote wa Mungu" uliishi "kwa mwili" (Kolose 2:9). Uhusiano wa kipekee kati ya Kristo na Roho unafunuliwa zaidi katika Warumi 8:2: "Kwa maana sheria ya Roho wa uzima katika Kristo Yesu imenifungua kutoka kwa sheria ya dhambi na mauti." Kifungu hiki hakielezi tu chanzo cha nguvu ya Kristo bali pia kinaonyesha kwamba kipimo kikubwa cha neema ya kawaida kinapatikana ndani Yake kuliko kwa kiumbe chochote kilichoumbwa.

Roho Mtakatifu katika Kununuliwa kwa Kristo Yesu "Hivyo basi, akiwa amesifiwa kuume kwa mkono wa Mungu, na alipokea kutoka kwa Baba ahadi ya Roho Mtakatifu, amemimina kile mnachokiona na kusikia sasa" (Matendo 2:33). Kifungu hiki kinahusiana na kumiminwa kwa Roho Mtakatifu siku ya Pentekoste, kilichotokea baada ya kupaa kwa Kristo mbinguni. Kama ilivyoelezwa katika kifungu hicho, Yesu alisifiwa kuume kwa mkono wa Mungu na alipokea ahadi ya Roho Mtakatifu kutoka kwa Baba. Kisha alimmiminia Roho kwa wanafunzi wake, akiwapa nguvu ya kuhubiri Injili na kufanya miujiza. Tukio hili lilikuwa ni utimilifu wa hatua ya juu na ya mwisho ya upako wa Kristo, iliyotokea wakati wa kupaa kwake.

Upako huu mkuu, wakati Kristo alipokuwa "amepakwa mafuta na mafuta ya furaha kuliko wenzake" (Zaburi 45:7), ulionekana wazi siku ya Pentekoste. Tangazo alilofanya Petro kuhusu hili lilikuwa ni muhtasari wa Zaburi 68:18: "Umepaa juu, umevuka mateka; umepokea zawadi kwa ajili ya wanadamu, hata kwa ajili ya waasi, ili Bwana Mungu akae kati yao."

Hii upatikanaji mwingi wa Roho Mtakatifu ulilenga kuanzisha na kuwandaa kanisa la Agano Jipya, linalojulikana pia kama Kipindi cha Sita, na ilitolewa kwa neema baada ya kupaa kwa Kristo kwa wale ambao Roho alilipiwa. Katika kipindi hiki, Roho Mtakatifu anaishi ndani ya waamini kama Mfariji, kama inavyoonyeshwa wazi katika Yohane 14:16-26. Kipindi hiki kimeendelea kwa karibu miaka 2,000, na hakuna anayeijua lini kitamalizika. Tunachojua ni kwamba kitasikika na Unyakuo, wakati waamini wote waliozaliwa tena watachukuliwa kutoka duniani ili kuwa pamoja na Kristo mbinguni. Baada ya Unyakuo, hukumu za Mungu zitaendelea kwa kipindi cha miaka saba.

Kristo Anatoa Roho Mtakatifu Mwokozi wetu, Bwana Yesu, alipiwa mafuta kwa Roho Mtakatifu ili kutekeleza huduma zake zote za duniani na kutimiza kazi yake ya upatanisho. Haki yake ya kumtuma Roho Mtakatifu katika mioyo ya wanadamu waliokosa ilithibitishwa na dhabihu yake ya upatanisho.

Upako wa Yesu kwa Roho Mtakatifu kwa ajili ya kutimiza huduma yake ya duniani na kazi yake ya upatanisho ni imani ya kimsingi katika Ukristo. Kama Mwana wa Mungu, lengo la Yesu duniani lilikuwa kumkomboa mwanadamu kutoka kwa dhambi na kuwaunganisha nao na Mungu.

Roho Mtakatifu ni kiini cha Ukristo. Kama mtu wa tatu wa Utatu, pamoja na Mungu Baba na Yesu Mwana, Roho Mtakatifu ni chanzo cha nguvu za kiroho. Anafanya kazi katika mioyo ya waamini, akibadilisha maisha yao na kuwasaidia kuishi kulingana na mapenzi ya Mungu.

Yesu kutuma Roho Mtakatifu katika mioyo ya wanadamu waliokosa ilifanywa iwezekane kupitia upatanisho wake, ikionyesha mafundisho muhimu ya Kikristo. Kupitia kifo chake na ufufuo, Yesu alishinda nguvu za dhambi na mauti, na kuruhusu Roho Mtakatifu kuingia kwa waamini na kuleta mabadiliko ya ndani.

Ilikuwa ni thawabu iliyopatikana kwa mapambano yote na mateso aliyoyapata. Moja ya matokeo muhimu ya kuridhika kamili aliyoitoa Kristo kwa Mungu kwa niaba ya watu wake ilikuwa haki yake sasa ya kuwapa Roho. Katika zamani, ilikuwa ahadi kwake:

"Kwa kujua kwake, mtumishi wangu mnyofu atawatakasa wengi, kwa maana atachukua uovu wao; kwa hiyo, nitampa sehemu pamoja na wakuu, atagawana mapato na wenye nguvu; kwa maana alitokwa na roho yake hadi kifo" (Isaya 53:11, 12).

Kulingana na unabii huu, Masihi atawatakasa wengi kupitia ujuzi wake, kumaanisha kuwa atawafanya wawe waadilifu mbele za Mungu. Uadilifu huu ungetokea kwa gharama kubwa, kwani Masihi angebeba uovu wa wale aliokuwa akiwatakasa. Hii inahusu Yesu Kristo, utimilifu wa mwisho wa unabii huu, ambaye alichukua dhambi za wanadamu msalabani, akivumilia adhabu ambayo sisi tulistahili.

Aya hii inasema pia kuwa kwa sababu Masihi alitokwa na roho yake hadi kifo, atapewa thawabu ya sehemu kati ya wakuu na mapato kati ya wenye nguvu. Hii inahusu kifo na ufufuo wa Yesu, ambao ungepelekea kuinuliwa kwake na ushindi juu ya dhambi na mauti. Kupitia dhabihu yake, Yesu atashinda mauti na kufungua njia kwa wote wanaomuamini kupokea uzima wa milele.

Vivyo hivyo, Yohana Mbatizaji alitangaza, "Atawabatiza kwa Roho Mtakatifu na moto" (Mathayo 3:11). Aya hii kutoka katika Injili ya Mathayo inahusu huduma ya Yohana, ambaye alikuwa akibatiza watu katika mto Yordani kama ishara ya toba yao. Yohana alikuwa akitengeneza njia kwa Yesu, ambaye angelikuja baada yake na kuleta mabadiliko ya kiroho ya kina kwa wale waliomuamini.

Wakati Yohana alisema kwamba Yesu atabatiza watu kwa Roho Mtakatifu na moto, alikuwa akirejelea kiwango cha kina cha mabadiliko ya kiroho ambayo yangekuja kupitia huduma ya Yesu. Roho Mtakatifu, mtu wa tatu wa Utatu, mara nyingi anahusishwa na mabadiliko ya kiroho na upyaisho. Dhana ya kubatizwa kwa moto inawakilisha kazi ya kusafisha na kutakasa ya Roho Mtakatifu katika maisha ya waamini.

Tunashuhudia utimilifu wa unabii huu katika Agano Jipya wakati Roho Mtakatifu alishuka juu ya waamini wa mwanzo siku ya Pentekoste (Matendo 2:1-4). Roho Mtakatifu aliweza kuwawezesha kusema kwa lugha mbalimbali na kutangaza kwa ujasiri injili. Tukio hili lilikuwa mwanzo wa enzi mpya ya upyaisho wa kiroho na mabadiliko, kwani Roho Mtakatifu aliwawezesha waamini kuishi imani yao kwa njia yenye nguvu na athari kubwa.

Leo, Roho Mtakatifu anaendelea kufanya kazi katika maisha ya waamini, akiwawezesha kuishi imani zao na kushuhudia ujumbe wa injili. Tunapokubali zawadi ya wokovu kwa kupitia imani kwa Yesu Kristo, pia tunapokea zawadi ya Roho Mtakatifu, ambaye anakuja kuishi ndani yetu na kutuongoza katika safari yetu ya imani.

Ujumbe wa Pamoja

Ujumbe wa pamoja wa Yesu na Roho Mtakatifu unahusu kazi ya ushirikiano kati ya Mwana na Roho katika mpango wa wokovu wa Mungu kwa wanadamu. Ujumbe huu unajumuisha kazi ya ukombozi ya Mwana, iliyoletwa kwa kupitia kifo chake na ufufuo, na jukumu la Roho katika kufichua na kutekeleza ukombozi huu katika maisha ya waamini.

Roho Mtakatifu anatumwa na Mwana ili kuwakosowa dunia kuhusu dhambi, haki, na hukumu (Yohana 16:8-11), kuwaongoza waamini katika ukweli wote (Yohana 16:13), na kushuhudia kuhusu Mwana (Yohana 15:26). Roho pia anawawezesha waamini kwa ajili ya huduma (Matendo 1:8) na kuleta matunda ya Roho ndani yao (Wagalatia 5:22-23).

Ujumbe huu wa ushirikiano kati ya Yesu na Roho Mtakatifu unaonyesha umoja wa Utatu. Baba, Mwana, na Roho Mtakatifu wanafanya kazi pamoja kwa ushirikiano kamili kutimiza makusudi ya wokovu ya Mungu. Kupitia kazi ya Mwana na Roho, waamini wanakolewa, wanatakaswa, na wanawezeshwa kumtumikia Mungu katika dunia.

Onyesho: "Karibuni kwangu, sikilizeni hili: Sijazungumza kwa siri tangu mwanzo; tangu wakati ilipoanza, nilikuwapo. Na sasa Bwana Mungu amenituma mimi na Roho wake" (Isaya 48:16).

Isaya 48:16 ni tamko la unabii ambapo Bwana Yesu anakiri kwamba amekuwa akizungumza waziwazi kwa taifa na kamwe si kwa siri. Anaeleza kuwa tangu wakati wa Musa, alipojifunua kama "Mimi ni" katika kichaka kilichowaka moto (Kutoka 3), amekuwa akiongea wazi na watu wake.

Aya hii ni muhimu kwa sababu inaonyesha kwamba Yesu alizungumza kupitia Roho wa unabii, akifichua asili yake ya kimungu na jukumu lake kama Masihi. Pia inasisitiza kwamba Yesu amekuwepo katika historia ya wanadamu, tangu mwanzo kabisa, na anahusiana kwa karibu na mpango wa wokovu wa Mungu.

Zaidi ya hayo, aya hii inaonyesha umoja ndani ya Utatu, kwani Yesu anataja Baba Bwana na Roho wake kumtuma. Inafichua uhusiano wa karibu kati ya Baba, Mwana, na Roho Mtakatifu, ikisisitiza jukumu muhimu la Roho Mtakatifu katika huduma ya Mwana.

Kwa hivyo, vifungu hivi vinasisitiza uendelevu wa mpango wa wokovu wa Mungu katika historia, huku Yesu akiwa ni mhusika mkuu katika utimilifu wake. Pia inasisitiza umuhimu wa kusikiliza ujumbe wake na kumwendea ili kupokea wokovu na miongozo.

"Bwana ameumba jambo jipya duniani: Mwanamke atampatia mwanaume" (Yeremia 31:22). Aya hii kutoka Yeremia 31:22 ni tamko la unabii kuhusu jambo jipya ambalo Mungu amelifanya duniani. Methali "mwanamke atampatia mwanaume" inaweza kutafsiriwa kwa njia tofauti kulingana na muktadha na tafsiri.

Baadhi ya wasomi wanapendekeza kuwa aya hii inahusu kuzaliwa kwa Yesu Kristo kutoka kwa Bikira, ambapo mwanamke, Maria, alijifungua mtoto, Yesu, bila kushirikiana na baba wa kibinadamu. Tukio hili la kishujaa lilileta kitu kipya kabisa duniani na lilitimiza unabii kadhaa wa Agano la Kale.

Tafsiri nyingine zinaiona aya hii kwa njia ya kifasihi zaidi, ikiiona kama methali ya uhusiano kati ya Mungu na watu wake. Kwa mtazamo huu, mwanamke anawakilisha watu wa Mungu, ambao watamzunguka na kumkumbatia mwanaume, akimwakilisha Yesu Kristo kama Bwana wao na Mwokozi. Tafsiri hii inasisitiza uhusiano wa karibu kati ya Mungu na watu wake na umuhimu wa kumfuata Yesu ili kupata wokovu.

Kwa hiyo, kifungu cha Yeremia 31:22 ni tamko la unabii linalozungumzia umuhimu wa Yesu Kristo katika mpango wa wokovu wa Mungu, likisisitiza uhalisia mpya alioleta duniani kupitia maisha yake, kifo, na ufufuo wake.

Bikira Maria, chini ya nguvu za Mungu Mkuu (Luka 1:35, "Nae malaika akajibu akamwambia, Roho Mtakatifu atakujilia, na nguvu za Mungu Mkuu zitakuvika kivuli; kwa hiyo, na kitu kitakatifu atakachozaliwa utakitwa Mwana wa Mungu"), alipaswa kubeba mimba na kujifungua mtoto bila kushirikiana au ushirikiano wa mwanaume. Tukio hili la kishujaa linaitwa "ishara" na Isaya (7:14), na kama "jambo jipya duniani" na Yeremia. Hadithi ya Agano Jipya kuhusu hili inapatikana katika Mathayo 1:18: "Hata mama yake Maria alipoishiwa na Joseph kabla ya kuwa pamoja, alikubalika na Roho Mtakatifu."

"Naye mtoto alikua, akaweza kuwa na nguvu katika roho, amejaa hekima, na neema ya Mungu ilikuwa juu yake. Na Yesu alikua katika hekima na umbo, na katika kibali kwa Mungu na watu" (Luka 2:40, 52). Vifungu hivi kutoka Luka vinavyoelezea ukuaji na maendeleo ya Yesu akiwa mtoto. Vinasisitiza jinsi alivyokuwa na nguvu katika roho, amejaa hekima, na alikuwa na neema ya Mungu juu yake. Alipoendelea kukua, aliendelea kukua katika hekima, umbo, na kibali kwa Mungu na watu.

Vifungu hivi vinasisitiza si tu upande wa kibinadamu wa Yesu, kuonyesha kwamba alifanya mchakato wa kawaida wa ukuaji na maendeleo, bali pia vinasisitiza asili yake ya kimungu. Ukuaji wake ulifuatana na nguvu za kiroho, hekima, na kibali cha kimungu.

Usemi "alijazwa nguvu katika roho" unaonyesha kuwa hata akiwa mtoto mdogo, Yesu alikuza uhusiano wa kina na Mungu na aliongozwa na Roho Mtakatifu katika maisha yake yote. Rejeo la hekima linaongeza uzito zaidi kwa mafundisho ya Yesu, ambayo yalijaa uelewa mzito na ufahamu wa kina.

Zaidi ya hayo, vifungu vinapendekeza kuwa Yesu alikuwa na uhusiano mzuri na Mungu na wengine, kwani alikubaliwa na watu na alikua karibu zaidi na Mungu.

Vifungu hivi vinatupa mwanga juu ya miaka ya awali ya Yesu Kristo, vikisisitiza nguvu zake za kiroho, hekima, na uhusiano wake wa karibu na Mungu. Pia vinapendekeza umuhimu wa uhusiano wa kibinadamu katika maisha ya Yesu, kuonyesha kuwa alithamini na kulea uhusiano mzuri na wengine.

Roho Mtakatifu alicheza jukumu muhimu katika maumbile ya Yesu Kristo na aliendelea kumwongoza katika muda wake wote duniani. Katika mpango wa kimungu, Utatu Mtakatifu—Baba, Mwana, na Roho Mtakatifu—unafanya kazi pamoja kwa umoja kamili.

Roho Mtakatifu alikuwa na mchango muhimu katika mchakato wa kuzaliwa kwa Yesu Kristo. Kupitia nguvu ya Roho Mtakatifu, Yesu alikuzwa tumboni mwa Maria, bila kushirikiana na baba wa kibinadamu. Tukio hili la kishujaa, linalojulikana kama kuzaliwa kutoka kwa Bikira, lilikuwa mwanzo wa uwepo wa Yesu duniani.

Katika maisha yake yote, Yesu alimtegemea Roho Mtakatifu, ambaye alimwezesha kufanya miujiza, kufundisha kwa hekima na mamlaka, na mwishowe kutimiza misheni yake ya ukombozi kupitia kifo na ufufuo wake. Baada ya kupaa kwake, Roho Mtakatifu aliendelea kufanya kazi ndani na kupitia wafuasi wa Yesu, kuwawezesha kueneza ujumbe wa wokovu kwa ulimwengu.

Baba, Mwana, na Roho Mtakatifu ni watu tofauti katika Mungu mmoja, wakifanya kazi kwa umoja kamili. Roho Mtakatifu hutoka kwa Baba na Mwana, akicheza nafasi muhimu katika kutimiza mpango wa wokovu wa Mungu. Kama ilivyosema, "Kutoka kuzaliwa hadi ubatizo, Roho Mtakatifu aliiongoza maendeleo ya kiakili na kimaadili ya Yesu na kumtia nguvu na kumtunza kupitia miaka yote ya maandalizi na juhudi" (Luka 4:1, "Naye Yesu, akiwa amejaa Roho Mtakatifu, alirudi kutoka Yordani, na akaongozwa na Roho aende jangwani"). Yesu alikuwa amejaa Roho kama mfundishaji wa seremala vile vile alivyokuwa katika jukumu lake kama Masiya, na kazi aliyoifanya katika kiwanda ilikuwa bora kama dhabihu kwenye Msalaba.

Kwa mtazamo wa kwanza, madai kama haya yanaweza kuonekana kupunguza heshima ya kibinafsi ya Bwana Yesu, lakini ikiwa tutalielewa hilo, kulingana na utaratibu wa Utatu Mtakatifu, Roho Mtakatifu anatekeleza nguvu zake tu ili kutekeleza mapenzi ya Baba na Mwana, ugumu unaoonekana utapotea. Ushirikiano wa Roho Mtakatifu haupunguzi utukufu wa Mwana; kinyume chake, unamthibitisha Mwana zaidi. Katika kazi ya ukombozi, shughuli za Roho Mtakatifu ni za pili baada ya zile za Mwana.

Hii ni kwa sababu, kulingana na mafundisho ya Utatu Mtakatifu, Roho Mtakatifu, ingawa ni Mungu mwenyewe, anatekeleza kazi yake kwa ukamilifu chini ya usimamizi wa Baba na Mwana. Roho anafanya kazi kwa umoja na Baba na Mwana, si kwa lengo lake binafsi, bali kwa kutimiza na kuonyesha mapenzi ya Mungu kwa wanadamu. Roho Mtakatifu ndiye anayeshirikiana na Mwana katika kazi ya ukombozi, lakini kazi yake inakamilisha kazi ya Mwana, ikiwezesha ukombozi kuwa halisi na wa kudumu.

Kwa mfano, wakati Roho Mtakatifu anashuka kwa wafuasi wa Yesu, anawafanya kuwa vyombo vya nguvu za Mungu ili waendelee na kazi ya kueneza injili ya wokovu. Hii inamaanisha kuwa Roho Mtakatifu hawezi kufanya kazi yoyote kinyume na mapenzi ya Baba au Mwana, bali anafanya kazi yake kwa kuzingatia na kutekeleza utawala wa Mungu.

Kama tunavyosoma katika Biblia, "Roho Mtakatifu ni msaidizi wetu" (Yohane 14:16), lakini hata hivyo, hakufanya kazi yoyote peke yake. Roho Mtakatifu ni msaada, lakini si mfalme; kazi yake ni kutimiza mapenzi ya Baba na Mwana, akijitolea kumtukuza na kumheshimu Mwana kwa njia ya kuleta wokovu kwa wanadamu.

Kwa hivyo, hata kama Roho Mtakatifu ni Mungu mwenye nguvu na mamlaka, kazi yake inazingatia zaidi kumtukuza Yesu Kristo, na hiyo inatoa utukufu kwa Mwana, kwa sababu Roho anatekeleza tu kile ambacho Mwana alikusudia kutimiza katika ukombozi wa wanadamu. Roho Mtakatifu ni kiungo muhimu katika kazi ya wokovu, lakini ni kwa umoja na Baba na Mwana tu ambapo kazi hiyo inatimika kikamilifu, ikifanikisha mpango wa Mungu kwa wanadamu.

SURA YA 06

Roho Akijiunga na Kristo Yesu

Aina Mbili za Muungano

Mathayo 28:19 ni kifungu muhimu katika theolojia ya Kikristo kinachozungumzia fundisho la Utatu Mtakatifu. Tafsiri sahihi ya kifungu hiki inadhihirisha ukweli mbili muhimu kuhusu asili ya Mungu.

Ukweli wa kwanza ni kwamba matumizi ya neno moja la "jina" katika kifungu hiki linasisitiza umoja wa Mungu. Hii inaonyesha fundisho la monotheismu, imani katika Mungu mmoja, ambayo ni msingi wa dini za Kiyahudi na Kikristo.

Ukweli wa pili, kama kifungu hicho kinavyoelezea zaidi, ni kwamba ndani ya umoja wa Mungu mmoja, kuna watu watatu tofauti: Baba, Mwana, na Roho Mtakatifu. Maandishi asili ya Kigiriki yanaunga mkono dhana hii kwa kuweka makala maalum kabla ya kila mtu wa Utatu, ikisisitiza kwamba kila mtu ni wa kipekee lakini bado ni Mungu mmoja. Hii inadhihirisha tofauti kati ya kila mtu wa Utatu na majukumu yao maalum ndani ya Mungu.

Pamoja, ukweli hawa wanathibitisha kwamba asili ya Mungu ni umoja na ugumu. Fundisho la Utatu linadai kwamba Mungu ni mmoja na watatu kwa wakati mmoja, dhana ambayo imekuwa somo la tafakari ya kitheolojia na mjadala katika historia ya Kikristo.

Mathayo 28:19 inasisitiza uwiano kati ya umoja na utofauti ndani ya asili ya Mungu, ikiimarisha Utatu kama fundisho kuu katika theolojia ya Kikristo.

Aina Mbili za Muungano kati ya Kristo na Watu Wake: Muungano wa Kisheria na Muungano wa Kiroho

Muungano wa kisheria au wa kisheria unahusu muungano ulioanzishwa na Mungu Baba kati ya Yesu Kristo, Mkombozi, na waumini wakati Kristo aliteuliwa kuwa Kichwa cha Shirikisho lao. Muungano huu unategemea misingi ya kisheria, ikimaanisha kwamba Yesu anawakilisha waumini na anahesabiwa kuwajibika kwao. Kupitia muungano huu, manufaa ya kazi yake ya ukombozi msalabani—kama vile msamaha wa dhambi na urejesho kwa Mungu—yanapatikana kwa waumini. Muungano huu unaweza kueleweka kupitia dhana ya dhamana, ambapo dhamana inakuwa na jukumu kwa deni la mtu mwingine. Malipo aliyofanya dhamana yanachukuliwa kama malipo ya mdaiwa, kumwondolea mdaiwa majukumu yake.

Muungano wa kiroho, kinyume chake, unahusu uhusiano wa kiroho wa kina kati ya Kristo na waumini. Muungano huu unategemea imani na unaonyeshwa katika Agano Jipya kama uhusiano kati ya Kristo na Kanisa Lake. Waumini wanajiunga na Kristo kama vile matawi yanavyounganishwa na mzabibu (Yohana 15:1-8). Muungano huu unasisitizwa zaidi na kukaa kwa Roho Mtakatifu ndani ya waumini, ambaye anawawezesha kushiriki katika maisha ya Kristo na kutoa matunda ya kiroho kwa Mungu.

Pamoja, muungano wa kisheria na wa kiroho ni vipengele muhimu vya uhusiano wa waumini na Kristo. Wakati muungano wa kisheria unahakikisha haki za waumini mbele ya Mungu, muungano wa kiroho unawawezesha kuishi maisha kamili ndani ya Kristo, wakitembea kwa imani yao na kukua katika utakatifu.

Katika Yohana 6:44-45, Yesu anazungumzia uhusiano wa kipekee kati ya Baba, Yeye mwenyewe, na wale wanaokuja kwake. Baba anawavuta watu kwa Yesu, na wale wanaokuja ni wale ambao wametufundishwa na Baba. Hii inaonyesha uhusiano wa kina kati ya Baba na wale wanaomfuata Kristo, ikionyesha jukumu la Baba katika wokovu. Inamaanisha pia kwamba wale wanaokuja kwa Yesu wanatolewa kwake na Baba.

Wazo hili linapanuliwa zaidi katika Yohana 17, ambapo Yesu analiomba si tu kwa ajili ya wanafunzi wake bali pia kwa ajili ya wote watakaomwamini kupitia ujumbe wao. Katika maombi yake, Yesu anasisitiza umoja kati yake na Baba, pamoja na umoja kati yake na wanafunzi wake. Anawaomba wafuasi wake wawe na umoja, kama vile Yeye na Baba walivyo umoja, na kwamba waingie katika umoja kamili, ili ulimwengu ujue kwamba Baba alimtuma. Maombi haya yanasisitiza uhusiano wa kina kati ya Kristo na watu wake na jukumu la Baba katika kuwaingiza katika umoja na Kristo.

Kwa kweli, kama Yesu alivyosema, kazi ya Roho Mtakatifu ni ya siri kwa kiasi fulani. Hata hivyo, haiwezi kukanika kuwa ni halisi na muhimu katika kuleta uzima mpya katika Kristo.

Katika Yohana 3:5-8, Yesu anajibu kwa Nicodemo, akisema, "Kweli nawaambia, hakuna anayeweza kuingia katika ufalme wa Mungu isipokuwa azaliwe kwa maji na Roho. Mwili huzaa mwili, lakini Roho huzaa roho. Msiwe na ajabu kwa kusema, 'Lazima mzaliwe tena.' Upepo unapuliza popote unavyopenda. Sauti yake unaisikia, lakini huwezi kusema inapokuwa wala inaenda wapi. Ndivyo ilivyo kwa kila mmoja aliyezaliwa na Roho."

Katika kifungu hiki, Yesu anamweleza Nicodemo umuhimu wa kuzaliwa tena kiroho ili kuingia katika ufalme wa Mungu. Anabainisha kwamba kuzaliwa tena hapa hakuhusishi kuzaliwa kimwili, bali ni mabadiliko ya kiroho yanayotokana na kuzaliwa kwa maji na Roho. Wengi wanachukulia hii kama rejeleo kwa ubatizo, ishara ya kusafishwa kutoka kwa maisha ya zamani na mwanzo mpya kupitia Roho Mtakatifu.

Yesu anafafanua kwamba ingawa wanadamu wanaweza kuzalisha maisha ya kimwili, Roho Mtakatifu ndiye anayeleta maisha ya kiroho. Anatumia mfano wa upepo kuonyesha kuwa kazi ya Roho Mtakatifu ni ya siri na isiyoonekana—kama upepo, haiwezi kuonekana, lakini uwepo wake na athari zake ni halisi na zisizopingika.

Kifungu hiki kinasisitiza umuhimu wa kuzaliwa tena kiroho na kuonyesha jukumu muhimu la Roho Mtakatifu katika kuleta uzima mpya kwa waumini. Pia kinafunua asili yenye nguvu na ya siri ya kazi ya Roho katika maisha ya wale waliyozaliwa tena kiroho.

"MVUTO WA NDANI"

Hubiri la Injili, au Habari Njema, linacheza jukumu kuu katika imani ya Kikristo. Linachukuliwa kama njia kuu ambayo watu wanakuja kwa imani katika Yesu Kristo na kupata upatanisho na Mungu.

Warumi 10:14 inasema, "Basi, watamwaje yeye ambaye hawamwamini? Na watamwaje kumwamini ambaye hawajasikia habari zake? Na watasikiaje pasipo na mtu wa kuwahubiria?" Aya hii inasisitiza jukumu muhimu la kubiri na kushiriki Injili ili kusaidia wengine kuja kwa imani katika Yesu Kristo.

Vivyo hivyo, 1 Wakorintho 1:21 inasema, "Kwa maana, katika hekima ya Mungu, ulimwengu haukumjua Mungu kwa hekima, ilimpendeza Mungu kwa upumbavu wa yale tunayohubiri kuwaokoa wale wanaoamini." Hii inasisitiza jinsi Mungu anavyotumia ujumbe wa Injili, ambao mara nyingi unachukuliwa kama upumbavu na ulimwengu, kuwaleta watu kwa wokovu kupitia imani katika Kristo.

2 Wakorintho 5:20 inaongeza nguvu kwa wazo hili, ikielezea waamini kama mabalozi wa Kristo na kuwaalika wengine kujizatiti ili wapatanishwe na Mungu. Hii inatufundisha kwamba, kama wafuasi wa Kristo, ni jukumu letu kushiriki ujumbe wa Injili na kuwaalika wengine kuingia kwa imani.

Zaburi 110:3 inasema, "Watu wako watakubali kwa hiari siku ya nguvu zako, katika mavazi matakatifu; kutoka tumboni mwa asubuhi, umande wa ujana wako utakuwa wako." Aya hii inapendekeza kwamba watu wa Mungu watajitolea kwa hiari kwa Mungu siku ya nguvu Zake.

Vivyo hivyo, Hosea 11:4 inasema kuhusu Mungu kuwavuta watu wake kwa "nyuzi za mwanadamu," au "nyuzi za upendo," ikisisitiza njia ya upendo na kimaadili ya kuwavuta watu kwake, badala ya kutumia nguvu. Hii inasisitiza mwaliko wa kuja kwa Mungu kwa upendo na hamu ya kumfuata.

Hii inalingana na mafundisho ya Agano Jipya, ambayo yanasisitiza jukumu la Roho Mtakatifu katika kuwavuta watu kwa Kristo. Yesu anasema katika Yohana 6:44, "Hakuna anayeweza kuja kwangu isipokuwa Baba aliye nipeleka, amvute." Aidha, katika Yohana 16:8-11, Yesu anaelezea kwamba Roho Mtakatifu huwashawishi watu juu ya dhambi, haki, na hukumu, akiongoza watu kutubu na kuamini katika Kristo.

Biblia inafundisha kwamba Mungu huwavuta watu kwake kwa njia ya upendo na kimaadili, akitumia Roho Mtakatifu kuwashawishi na kuongoza watu kwa imani katika Kristo. Hii inalingana na tabia ya Mungu kama Mungu mpendwa na mwenye rehema anayetaka watu wote waje kwa kumjua ukweli na kuokolewa.

2 Wathesalonike 1:11 inasisitiza kwamba Mungu hutimiza mapenzi yake yote mema na kazi ya imani kwa nguvu. Hii inasisitiza kwamba ni kwa nguvu na wema wa Mungu pekee ambapo imani inaweza kutendeka na matendo mema yanaweza kufanyika.

Vivyo hivyo, Isaya 53:1 inazungumzia umuhimu wa "mkono wa Bwana" kuonyeshwa ili watu waamini ripoti yake. Hii inapendekeza kwamba ni kwa nguvu na ufunuo wa Mungu ambapo watu wanaweza kuja kwa imani kwake na kuamini ujumbe wake.

Aya hizi zinasisitiza jukumu kuu linalochezwa na Mungu katika mchakato wa wokovu na imani. Ni kwa nguvu zake, wema wake, na ufunuo wake ambapo watu wanaweza kuamini na kutenda imani. Hii inalingana na mafundisho mengine ya kibiblia, kama vile Waefeso 2:8-9, inayosema kwamba wokovu ni kipawa kutoka kwa Mungu kinachopokelewa kwa imani, si kwa matendo yetu au juhudi zetu.

Aya hizi zinasisitiza umuhimu wa kutegemea Mungu na nguvu zake katika mchakato wa wokovu na imani. Ni kwa wema wake na ufunuo wake pekee ambapo watu wanaweza kuamini, kutenda imani, na kufanya matendo mema kwa jina lake.

Muungano wa Kiroho na Kristo

Biblia inafundisha kwamba muungano wa kiroho na Kristo unategemea uhubiri wa nje wa Injili na "vutio" la ndani kutoka kwa Baba.

Kwa upande mmoja, Warumi 10:17 inasema, "Imani huja kwa kusikia, na kusikia kwa neno la Kristo." Hii inasisitiza umuhimu wa uhubiri wa nje kama njia ya kuwaleta watu kwa imani katika Kristo na kuanzisha uhusiano nao.

Kwa upande mwingine, Yesu mwenyewe alifundisha kwamba hakuna anayeweza kuja kwake isipokuwa Baba ammvute (Yohana 6:44). Hii inamaanisha kwamba kuna kazi ya ndani ya Baba katika mioyo ya watu, ikiwafanya waweze kujibu ujumbe wa Injili na kuingia katika uhusiano na Kristo.

Vipengele hivi viwili vya muungano wa kiroho na Kristo vinashirikiana katika mchakato wa wokovu. Uhubiri wa nje wa Injili unawawezesha watu kusikia ujumbe wa Kristo na kuwa na fursa ya kujibu kwa imani. Hata hivyo, ni kazi ya ndani ya Baba ya kuwavuta watu kwake yenyewe inayowaruhusu kujibu kwa imani na kuingia katika uhusiano na Kristo.

Biblia inafundisha kwamba muungano wa kiroho na Kristo unategemea uhubiri wa nje wa Injili na kazi ya ndani ya Baba katika kuwavuta watu kwake mwenyewe. Vipengele viwili hivi vinashirikiana kuwaleta watu kwa imani na kuanzisha uhusiano na Kristo.

Wafilipi 3:12 inasisitiza umuhimu wa kanuni ya muhimu kuwasilishwa kwetu kabla ya kutenda tendo lolote la kiroho la imani. Kanuni hii muhimu ni kuishi ndani ya Kristo kwa Roho wake ndani ya mwamini, ambayo inamwezesha mwamini kuwa na imani na kuingia katika uhusiano na Kristo.

Warumi 6:3-5 inazungumzia wazo hili kwa kuonyesha jinsi mwamini anavyounganishwa na Kristo katika kifo chake na ufufuo kupitia ubatizo. Kupitia utambulisho huu, mwamini anakuwa mmoja na Kristo na anapewa nguvu ya kuishi maisha mapya ndani Yake.

Metafora ya kichwa na mwili katika 1 Wakorintho 12:12-27 inasisitiza pia muungano wa mwamini na Kristo. Kama kichwa kinavyoinyoosha na kudumisha mwili, Kristo anainyoosha na kudumisha waamini Wake kupitia Roho wake. Na kama vile viungo vya mwili vinavyounganishwa na kutegemeana, waamini wanategemeana na kushirikiana kwa karibu katika Kristo.

Biblia inafundisha kwamba muungano wa mwamini na Kristo ni muhimu kwa imani yao na maisha ya Kikristo. Muungano huu unafanywa uwezekano kupitia kuishi ndani ya Kristo kwa Roho wake na unajulikana na uhusiano wa karibu na kutegemeana kati ya Kristo na waamini wake.

1 Wakorintho 6:17 inasema, "Aliyeunganishwa na Bwana ni roho moja naye." Aya hii inasisitiza muungano wa karibu na wa kipekee kati ya Kristo na waamini Wake kupitia kuishi ndani ya Roho wake. Inasisitiza ukweli kwamba waamini wanashiriki umoja wa kiroho na Kristo.

Roho yule yule anayeishi ndani ya Kristo, Kichwa cha Kanisa, pia anaishi ndani ya viungo vya mwili Wake, na kuunda muungano muhimu kati yao. Muungano huu unafafanuliwa na utambulisho, kusudi, na maisha ya pamoja ndani ya Kristo.

Haki ya Mwili wa Kimistiki wa Kristo inaendelea kuimarika katika 1 Wakorintho 12:12-27, ambapo uhusiano kati ya Kristo na waamini Wake unafananishwa na mwili wa binadamu. Kama vile mwili una viungo vingi, kila kimoja kikifanya kazi yake maalum, ndivyo pia mwili wa Kristo unavyokuwa na viungo vingi, kila kimoja kikiwa na vipawa na majukumu yake ya kipekee.

Kupitia kuishi ndani ya Roho Mtakatifu, waamini wanaunganishwa na Kristo na na wengine katika muungano wa kiroho na wa ki-organiki. Muungano huu unaashiria maisha, kusudi, na hatima ya pamoja katika Kristo.

Dhana ya kibiblia ya mwili wa kimistiki wa Kristo inasisitiza muungano wa karibu na wa kipekee kati ya Kristo na waamini Wake kupitia kuishi ndani ya Roho Wake. Muungano huu ni msingi wa imani ya mwamini na maisha ya Kikristo na umejulikana na utambulisho na kusudi la pamoja katika Kristo.

1 Wakorintho 12:13 inasisitiza kweli hii: "Kwa maana kwa Roho mmoja sisi sote tumebatizwa katika mwili mmoja, iwe Wayahudi au Wagiriki." Aya hii inasisitiza jukumu la Roho Mtakatifu katika kuwaleta waamini pamoja katika mwili mmoja, na kupita tofauti za kikabila na kitamaduni.

Aya hii inafundisha kwamba "kwa Roho mmoja tumebatizwa katika mwili mmoja," ikionyesha kwamba ni kupitia kazi ya Roho Mtakatifu waamini wanaunganishwa kiroho na Kristo na na mwingine kwa wakati wa wokovu.

Ubatizo huu katika mwili mmoja ni muhimu kwa sababu unasisitiza umoja wa waamini wote katika Kristo. Bila kujali kama mtu ni Myahudi au Mgiriki, mtumwa au mfree, mwanaume au mwanamke, wote wanakusanyika pamoja katika Kristo kupitia kazi ya Roho Mtakatifu.

Wazo hili la umoja katika Kristo linasisitizwa katika sehemu nyingine za Agano Jipya, kama vile Wagalatia 3:28, inayosema, "Hakuna Myahudi wala Mwingereza, hakuna mtumwa wala mfree, hakuna mwanaume wala mwanamke: kwa maana ninyi nyote ni mmoja katika Kristo Yesu."

1 Yohana 4:13 inasisitiza zaidi jukumu la Roho Mtakatifu katika kuthibitisha uhusiano wetu na Mungu kupitia Kristo. Aya

inasema, "Hapa tunajua kwamba tunakaa ndani Yake, na Yeye ndani yetu, kwa sababu ametupa Roho Wake." Hii inasisitiza kwamba Kristo ni Kichwa cha watu Wake sio tu katika utawala bali pia katika ushawishi.

Roho Mtakatifu, aliyepewa waamini, anahudumu kama muhuri wa uhusiano wetu na Kristo (Waefeso 1:13-14). Roho anashuhudia kuhusu kupokewa kwetu kama watoto wa Mungu (Warumi 8:15-16) na anatuwezesha kuishi maisha yanayomfurahisha Mungu (Wagalatia 5:22-23).

Kwa njia hii, Kristo siyo tu Kichwa cha utawala bali pia Kichwa cha ushawishi. Ushawishi Wake katika maisha yetu unatendwa kupitia kuishi ndani ya Roho Mtakatifu, ambaye anatubadilisha kutoka ndani na kutuwezesha kuishi maisha yanayomheshimu Mungu.

Dhana hii ya Kristo kama Kichwa cha ushawishi inafafanuliwa zaidi katika Waefeso 4:15-16, inayosema kuhusu Kristo kama Kichwa cha mwili, akilisha na kusaidia ukuaji wa kila kiungo. Kama waamini, tunaitwa kujitolea kwa ushawishi wa Kristo katika maisha yetu, tukimruhusu kumtengeneza na kutubadilisha kupitia kazi ya Roho Wake.

Warumi 8:2 inasema, "Roho ya uzima katika Kristo Yesu imenifungua kutoka kwa sheria ya dhambi na kifo." Hii inasisitiza nguvu ya kubadilisha ya Roho Mtakatifu, ambaye anawafungua waamini kutoka kwa nguvu ya dhambi na kifo, akiwaunganisha kiroho na kwa karibu na Kristo. Muungano huu ni wa karibu kiasi kwamba inasemekana Kristo anaishi ndani yetu na sisi tunaishi ndani Yake.

Dhana hii ya Kristo kuishi ndani yetu inasisitizwa zaidi katika Wagalatia 2:20, ambapo Mtume Paulo anasema, "Nimesulubiwa pamoja na Kristo, nami siishi tena, bali Kristo anaishi ndani yangu. Maisha ninayoishi sasa katika mwili, niishi kwa imani katika Mwana wa Mungu, alinipenda na kujitoa kwa ajili yangu."

Warumi 8:2, pamoja na vifungu vingine vya Agano Jipya, inasisitiza uhusiano wa kina na wa kweli kati ya Kristo na waamini kupitia kazi ya Roho Mtakatifu. Uhusiano huu ni wa karibu kiasi kwamba unaweza kuelezewa kama Kristo akiishi ndani yetu na sisi tukiishi ndani Yake, tukitoa uhuru kutoka kwa nguvu za dhambi na kifo.

Wagalatia 4:6 inatuambia kwamba Roho Mtakatifu alitumwa katika mioyo yetu kwa sababu ya kupokewa kwetu kama watoto wa Mungu. Hii inasisitiza uhusiano wa kipekee na wa kibinafsi na Mungu, ambao unazidi ushawishi wa Neno.

Kabla mtu kuwa mtoto wa Mungu, Roho Mtakatifu anafanya kazi kupitia Neno kumshutumu kuhusu dhambi na kumvuta kumwamini Kristo. Hata hivyo, ni kupitia mchakato wa kupokewa kwamba mwamini anapokea ujazo wa Roho na kuingia katika uhusiano wa kina na Mungu kama mtoto Wake.

Kama inavyoelezwa katika Warumi 8:14-16, "Kwa maana wale wanaoongozwa na Roho wa Mungu, hao ni watoto wa Mungu. Roho mliyepokea hamkufanywa kuwa watumwa, ili mkaishi katika hofu tena; bali Roho mliyepokea alileta hali yenu ya kupokewa kuwa watoto wa Mungu. Na kwa yeye, tunalia, 'Abba, Baba.' Roho mwenyewe anashuhudia pamoja na roho zetu kwamba sisi ni watoto wa Mungu."

Hivyo, ingawa Neno la Mungu ni muhimu kwa kuwaleta watu katika imani kwa Kristo, mchakato wa kupokewa unawaleta waamini katika uhusiano wa kina zaidi na Mungu kama watoto Wake. Roho Mtakatifu anashuhudia ukweli huu ndani ya mioyo yao.

Warumi 8:11 inasisitiza jukumu muhimu la Roho Mtakatifu katika muungano wetu na Kristo, ikisema, "Lakini ikiwa Roho wa Yule aliyemfufua Yesu kutoka kwa wafu anakaa ndani yenu, Yeye aliyemfufua Kristo kutoka kwa wafu atafanya miili yenu ya kimwili kuwa hai pia kwa Roho Wake akaaye ndani yenu."

Aya hii inasisitiza kwamba Roho huyo huyo aliyemfufua Yesu kutoka kwa wafu anakaa ndani yetu, akitufanya kuwa na hakikisho kwamba sisi pia tutafufuliwa kwa uzima wa milele. Roho Mtakatifu ni chanzo cha maisha yetu ya kiroho na nguvu, na kupitia kuishi ndani mwetu, tumeunganishwa na Kristo na kushiriki katika ufufuo Wake. Kama Paulo anavyosema katika Waefeso 1:19-20, nguvu hiyo hiyo iliyomfufua Kristo iko ndani yetu sisi tunaoamini.

Zaidi ya hayo, tunaposhabihishwa na sura ya Kristo kupitia Roho Mtakatifu, tutashiriki katika mateso Yake na mwishowe katika utukufu Wake. Roho anatutengeneza kuishi kwa utiifu kwa Mungu na kustahimili majaribu kwa imani na uvumilivu.

Roho Mtakatifu ni chanzo cha maisha yetu ya kiroho, kifungo kinachotufungamanisha na Kristo, na nguvu kwa ambayo tunafufuliwa kwa uzima mpya na kubadilishwa kuwa mfano Wake.

Kuishi ndani ya Roho Mtakatifu katika waamini kunamaanisha uwepo wa Mungu ndani yao. Uhusiano huu ni halisi na wa kibinafsi, ukionyesha kipengele cha kipekee cha enzi ya Agano Jipya ya wokovu. Uwepo wa Roho Mtakatifu kwa waamini unatoa hakikisho la utukufu wa baadaye (Waefeso 1:13-14) na chanzo cha kuwahamasisha kuishi maisha yanayomfurahisha Mungu (Wagalatia 5:16-25).

SURA YA 07

Roho Mtakatifu katika Agano Jipya

Katika Luka 4:14-15, baada ya kujaribiwa nyikani, Yesu alirudi Galilaya "kwa nguvu ya Roho." Hii inaonyesha kwamba Yesu alijazwa na Roho Mtakatifu na alipewa nguvu kuanza huduma Yake ya hadhara. Kama matokeo ya upako huu, habari kuhusu Yeye zilienea katika mkoa mzima, na akaanza kufundisha katika sinagogi, akipokea sifa kutoka kwa wote waliomsikia.

Tukiangalia neno la Kigiriki linalotumika kutafsiri "nguvu" katika kifungu hiki, tunaona kwamba neno "dunamis" linamaanisha nguvu asilia, uwezo, na uwezo. Linadhihirisha si tu uwezo wa kuwa na nguvu, bali pia kuonyesha nguvu hiyo kwa vitendo. Mara nyingi hutafsiriwa kama "miujiza" au "kazi kuu," neno hili linasisitiza nguvu ya kimungu ya Mungu ambayo ilikuwa dhahiri ndani na kupitia Yesu. Ukweli kwamba Yesu alirudi Galilaya "kwa nguvu ya Roho" ina maana kwamba hakuwa na uwezo tu wa kutenda miujiza, bali alikuwa anadhihirisha kwa vitendo nguvu ya kimungu ya Mungu kupitia matendo Yake.

Maandishi ya Luka yanatoa mtazamo wa kipekee kuhusu jukumu la Roho Mtakatifu katika huduma ya Yesu. Katika Injili ya Luka na Kitabu cha Matendo ya Mitume, Roho Mtakatifu anapewa picha kama chombo cha nguvu na uwepo wa Mungu duniani. Roho

Mtakatifu anampatia Yesu uwezo kwa ajili ya huduma Yake duniani (Luka 4:14-15), anawawezesha mitume kutenda miujiza na kutangaza injili kwa ujasiri (Matendo 2:1-4, 4:8), na kuwaongoza waumini wa mapema katika kazi yao (Matendo 13:2-3, 15:28).

Roho Mtakatifu pia anapewa picha kama yeye ambaye analeta mabadiliko na uamsho kwa watu binafsi na jamii. Katika Injili ya Luka, Roho anajaza Elizabeth, Zakaria, na Simeoni, akiwafanya waweze kutabiri na kumtambua Yesu kama Masihi (Luka 1:41-45, 67-79, 2:25-32). Katika Kitabu cha Matendo, Roho anabadilisha Sauli kuwa Paulo, akimpatia nguvu kuwa mtume na mjumbe mwenye nguvu (Matendo 9:17-18, 13:9).

Zaidi ya hayo, Roho Mtakatifu anapewa picha kama yeye anayewaunganisha waamini na kuanzisha jamii mpya ya imani. Katika Matendo 2, Roho anawajia mitume siku ya Pentekoste, akiwwezesha kusema kwa lugha mbalimbali na kutangaza Injili kwa watu kutoka mataifa yote. Tukio hili linatambulisha kuzaliwa kwa Kanisa, jamii ya waamini ambao wanatajwa kama "kwa moyo mmoja na akili moja" na ambao wanashirikiana kwa kila kitu (Matendo 2:42-47).

Maandishi ya Luka yanasisitiza jukumu muhimu la Roho Mtakatifu katika historia ya wokovu na katika maisha ya Kanisa. Roho Mtakatifu anawapa nguvu, anaongoza, anabadilisha, na anawaunganisha watu wa Mungu, akiendelea kufanya kazi ndani ya Kanisa hadi leo.

Roho Mtakatifu ni mmoja wa watu watatu wa Utatu Mtakatifu, pamoja na Mungu Baba na Yesu Kristo Mwana. Mara nyingi hutajwa kama mtu wa tatu wa Utatu, Roho Mtakatifu anafasiriwa kama uwepo na nguvu za Mungu duniani na kwa waamini binafsi.

Katika Agano la Kale, Roho Mtakatifu anapewa picha kama nguvu ya Mungu inayofanya kazi duniani na katika maisha ya watu. Roho anahusishwa kwa karibu na unabii, hekima, na matendo ya miujiza ya nguvu.

Katika Agano Jipya, Roho Mtakatifu anacheza jukumu muhimu katika maisha na huduma ya Yesu Kristo, vilevile katika ukuaji na maendeleo ya kanisa la kwanza la Kikristo. Kabla ya kupaa kwake, Yesu anawaahidi mitume wake Roho Mtakatifu, na siku ya Pentekoste, Roho anashuka juu yao, akiwapa nguvu ya kutangaza Injili na kutenda miujiza ya ishara na maajabu.

Katika Agano Jipya lote, Roho Mtakatifu anapewa picha ya kuwaongoza na kuwawezesha waamini katika maisha yao ya Kikristo na huduma yao. Roho pia anahusishwa na kuhamasisha uandishi wa Maandiko na kuwaongoza waamini katika ukweli wote.

Maneno "Roho Mtakatifu" na "Roho Mtakatifu wa Mungu" mara nyingi hutumika kubadilishana katika tafsiri nyingi za Kiingereza za Biblia, zote zikimrejelea mtu mmoja wa Utatu Mtakatifu. Matumizi ya neno "Roho" katika tafsiri za zamani linaonyesha maana ya zamani ya neno hilo, ambalo lilirejelea kiumbe cha kiroho au essence, badala ya maana ya kisasa ya kiumbe kinachowindwa au cha ajabu.

Kwa mujibu wa Biblia ya NIV Study, marejeleo kadhaa katika Agano Jipya yanadokeza kwamba Luka alikuwa mshirika wa Mtume Paulo (1532). Haya yanapatikana katika Matendo 16:10-17; 20:5-15; 21:1-18; 27:1-28:16; Wakolosai 4:14, na Filemoni 24. Mtume Paulo aliandika vitabu 13 kati ya 27 vilivyothibitishwa katika Agano Jipya.

Uhusiano huu wa karibu na Paulo huenda ukawa umeathiri kuelewa na kusisitiza kwa Luka kuhusu Roho Mtakatifu katika maandiko yake, hasa katika vitabu vya Luka na Matendo.

Barua za Paulo zinahusisha marejeleo mengi kuhusu Roho Mtakatifu, zikisisitiza umuhimu wa Roho katika maisha ya muumini na ukuaji na maendeleo ya kanisa la kwanza. Paulo anazungumza mara kwa mara kuhusu jukumu la Roho katika kuwawezesha waamini, kuwaongoza katika ukweli, na kuzalisha matunda ya kiroho katika maisha yao.

Injili ya Luka na Matendo pia zinasisitiza jukumu la Roho Mtakatifu katika maisha na huduma ya Yesu na kanisa la kwanza. Luka anapomuelezea Yesu kama aliyekuwa amejaa Roho na anayewezeshwa na Roho kutekeleza huduma Yake. Roho pia anacheza jukumu muhimu katika ukuaji na upanuzi wa kanisa la kwanza, kwani waamini wanajazwa na Roho na kupewa nguvu ya kutangaza Injili na kutenda miujiza.

Uhusiano wa karibu kati ya Luka na Paulo, pamoja na mwelekeo wao wa pamoja kuhusu Roho Mtakatifu, unaonyesha jukumu muhimu linalochezwa na Roho katika maisha ya muumini na katika ukuaji na maendeleo ya kanisa la kwanza. Katika Injili ya Luka, jukumu la Roho Mtakatifu linasisitizwa katika nyakati muhimu, hasa katika kuzaliwa kwa Yohana Mbatizaji na Yesu Kristo.

Malaika Gabrieli anamwambia Maria kwamba atapata mtoto kupitia kwa Roho Mtakatifu (Luka 1:35), na Roho Mtakatifu atashuka juu yake ili kumleta ujio wa Yesu. Vivyo hivyo, malaika Gabrieli anamjulisha Zakaria kwamba mtoto wake, Yohana Mbatizaji, atajazwa na Roho Mtakatifu tangu akiwa tumboni mwa mama yake (Luka 1:15). Mzingatio huu juu ya ushiriki wa Roho Mtakatifu katika kuzaliwa kwa watu hawa wawili muhimu unajiandaa kwa majukumu yao makubwa ya kuandaa njia kwa ajili ya Yesu na kutangaza Injili.

Uwepo wa Roho Mtakatifu katika kuzaliwa kwa hawa wawili unasisitiza mafundisho ya kibiblia kwamba Roho Mtakatifu anafanya kazi katika kila sehemu ya uumbaji na ukombozi, akileta malengo ya Mungu na kuwawezesha watu wake kutimiza mapenzi yake.

Katika Injili ya Luka, tangazo la malaika Gabrieli kwa Maria kwamba atapata mtoto kupitia kwa Roho Mtakatifu (Luka 1:35) ni la maana kubwa. "Kuvikwa" kwa Roho Mtakatifu juu ya Maria inajulikana kama njia ambayo Yesu alizaliwa tumboni mwake, na kuleta asili yake ya kipekee kama Mwana wa Mungu.

Neno "kufunikwa" linalotumika katika hadithi ya Luka lina picha za kina, likikumbusha uwepo wa Roho katika Agano la Kale. Katika Kutoka 40:34-35, wingu la utukufu wa Mungu "linakifunika" hema la kukutania, likionyesha uwepo wa Mungu kati ya watu wake. Katika Injili ya Luka, "kufunikwa" kwa Maria na Roho Mtakatifu kwa njia sawa inamaanisha uwepo na ushiriki wa Mungu katika ujio wa Yesu.

Mzingatio huu juu ya jukumu la Roho Mtakatifu katika kuzaa kwa Yesu linasisitiza asili yake ya kimungu na nafasi yake ya kipekee katika mpango wa Mungu wa ukombozi. Pia inatoa msisitizo juu ya jukumu kuu ambalo Roho Mtakatifu anacheza katika kutimiza malengo ya Mungu na kuwawezesha watu wake kutekeleza mapenzi yake.

Maria anapomtembelea jamaa yake Elizabeti, ambaye ana mimba ya miezi sita na Yohana Mbatizaji, jambo la ajabu linatokea: Yohana anaruka tumboni mwa Elizabeti aliposikia sauti ya Maria. Elizabeti, akiwa amejazwa na Roho Mtakatifu, anatoa unabii kwamba Maria na mtoto wake aliye tumboni ni wenye baraka (Luka 1:41-45). Maneno ya unabii ya Elizabeti yanatambua asili ya kimungu ya mtoto wa Maria na kutambua jukumu lake maalum katika mpango wa ukombozi wa Mungu. Anatangaza kwamba Maria ni mama wa Bwana na kwamba mtoto wake atatimiza ahadi alizotoa Mungu kwa Israeli. Maneno yake pia yanathibitisha imani ya Maria na utiifu wake kwa Mungu, na kusisitiza umuhimu wa Roho Mtakatifu katika kutekeleza malengo ya kimungu ya Mungu.

Mkutano huu kati ya Maria na Elizabeti unasisitiza uhusiano wa kina kati ya Yesu na Yohana Mbatizaji, ambaye jukumu lake lilikuwa kuandaa njia kwa ajili ya Masihi. Pia inasisitiza jukumu kuu la Roho Mtakatifu katika matukio yanayozunguka kuzaliwa kwa Yesu na sehemu muhimu ambayo Roho anacheza katika kutimiza mpango wa ukombozi wa Mungu.

Wakati Zakaria anapopata tena usemi wake baada ya kupigwa kimya kwa kutilia shaka ujumbe wa malaika Gabrieli, anajazwa na Roho Mtakatifu na anatoa unabii kuhusu jukumu la mtoto wake Yohana Mbatizaji katika kuandaa njia kwa Bwana (Luka 1:67-80). Unabii wa Zakaria unasisitiza umuhimu wa kuzaliwa kwa Yohana na kazi yake ya kuandaa njia kwa ajili ya Masihi. Anakubali kwamba Mungu ametimiza ahadi zake kwa Israeli kwa kumtuma Mwokozi ili kuwakomboa watu wake, na anamsifu Mungu kwa ajili ya wokovu utakaokuja kupitia mtoto ambaye mke wake Elizabeti atazaa.

Injili ya Luka inasisitiza jukumu muhimu la Roho Mtakatifu katika matukio yanayozunguka kuzaliwa kwa Yohana Mbatizaji na Yesu Kristo, ikionyesha ushiriki wa Roho katika kutimiza mpango wa ukombozi wa Mungu. Hata hivyo, kazi ya Roho Mtakatifu inazidi zaidi ya matukio haya. Katika Agano Jipya, Roho anahusishwa na kuwa na ushiriki muhimu katika maisha ya waamini, akiwawezesha kutumikia Mungu na kushuhudia injili ya Kristo.

Roho Mtakatifu pia alicheza jukumu muhimu katika kufunua mipango ya Mungu kupitia unabii katika Agano la Kale, na hii iliendelea katika Agano Jipya. Kwa mfano, katika Luka 2:25-33, tunaona ushiriki wa Roho katika kufunua mpango wa Mungu kwa ajili ya Masihi kwa Simeoni, Myahudi mcha Mungu. Roho Mtakatifu alikuwa ameahidi kwa Simeoni kwamba hangekufa kabla ya kumuona Kristo wa Bwana.

Wakati Maria na Yosefu walipomleta Yesu hekaluni kwa ajili ya kumtenga, Roho aliongoza Simeoni hadi hekaluni wakati ule ule. Alipomwona Yesu, Simeoni alimtwaa mikononi mwake na kumtukuza Mungu, akisema, "Bwana Mfalme, kama ulivyoahidi, sasa unaweza kumruhusu mtumishi wako aende kwa amani. Kwa maana macho yangu yameona wokovu wako, ulioandaliwa mbele za mataifa yote: mwanga kwa ajili ya ufunuo kwa Mataifa, na utukufu wa watu wako Israeli" (Luka 2:29-32).

Zaidi ya hayo, Simeoni alitabiri kwamba Yesu angesababisha mgawanyiko ndani ya Israeli na kwamba mama yake, Maria, angepata huzuni kwa ajili yake. Unabii huu ulitimia, kwani mafundisho na matendo ya Yesu kwa kweli yalisababisha mgawanyiko miongoni mwa watu wa Israeli, na Maria alijua huzuni kubwa wakati wa kifo cha mtoto wake.

Ushirikiano wa Roho Mtakatifu katika kufunua mipango ya Mungu kupitia unabii ni mada inayojirudia kote katika Biblia. Inakuwa ushahidi wa utawala wa Mungu na hamu yake ya kuwasiliana na watu wake.

Kabla ya Yesu kuanza huduma yake, kulikuwa na matukio mawili muhimu ambayo yalikuwa muhimu kuthibitisha utambulisho na huduma yake. Moja ya haya ni tamko la Yohana Mbatizaji kwamba Yesu atabatiza kwa Roho Mtakatifu, kama ilivyonukuliwa katika Luka 3:16. Tamko la Yohana lilimwonyesha Yesu kama Masihi, yule ambaye angeleta kutimizwa kwa wokovu wa Mungu ambao alikuwa ameahidi kwa muda mrefu kwa watu wake.

Tukio lingine muhimu lilikuwa ubatizo wa Yesu mwenyewe na Yohana, ambapo Roho Mtakatifu alishuka juu yake kwa njia ya njiwa, kama ilivyoelezwa katika Luka 3:22. Moment hii haikuthibitisha tu utambulisho wa Yesu kama Mwana wa Mungu, bali pia ilianisha kuanza kwa huduma yake ya hadharani.

Ubatizo wa Yesu ni tukio muhimu katika Injili, ukionesha mwanzo wa huduma yake duniani na kuonyesha uhusiano wake wa kipekee na Mungu Baba na Roho Mtakatifu. Tukio hili pia linakuwa mfano wa ubatizo wa Kikristo, ukionesha kifo cha nafsi ya zamani na ufufuo kwa maisha mapya katika Kristo.

Matukio haya yanaonyesha jukumu muhimu la Roho Mtakatifu katika huduma ya Yesu, yakisisitiza jinsi Roho anavyowawezesha na kuwaongoza waamini katika safari zao za kiroho na huduma zao.

Baada ya ubatizo wake, Yesu aliongozwa na Roho Mtakatifu kwenda nyikani, ambapo alifunga kwa siku arobaini na kukutana na majaribu kutoka kwa shetani. Ingawa Yesu alikuwa mungu kikamilifu, alikubali kabisa ubinadamu wake, na utegemezi wake kwa Roho Mtakatifu wakati huu unasisitiza kutegemea kwake nguvu na miongozo ya Mungu.

Baada ya muda wake nyikani, ambapo alitiwa nguvu na Roho Mtakatifu, Yesu alianza huduma yake ya hadharani kwa nguvu ya Roho, akiwa amejaa vifaa vyote kwa ajili ya huduma aliyokuwa nayo mbele.

Tukio muhimu katika hatua za mwanzo za huduma yake lilikuwa wakati Yesu alipokuwa akisoma kutoka kwa Maandiko katika sinagogi na kutangaza uteuzi wake na Roho, kama ilivyonukuliwa katika Luka 4:18-19. Kipengele hiki, kilichonukuu kutoka kwa nabii Isaya, kinasisitiza huduma ya Yesu ya kuleta habari njema kwa maskini, kutangaza uhuru kwa wafungwa, na kutangaza mwaka wa kibali cha Bwana.

Katika huduma yake yote, Yesu alitegemea daima Roho Mtakatifu kwa miongozo na nguvu ili kutimiza mapenzi ya Mungu. Mfano wake unakuwa mfano kwa waamini wa leo, ukitufundisha umuhimu wa kutegemea nguvu na miongozo ya Mungu katika maisha yetu na huduma zetu.

Baada ya Yesu kurudi kutoka kwa kipindi chake cha majaribu nyikani, alianza huduma yake ya hadharani, akiwa amejaa nguvu za Roho Mtakatifu. Luka 4:14 inasema, "Yesu alirudi Galilaya kwa nguvu za Roho, na habari zake zikaenea katika nchi yote ya karibu."

Mistari hii inasisitiza kwamba huduma ya Yesu haikuwa matokeo ya juhudi au uwezo wake wa kibinadamu pekee, bali ilikuwa ni matokeo ya nguvu za Roho Mtakatifu zilizofanya kazi kupitia kwake. Neno la Kiyunani "dunamis," linalotumika hapa kwa "nguvu," linarejelea uwezo wa kimungu au nguvu zinazozidi uwezo wa kibinadamu.

Kwa nguvu za Roho Mtakatifu, Yesu alifanya miujiza, aliponya wagonjwa, na kutangaza ufalme wa Mungu kwa mamlaka na wazi. Huduma yake ilijulikana kwa nguvu ya kimuujiza ambayo ilikuwa dhahiri kwa kila aliyejua au kukutana naye, na nguvu hii ilitokana moja kwa moja na utegemezi wake kwa Roho Mtakatifu.

Kama waamini, sisi pia tunaitwa kutegemea nguvu za Roho Mtakatifu ili kutimiza mapenzi ya Mungu katika maisha yetu na huduma zetu. Kupitia nguvu za Roho, tunaweza kutimiza mambo zaidi ya uwezo wetu wa kawaida na kuwa na athari ya kudumu katika ufalme wa Mungu.

Baada ya sura za mwanzo zinazozungumzia Yohana Mbatizaji na kuzaliwa na maisha ya awali ya Yesu, Luka anahamia kuzungumzia mafundisho na huduma ya Yesu katika sura za baadaye za Injili.

Ingawa sura za kwanza za Luka zina maelezo mengi zaidi kuhusu Roho Mtakatifu, uwepo wake na ushawishi wake unahisiwa katika sehemu zote za Injili. Kwa mfano, huduma ya Yesu inaonyeshwa na miujiza mingi na uponyaji ambayo inatokana na nguvu za Roho Mtakatifu (kwa mfano, Luka 5:17; 6:19).

Katika sura zilizobaki za Injili yake, Luka anasisitiza mafundisho ya Yesu, ambayo yanajumuisha baadhi ya methali maarufu za Yesu, kama vile Samaria Mwema (Luka 10:25-37) na Mwana Mpotevu (Luka 15:11-32).

Katika Injili ya Luka, Roho Mtakatifu anahusishwa kama sehemu muhimu ya huduma ya Yesu na maisha ya wafuasi wake. Roho Mtakatifu anampa Yesu na wanafunzi wake nguvu ya kutimiza mapenzi ya Mungu, na anatoa miongozo na nguvu katika kukutana na upinzani na mateso. Uwepo na kazi ya Roho Mtakatifu ni ukumbusho wenye nguvu wa ushiriki wa Mungu unaoendelea duniani na hamu yake ya kufanya kazi kwa ukamilifu katika maisha ya watu wake.

Katika Injili yake na kitabu cha Matendo, Luka anasisitiza jukumu muhimu la Roho Mtakatifu katika maisha ya waamini. Katika Injili ya Luka, Roho Mtakatifu anaonyeshwa kuwa hai katika mimba na kuzaliwa kwa Yesu, pamoja na katika huduma yake ya hadharani. Yesu mwenyewe amejaa Roho Mtakatifu, na anatekeleza miujiza yake kupitia nguvu za Roho.

Luka anaendelea na mada hii katika kitabu cha Matendo kwa kuonyesha jinsi Roho Mtakatifu anavyowapa nguvu wanafunzi kuendeleza missioni ya Yesu baada ya kupaa kwake. Kuja kwa Roho Mtakatifu katika Pentekoste ni tukio muhimu katika historia ya Kanisa la awali, kwani linaashiria mwanzo wa huduma za wanafunzi na kueneza ujumbe wa injili.

Roho Mtakatifu anahusishwa kama chanzo cha nguvu kwa ajili ya kuhubiri kwa wanafunzi na miujiza yao. Katika Matendo, Roho anawaongoza na kuwasukuma Kanisa la awali, akiwawezesha waamini kutangaza injili kwa ujasiri, hata wakati wa mateso.

Lengo la Luka katika kuzingatia Roho Mtakatifu linaonyesha umuhimu wa kazi ya Roho Mtakatifu katika maisha ya kila mfuasi. Roho Mtakatifu anatoa nguvu kwa ajili ya maisha ya Kikristo na huduma, na ni kupitia uwezeshaji wake kwamba waamini wanaweza kutimiza missioni ya Yesu na kushiriki injili na dunia.

Mtume Petro ananukuu kifungu kutoka katika kitabu cha Matendo, sura 1, mstari 16, ambapo anazungumzia hitaji la kumtunga Yuda Iskarioti ambaye alimsaliti Yesu. Petro ananukuu kifungu kutoka katika Zaburi kuhusu hatima ya Yuda na anaihusisha na Mfalme Daudi, ambaye aliandika Zaburi nyingi.

Petro anapendekeza kwamba Daudi hakuwa akizungumzia tu kutoka kwa mawazo na hisia zake mwenyewe, bali alikuwa ametiwa hamu na Roho Mtakatifu kuandika Zaburi. Uelewa huu unalingana na imani ya kitamaduni ya Kikristo kwamba Biblia imehamasishwa na Mungu na ina ujumbe kwa watu wote.

Katika Matendo sura ya 2, matukio ya Pentekoste yanaelezwa, wakati Roho Mtakatifu alishuka juu ya wanafunzi huko Yerusalemu. Wakati huu mara nyingi huchukuliwa kama mwanzo wa Kanisa la Kikristo, kwani ni wakati ambao wanafunzi walipokea nguvu ya kueneza ujumbe wa Yesu Kristo kwa dunia.

Kulingana na maandiko, wanafunzi walikusanyika katika chumba walipokuwa Roho Mtakatifu akishuka juu yao kwa namna ya lugha za moto. Walijazwa na Roho na kuanza kusema kwa lugha mbalimbali, na hivyo kuweza kuwasiliana na umati wa watu waliokusanyika Yerusalemu kwa sherehe ya Pentekoste.

Kwa matokeo ya tukio hili lenye nguvu, watu wengi waligeuzwa na kuwa waumini wa Kikristo, na wanafunzi walianza kueneza mafundisho ya Kristo, wakianzisha misingi ya Kanisa la Kikristo. Ingawa baadhi wanaweza kuona tukio hili kama kuashiria mwanzo wa enzi ya kanisa katika Ukristo, dhana ya Kanisa ni ngumu na yenye nyanja nyingi, na asili na maendeleo yake hayawezi kupunguziliwa kwa tukio moja tu.

Katika Matendo 2, Petro anatoa mahubiri ya ujasiri kwa umati mkubwa uliokusanyika Yerusalemu siku ya Pentekoste. Huu ulikuwa ni wakati muhimu katika maisha ya Petro, kwani alikataa kumtambua Yesu mara tatu wakati wa msalaba. Sasa, akiwa amejazwa na Roho Mtakatifu, alitangaza kwa ujasiri ujumbe wa Kristo.

Ujumbe wa Petro ulikuwa umejikita katika unabii wa Yoeli, ambao ulitabiri wakati ambapo Mungu angesambaza Roho wake kwa watu wote, akiwwezesha kutoa unabii na kufanya ishara na miujiza. Petro alitangaza kwamba unabii huu unatimilika mbele ya macho yao, kwani Roho Mtakatifu alikuwa amemwagwa juu ya wanafunzi.

Petro kisha akawahimiza watu watubu na kubatizwa kwa jina la Yesu Kristo ili wapate ondoleo la dhambi zao, akawaahidi pia zawadi ya Roho Mtakatifu. Wengi walijibu ujumbe wa Petro, na Kanisa la Kikristo lilianza kukua kwa haraka.

Wakati huu unachukuliwa kama hatua muhimu katika historia ya Ukristo, kwani ni wakati ambao unawakilisha mwanzo wa Kanisa na kuenea kwa ujumbe wa Injili duniani kote.

Katika Matendo 5, Anania na mkewe Safira walimuuza kipande cha mali na kuleta sehemu ya mapato kwa mitume kama sadaka. Hata hivyo, walidanganya na kudai kwamba walileta kiasi kamili kutoka kwa mauzo, wakati wakificha sehemu ya pesa kwa siri kwa ajili yao wenyewe.

Petro alipoikemea Anania kuhusu udanganyifu wake, alieleza wazi kwamba Anania alikuwa ameudanganya siyo tu yeye na mitume wengine, bali pia aliudanganya Roho Mtakatifu na Mungu mwenyewe. Uwepo wa Roho Mtakatifu katika jamii ya Kikristo ulionekana kuwa muhimu sana kiasi kwamba udanganyifu wowote ulionekana kuwa kosa dhidi ya Roho wa Mungu.

Anania alianguka na kufa mara moja kama matokeo ya udanganyifu wake, na baadaye mkewe Safira alikufa pia alipoletwa mbele yake kuhusu udanganyifu wao. Tukio hili linatufundisha kwa nguvu umuhimu wa uaminifu na uadilifu katika jamii ya Kikristo na madhara makubwa yanayoweza kutokea kutokana na udanganyifu na uongo.

Katika Matendo 6 na 7, Stefano, mmoja wa wanaume saba walioteuliwa kusaidia mitume katika huduma zao, anakuwa shahidi wa kwanza wa Kikristo. Huduma ya Stefano ilijulikana kwa mahubiri yenye nguvu na ishara za miujiza, ambazo ziliwavutia viongozi wa kidini huko Yerusalemu. Mashtaka ya uongo yalitolewa dhidi yake, wakidai kuwa alisema dhidi ya Hekalu na Sheria ya Musa. Stefano alipoletewa mbele ya Baraza, alitoa utetezi mzito wa imani yake, akieleza historia ya uhusiano wa Mungu na Israeli na kuwashutumu viongozi wa kidini kwa kupinga Roho Mtakatifu.

Wanachama wa Baraza walikasirika sana kwa maneno ya Stefano na walikimbilia kumuuwa. Akiwa amejaa Roho Mtakatifu, Stefano alitazama juu na akaona maono ya Mungu na Yesu. Aliwasamehe wauaji wake, akirudia msamaha ambao Yesu alitoa akiwa msalabani.

Sauli, ambaye baadaye angekuwa Mtume Paulo, alikuwepo katika kuuawa kwa Stefano na alikubali tukio hili. Tukio hili lilikuwa mwanzo wa kipindi cha mateso kwa Kanisa la Kikristo la mapema, lakini pia lilikuwa ushahidi imara wa imani na kujitolea kwa waumini wa awali.

Katika Matendo 9, tunaona uongofu wa kushangaza wa Sauli, mpinzani mkali wa Ukristo, ambaye baadaye alipewa jina la Paulo. Uongofu huu ulianzishwa na Roho Mtakatifu na ulisababisha Paulo kuwa mmoja wa wamishonari na wanafalsafa wa Kikristo waliokuwa na ushawishi mkubwa.

Baadaye, katika Matendo 13, tunaona Paulo na Barnaba wakitengwa kwa huduma maalum kwa mwongozo wa Roho Mtakatifu. Paulo, aliyejaa Roho, anamkemea mchawi mvuvi ambaye alijaribu kuingilia mahubiri yake. Tukio hili linadhihirisha nguvu ya Roho Mtakatifu ya kuwapa waamini uwezo na nguvu za kutenda huduma.

Katika kitabu cha Matendo, tunashuhudia Roho Mtakatifu akiongoza na kuelekeza Kanisa la awali, akitoa faraja, nguvu, na furaha kwa waamini. Hata hivyo, pia tunaona Roho Mtakatifu akizuia vitendo au mwelekeo fulani. Kwa mfano, katika Matendo 16, Roho Mtakatifu anazuia Paulo na Sila kutangaza habari njema katika Asia au Bithynia.

Roho Mtakatifu anamwonya Paulo kuhusu mateso yanayomsubiri katika kila mji (Matendo 20:23). Bila kujali hayo, Paulo anawakumbusha wazee wa Efeso kuhusu wajibu wao kama wasimamizi, walioteuliwa na Roho (20:28). Wanafunzi wa Siria, kwa njia ya Roho, wanamwonya Paulo asiende Yerusalemu (21:4), na nabii aitwaye Agabu anathibitisha kwamba Paulo atakamatwa na watu wa mataifa wasioamini mikononi mwa Wayahudi huko Yerusalemu (21:10-11). Mapema, Roho alimhamasisha Agabu kutabiri njaa ya kimataifa (11:28), ambayo ilitokea wakati wa utawala wa mfalme Claudius. Paulo alipop arrive Roma, alisema kwamba Roho alizungumza kupitia Isaya kuhusu kutokuamini kwa watu (28:25).

Matendo pia yanarekodi miujiza iliyofanywa na mitume waliokuwa wamejaa Roho. Kwa mfano, mchawi aitwaye Simoni alikemewa kwa kujaribu kutoa rushwa kwa mitume ili apokee kipawa cha Roho Mtakatifu (Matendo 8:14-24). Katika mistari 15-16, tunajifunza kwamba ingawa Samaria ilikuwa imepokea Injili, Roho Mtakatifu bado alikuwa hajaja juu yao. Matendo 19:1-7 inaelezea ziara ya Paulo huko Efeso, ambapo anakutana na waamini takriban kumi na wawili ambao walijua tu ubatizo wa Yohana Mbatisaji. Baada ya Paulo kuwaelezea kuhusu Yesu, walipokea Roho Mtakatifu.

Roho pia anasema katika Matendo 8:29, akimhimiza Filipo kumshuhudia Mweuthi. Baada ya mabadiliko ya Mweuthi, Roho Mtakatifu anamhamasisha Filipo na kumhamasisha kwenda jiji lingine (8:39). Katika Matendo 9:31, Roho anafariji kanisa linalokua kila siku. Neno la Kigiriki linalotumika kwa faraja ya Roho ni "paraklesis," linayotokana na "parakalein," linalomaanisha kuhimiza au kutia moyo (Barclay, 1974, 217-18). Roho anatoa maagizo ya kiroho kwa waamini katika Matendo 15:28-29.

Petro alipokea maono akifundishwa kukubali Mataifa, na Roho anamuambia kwamba watu watatu wametumwa na Roho ili kumkuta (10:19-20). Katika Matendo 10:44-48, tunaona Roho akishuka juu ya Mataifa, kuthibitisha ushiriki wao katika imani ya Kikristo. Petro anasimulia matukio haya katika Matendo 11:12-18 na tena katika 15:8-11.

Roho Mtakatifu anachukua jukumu kuu katika Injili ya Luka na Kitabu cha Matendo. Bila mwongozo na nguvu ya Roho, huduma ya Kristo na Kanisa la awali lisingekuwa na athari kubwa kama ilivyokuwa.

Nabii Zekaria alitangaza kwamba si kwa nguvu au uwezo, bali kwa Roho ndipo kazi ya Bwana inatekelezwa. Ukweli huu unarudiwa katika Agano Jipya na unaonekana hasa katika huduma ya Yesu na Kanisa la awali, kama inavyorekodiwa katika Luka-Matendo.

Dai la Barclay kwamba Kanisa la awali lilikuwa ni jamii inayongozwa na Roho linathibitishwa na hadithi ya kibiblia. Roho Mtakatifu anonyeshwa kuwa active na akifanya kazi katika maisha ya waamini, akiwongoza katika huduma zao na kuwapa nguvu ya kutangaza ujumbe wa Injili kwa ujasiri na ufanisi.

Inawezekana kuwa, bila mwongozo wa Roho Mtakatifu, maandiko ya Luka-Matendo yasingeweza kukamilika. Roho alichukua jukumu muhimu katika kuhamasisha na kuongoza waandishi wa Maandiko, na ushawishi wake unaonekana katika kila ukurasa wa Biblia.

SURA YA 08

Agano na Madaraka ya Roho Mtakatifu

Roho Mtakatifu ameunganishwa kwa karibu na agano kadhaa na majukumu katika imani ya Kikristo. Baadhi ya uhusiano muhimu ni pamoja na:

1. **Agano Jipya**: Roho Mtakatifu anachukua jukumu muhimu katika Agano Jipya, ambalo lilitabiriwa katika Agano la Kale na kutimizwa kupitia Yesu Kristo. Agano hili linajulikana kwa msamaha wa dhambi na uwepo wa Roho Mtakatifu katika waamini. Roho Mtakatifu si tu anayethibitisha waamini katika Agano Jipya bali pia anawapa nguvu kuishi kulingana na masharti yake.
2. **Mfariji**: Katika Yohana 14:26, Yesu anamwita Roho Mtakatifu "Mfariji," akionyesha jukumu la Roho kama msaidizi, mshauri, na mpenzi kwa waamini. Roho Mtakatifu anatoa faraja na mwongozo, akiwasaidia Wakristo kupitia maisha yao ya kila siku na kubaki waaminifu kwa mapenzi ya Mungu.
3. **Mtakatifu**: Roho Mtakatifu mara nyingi anaitwa Mtakatifu kwa sababu ya jukumu lake muhimu katika mchakato wa utakaso. Mabadiliko haya yanayoendelea humsaidia muumini kuwa mfano wa Kristo zaidi, kwani Roho

Mtakatifu anafanya kazi ndani yao kubadilisha mioyo yao, kuwapa nguvu kwa maisha matakatifu, na kuwasaidia kuonyesha tabia ya Kristo.

4. **Roho wa Ukweli**: Yesu pia alimtaja Roho Mtakatifu kama "Roho wa Ukweli" katika Yohana 16:13. Roho Mtakatifu amepewa jukumu la kuwaongoza waamini kwenye ukweli wote, akiwasaidia kutofautisha kati ya ukweli na uongo na kuishi kulingana na ukweli uliofunuliwa na Mungu.

5. **Roho wa Ukoo**: Roho Mtakatifu anaitwa "Roho wa Ukoo" katika Warumi 8:15. Kichwa hiki kinasisitiza kuwa kupitia Roho Mtakatifu, waamini wanakubaliwa katika familia ya Mungu, wakipata haki ya kumwita Mungu "Abba, Baba."

Hizi ni baadhi tu ya majukumu na uhusiano wa Roho Mtakatifu katika fundisho la Kikristo.

Tunapozungumzia "Agano la Neema," tunazungumzia makubaliano yaliyofanywa kati ya Watu watatu wa Utatu—Baba, Mwana, na Roho Mtakatifu—kwa ajili ya wokovu wa waliochaguliwa, yaliyofanywa kabla ya kuanzishwa kwa dunia. Neno "madaraka" linahusu majukumu maalum na wajibu ambao Roho Mtakatifu alikubaliana kutekeleza kama sehemu ya agano hili, na lengo kuu ni kuleta wokovu wa waliochaguliwa.

Ni muhimu kufafanua kwamba neno "madaraka" halikusudii kuonyesha udogo au chini ya Roho Mtakatifu ukilinganishwa na Watu wengine wa Utatu. Badala yake, linamaanisha tu majukumu na majukumu tofauti ambayo Roho Mtakatifu alikubaliana kutekeleza kama sehemu ya mpango huu wa kimungu. Katika Maandiko, neno "ofisi" linatumika mara nyingi kuelezea majukumu maalum au kazi zilizowekwa kwa watu, kama vile ofisi ya ukuhani (Kutoka 28:1) au ofisi ya mitume (Warumi 11:13).

Neno "huduma" linaweza pia kutumika kuelezea majukumu na maeneo mbalimbali ambayo Mwana na Roho Mtakatifu walichukua katika Agano la Neema. Kama ilivyosemwa awali, ingawa Watu watatu wa Utatu ni sawa katika Uungu wao, majukumu maalum na kazi wanazotekeleza ndani ya agano hazipunguzi usawa wao, heshima yao, wala utukufu wao.

Kujitolea kwa hiari kwa majukumu haya ya agano na Mwana na Roho Mtakatifu ni onyesho la kina la unyenyekevu wao usio na kipimo na upendo wao kwa waliochaguliwa. Wanajihusisha kwa hiari katika majukumu maalum ili kuleta baraka zisizoelezeka kwa wanadamu, wakionyesha neema na huruma yao. Kitendo hiki cha upendo hakipunguzi usawa wao wa asili katika Uungu.

Kwa hiyo, neno "huduma" linatumika kama maelezo muhimu ya majukumu maalum ambayo Roho Mtakatifu alichukua kama sehemu ya Agano la Neema. Na kama ulivyosema, Agano la Neema ni dhana ya thamani kubwa kwa wale wenye ufahamu wa nuru na moyo wa imani. Ukweli kwamba Watu watatu wa Uungu wangekubaliana kuingia katika makubaliano ya kiapo kwa niaba ya wanadamu waliodhoofika ni ushahidi wa kina wa upendo wao na neema.

Agano la Neema linatoa msingi thabiti kwa wokovu wa Kanisa, bila nafasi ya masharti au kutokuwa na uhakika. Ni agano lisilobadilika na amri ya milele, ikihakikishia uwepo na ustawi wa waliochaguliwa milele. Ukweli huu ni chanzo cha hofu kubwa na ibada, kwani unadhihirisha hekima isiyo na kipimo na upendo wa Mungu wa Utatu.

Hatimaye, Agano la Neema linasimama kama onyesho la kupendeza la neema na huruma ya Mungu kwa wanadamu waliodhoofika. Ni makubaliano ya kiapo kati ya Watu watatu wa Utatu, na masharti yaliyowekwa kwa ajili ya wokovu wa waliochaguliwa, sio kwa misingi ya sifa zao au matendo yao, bali kwa haki kamili ya Kristo. Ukweli kwamba Mungu angeingia katika agano kama hili, akitoa masharti ya neema kwa ajili ya wokovu, ni jambo la ajabu na chanzo cha shukrani isiyo na mwisho na sifa.

Ukweli kwamba Watu watatu wa Uungu wangeingia katika agano la kiapo kwa niaba ya wanadamu waliodhoofika na wenye hatia ni onyesho la kupendeza la upendo wao na huruma kwa sisi. Inaleta hofu na ibada, tunapozungumzia hekima isiyo na kipimo na neema ya Mungu katika kutoa masharti kama haya kwa ajili ya wokovu wetu.

Agano la Neema linatoa msingi thabiti na usioweza kutetereka kwa wokovu wa Kanisa, likitoa tumaini la uhakika kwa wote wanaoamini katika Kristo. Linategemea tabia isiyobadilika ya Mungu, ahadi Zake zisizovunjika, na haki kamili ya Kristo. Kwa waamini, ni chanzo cha faraja kubwa na usalama, kikihakikisha wokovu wao wa milele na sehemu yao katika familia ya Mungu.

Ofisi ya Agano ya Roho Mtakatifu: Utakasaji

Moja ya majukumu muhimu ya Roho Mtakatifu katika Agano la Neema ni utakasaji. Utakasaji unahusu mchakato ambapo Roho Mtakatifu anafanya kazi katika maisha ya waamini ili kuwafanya kuwa kama Kristo. Mchakato huu unahusisha mabadiliko ya kila mara ya mawazo, mitazamo, na vitendo vya mfuasi ili kuendana na viwango vya maadili na tabia vilivyowekwa katika Maandiko.

Jukumu la Roho Mtakatifu katika utakasaji ni muhimu kwa ukuaji wa kiroho wa mfuasi. Ni kazi ya kila mara ya Roho Mtakatifu katika moyo na akili ya Mkristo—akimlaumu kwa dhambi, akiwasindikiza katika kweli yote, na kuwapa uwezo wa kuishi maisha yanayo heshimu na kumpendeza Mungu.

Utakasaji si sehemu ya hiari katika maisha ya Kikristo; ni muhimu. Kazi ya Roho Mtakatifu ni kutufanya polepole kuwa mfano wa Kristo. Wakati waamini wanapojitolea kwa mwongozo Wake, wanashapewa na kubadilishwa ili kuonyesha mfano Wake zaidi na zaidi.

Kwa maana hii, utakasaji si kitu tunachoweza kufanikisha kwa juhudi zetu wenyewe bali ni mchakato unaofanyika ndani yetu na Roho Mtakatifu. Tunaposhirikiana na kazi Yake katika maisha yetu, tunaweza kupata furaha na amani zinazotokana na kudumisha uhusiano wetu na Kristo na kuwa kama Yeye zaidi.

Ingawa kazi ya Roho Mtakatifu ya utakasaji ni sehemu kuu ya ofisi Yake ya agano, siyo jukumu pekee analo tekeleza katika Agano la Neema. Roho Mtakatifu pia anatulaumu kwa dhambi (Yohane 16:8), anatufanya kuwa viumbe wapya (Tito 3:5), anatuhakikisha (Waefeso 1:13), anatupa nguvu kwa ajili ya huduma (Matendo 1:8), anatuombea (Warumi 8:26-27), na anatuongoza katika ukweli wote (Yohane 16:13).

Zaidi ya hayo, jukumu la Roho Mtakatifu linazidi maisha ya waamini binafsi. Anafanya kazi ndani ya Kanisa na kupitia Kanisa, akiwapa wanachama wake nguvu kwa ajili ya huduma na kuwaandaa kwa huduma (Waefeso 4:11-13). Roho Mtakatifu anawaunganisha waamini kuwa mwili mmoja, Kanisa (1 Wakorintho 12:12-13), na anawawezesha Kanisa kutimiza huduma yake ya kuwafundisha mataifa yote (Mathayo 28:19-20).

Kwa muhtasari, ofisi ya agano ya Roho Mtakatifu ni ya kipevu, inahusisha aina mbalimbali za vitendo na tabia. Ingawa utakasaji ni sehemu muhimu ya kazi Yake, ni sehemu moja tu ya picha pana ya jukumu la Roho Mtakatifu ndani ya na kupitia Kanisa kama sehemu ya Agano la Neema.

Kazi ya Roho Mtakatifu ya utakasaji ni muhimu kwa wokovu wa Kanisa. Falli ya Adamu ilileta dhambi na kifo duniani, ikaziingiza binadamu wote katika giza la kiroho na kutengwa na Mungu. Ni kupitia kazi ya Roho Mtakatifu pekee waamini wanaweza kufanywa upya, kubadilishwa, na kutakaswa, kurejesha uhusiano wao na Mungu na kuwaandaa kwa maisha ya milele pamoja Naye.

Kazi ya Roho Mtakatifu ya utakasaji ni kuendelea kwa ukombozi uliofanywa na Kristo msalabani. Kupitia kifo na ufufuo wake, Kristo alitoa njia ya msamaha wa dhambi na kurejesha uhusiano uliovunjika kati ya Mungu na wanadamu. Roho Mtakatifu anatekeleza faida za kazi ya Kristo kwa waamini, akiwapa nguvu kuishi maisha matakatifu na kukua kuwa kama Kristo.

Utakasaji, unaoongozwa na Roho, ni mchakato wa kubadilika hatua kwa hatua, ambapo waamini wanabadilishwa zaidi na zaidi kuwa mfano wa Kristo. Mchakato huu unahusisha kuua dhambi, kukuza utakatifu, na kukuza ukuaji wa kiroho. Ni safari endelevu ya maisha, ambayo haitakamilika kabisa hapa duniani, bali itakamilishwa katika umilele.

Kwa msingi, jukumu la Roho Mtakatifu katika utakasaji ni sehemu muhimu ya wokovu wa Kanisa. Bila kazi hii, hakuna mtu atakayefanywa mtakatifu au kuwa tayari kwa uwepo wa Mungu (Waebrania 12:14). Kupitia nguvu ya kubadilisha ya Roho Mtakatifu, waamini wanatakaswa, kurejeshwa, na kuandaliwa kwa maisha ya milele pamoja na Mungu.

Kazi ya utakasaji ya Roho Mtakatifu ilikuwa muhimu kwa wokovu wa Kanisa. Dhambi ilikuwa imesababisha wanadamu kuanguka katika kifo cha kiroho na kupotosha mfano wa Mungu ambao waliumbwa nao. Kazi ya Roho Mtakatifu ni kurejesha na kukamilisha mfano huo, kuwakidhi waliochaguliwa kwa mfano wa Kristo (Warumi 8:29). Kupitia utakasaji wa Roho, waamini wanakuwa tayari kwa maisha ya milele mbele ya Mungu mtakatifu, na wanaandaliwa kuishi maisha ya utakatifu na utiifu kwa mapenzi Yake.

Kwa kweli, ofisi ya agano ya Roho Mtakatifu ya utakasaji ni ya lazima kwa wokovu wa Kanisa.

Ingawa ukombozi wa Kristo msalabani ni muhimu kwa wokovu wa wenye dhambi, haukamiliki peke yake. Kazi ya utakasaji ya Roho Mtakatifu ni muhimu kwa kutekeleza faida za ukombozi wa Kristo kwa mfuasi binafsi. Bila kazi ya utakasaji ya Roho Mtakatifu, mtenda dhambi angeliendelea kubaki katika hali yao ya asili ya dhambi na uasi, wasiweze kuingia katika ushirika na Mungu au kufurahia baraka zote za wokovu. Kama vile Yesu anavyosema katika Yohane 3:5, "Amin, amin, nakuambia, mtu asipozaliwa kwa maji na kwa Roho, hawezi kuingia katika ufalme wa Mungu."

Mungu si tu mwenye haki bali pia mtakatifu, na upatanisho na Yeye unahitaji hali ya kisheria na utakatifu wa kibinafsi. Kazi ya Roho Mtakatifu ya utakasaji ni muhimu kubadilisha mioyo na maisha ya waliochaguliwa, kuwaandaa kusimama mbele ya uwepo mtakatifu wa Mungu. Bila utakasaji huu, ukombozi ulioletwa na Kristo usingekuwa kamili na haugeweza kuwa na ufanisi katika kuwaleta wenye dhambi katika utakatifu na umoja na Mungu. Kama vile mtume Paulo anavyosema katika 1 Wakorintho 6:11, "Lakini mmeliwa, mmetakaswa, mmethibitishwa katika jina la Bwana Yesu Kristo na kwa Roho wa Mungu wetu."

Katika maono ya Isaya ya chumba cha enzi cha mbinguni, anawaona serafimu wakizunguka kiti cha enzi cha Mungu, wakisema, "Mtakatifu, mtakatifu, mtakatifu ni Bwana wa majeshi; dunia yote imejaa utukufu wake!" (Isaya 6:3, ESV). Kurudia kwa mara tatu kwa neno "mtakatifu" kunasisitiza usafi kamili na ukamilifu wa asili ya Mungu na kuonyesha heshima ambayo malaika wanayo wanapomkaribia.

Basi, vipi wanyang'anyi wasiotakatifu, wasiozaliwa tena, na wasio takaswa wanaweza kuingia katika mahali hapo lisiloweza kuelezeka, ambapo "hakutakuwa na kitu chochote kitakachokufisha, wala kilichotenda uchukizo, wala kile kinachofanya uongo" (Ufunuo 21:27)? Mstari huu kutoka katika Ufunuo unaelezea Yerusalemu Mpya, mji mtakatifu unaoshuka kutoka mbinguni baada ya hukumu ya mwisho. Unasisitiza usafi na utakatifu wa mji huu, ukisema kwamba hakuna kitu chochote kilichotiwa najisi au dhambi kitakachoruhusiwa kuingia. Ni wale tu walio safishwa kwa njia ya utakasaji wa Roho Mtakatifu watakaoweza kukaa katika uwepo wa milele wa Mungu.

Itakuwa haiwezekani kwa wanyang'anyi wasiotakatifu, wasiozaliwa tena, na wasio takaswa kuishi mbele ya Mungu mtakatifu mara tatu. Hii ndiyo maana kazi ya Roho Mtakatifu katika utakasaji ni muhimu sana kwa wokovu wa waliochaguliwa. Kupitia kazi yake ya utakasaji, Roho Mtakatifu anawafanya waliochaguliwa kuwa watakatifu na wenye kustahili mbele ya uwepo wa Mungu. Anachukua asili iliyo najisi na kuharibika ya wanadamu walianguka na kuibadilisha kuwa asili mpya, iliyo sawa na mfano wa Kristo. Kwa njia hii, Roho Mtakatifu anawawezesha waliochaguliwa kuishi mbele ya uwepo mtakatifu wa Mungu na kufurahia baraka na furaha ya makao Yake milele.

Lakini, o, mshangao wa neema ya agano na upendo wa agano! Wanyang'anyi wa kila aina, wenye dhambi wabaya, na wanadamu wa chini kabisa wanaweza—na watakwenda—kuingia kupitia milango ya Mji Mtakatifu: "Na baadhi yenu mlifanyika hivyo, lakini mmeliwa, lakini mmetakaswa, lakini mmethibitishwa katika jina la Bwana Yesu na kwa Roho wa Mungu wetu" (1 Wakorintho 6:11).

Hii ni kweli jambo la ajabu la neema ya agano na upendo kwamba wale waliokuwa wamejichafua na kupotea katika dhambi wanaweza kupakwa, kutakaswa, na kuthibitishwa katika jina la Bwana Yesu na kwa nguvu ya Roho Mtakatifu. Ni kupitia kazi ya Roho Mtakatifu pekee tunaweza kufanywa kustahili mbele ya uwepo wa Mungu mtakatifu. Na kazi hii ya utakasaji si tukio la mara moja, bali ni mchakato unaoendelea katika maisha ya mwamini, ambapo wanabadilishwa polepole kuwa zaidi na zaidi mfano wa Kristo.

Kutoka kwa kile kilichozungumziwa katika kifungu kilichopita, inapaswa kuwa wazi kwamba utakasaji ni muhimu kama vile uthibitisho wa haki. Kuna vipengele mbalimbali vya ukweli huu muhimu wa utakasaji vilivyowasilishwa katika Neno Lisiloshindwa ambalo hatuwezi kuchunguza kikamilifu hapa. Hata hivyo, inatosha kusema kwamba kipengele kilicho mbele yetu ni kazi ya baraka ya Roho Mtakatifu juu ya roho, ambapo Yeye anawafanyia watakatifu kuwa tayari kwa urithi wao katika mwanga (Wakolosai 1:12). Bila muujiza huu wa neema, hakuna mtu atakayeweza kuingia mbinguni. "Kilichozaliwa kwa mwili ni mwili" (1 Yohana 3:6): haijalishi kimefundishwa vipi, kuboreshwa vipi, au kupambwa kwa mapambo ya kidini, kinabaki kuwa mwili. Kama vile kila kitu kingine kinachozalishwa na Dunia, hakuna udanganyifu wa sanaa utakaoweza kubadilisha asili ya awali ya malighafi.

Kwa mfano, mali asilia za pamba—upole wake na kupumua—haziwezi kubadilishwa kuwa kama sufu, ambayo asili yake ni joto zaidi na sugu kwa maji. Vilevile, sifa za linin hazikubadilishwi ili kufanana na sifa nzuri na za kung'aa za hariri. Sifa za asili za kifaa haziwezi kubadilishwa kimsingi na mchakato wowote wa nje.

Vivyo hivyo, juhudi za kibinadamu peke yake haziwezi kubadilisha asili ya mwanadamu kutoka mwili hadi roho. Kama vile Maandiko yanavyosema, "Kilichozaliwa kwa mwili ni mwili, na kilichozaliwa kwa Roho ni roho" (Yohana 3:6). Ni kupitia kazi ya kuzaliwa upya ya Roho Mtakatifu pekee ambapo mtu anaweza kubadilishwa na kufanywa kustahili kwa ufalme wa Mungu. Hii ndiyo kazi ya utakasaji, ambapo Roho Mtakatifu polepole anawafanya waamini kuwa mfano wa Kristo, na kuwawezesha kutembea katika utakatifu na utii.

Mtu wa asili, akiwa amekufa katika makosa na dhambi, hawezi kupokea au kuelewa mambo ya Roho wa Mungu, kwa maana ni mambo yanayohitaji kufahamu kwa kiroho (Waefeso 2:1; 1 Wakorintho 2:14). Roho Mtakatifu lazima aishiye, azalishe upya, na aangaze moyo wa mwenye dhambi kabla ya yeye kuweza kuamini na kukubali ukweli wa Mungu. Bila kazi ya neema ya Roho Mtakatifu ya utakasaji, akili na moyo wa mtu hubaki giza, na mapenzi yake hubaki kwenye utumwa wa dhambi.

Kazi ya Roho Mtakatifu katika utakasaji ni muhimu sio tu kwa sababu ya dhambi ya mwanadamu bali pia kwa sababu ya kifo chake cha kiroho. Kama vile mwili usio na uhai hauwezi kutenda tendo lolote, ndivyo mwanadamu, akiwa katika hali ya kifo cha kiroho, hawezi kuishi, kupumua, au kuelekeza maisha yake kwa Mungu. Ni kupitia kazi ya Roho Mtakatifu pekee ambapo mtu anaweza kuletwa kwenye maisha na kupewa nguvu ya kuishi maisha matakatifu na ya haki.

Asili yaangukiayo ya mwanadamu na kifo cha kiroho kinachotokana nayo kimeonekana katika mapambano yetu ya mara kwa mara na dhambi na mgogoro unaoendelea kati ya mwili na roho. Kama vile mtume Paulo alivyosema katika Warumi 7:18-19, "Kwa maana najua ya kwamba ndani yangu (yaani, katika mwili wangu) hakuna wema unaoishi; maana kutaka ni pamoja nami, lakini jinsi ya kutenda kilicho chema siioni. Kwa maana kilicho chema nilichotaka kutenda, sikifanyi; lakini kile kilicho kibaya, ambacho sitaki kutenda, ndicho kinachotendeka."

Hivyo basi, jukumu la Roho Mtakatifu katika utakasaji si tu muhimu, bali pia ni chanzo cha faraja kubwa na hakikisho kwa waamini. Ni kwa nguvu na neema Yake ambapo tunaweza kuua matendo ya mwili na kuishi maisha yanayompendeza Mungu.

Fikiria mtu aliyezaliwa kipofu: ulemavu wa asili wa mtu kipofu kuweza kuona unafanana na ulemavu wa kiroho wa mwanadamu kuelewa na kukumbatia ukweli wa kiroho. Kama vile hakuna jitihada yoyote ya kibinadamu inayoweza kurejesha kuona kwa kipofu, vivyo hivyo hakuna juhudi yoyote inayoweza kumpa mtu kifo cha kiroho uzima wa kiroho. Lakini kama vile Bwana anaweza kugusa kwa miujiza macho ya mtu kipofu na kurejesha kuona, vivyo hivyo, Roho Mtakatifu anaweza kwa miujiza kuzalisha upya moyo wa mwenye dhambi, akimpa uzima wa kiroho.

Vivyo hivyo, mtu wa asili, akiwa kipofu kiroho na amekufa kiroho, hawezi kutambua au kuelewa mambo ya Mungu. Lakini wakati Roho Mtakatifu anapozalisha upya na kuamsha moyo, kuona na kuelewa kiroho hutolewa. Ingawa ufahamu kamili wa siri za Mungu huenda usija mara moja, mtu aliyegeuzwa anaweza kushuhudia mabadiliko, akisema, "Mara nilikuwa mfu katika dhambi zangu, lakini sasa ni hai katika Kristo. Mara nilikuwa kipofu, lakini sasa naona uzuri na utukufu wa Mungu katika Kristo" (Waefeso 2:1, Yohana 9:25).

Kazi ya Roho Mtakatifu katika utakasaji si tukio la mara moja bali ni mchakato unaoendelea katika maisha ya mwamini. Roho Mtakatifu anafanya kazi ndani ya moyo wa mwamini, akimgeuza polepole kuwa mfano wa Kristo. Mchakato huu unahusisha sio tu kuondoa matamanio na tabia za dhambi bali pia kukuza matamanio mapya na mapenzi kwa Mungu na mapenzi Yake. Ni safari inayoendelea ambayo mwishowe itakamilika kwa utukufu, ambapo mwamini atakamilishwa na kufanywa mtakatifu mbele za Mungu.

Kazi ya Roho Mtakatifu katika maisha ya mwamini ni chanzo cha shukrani kubwa na ibada. Ni kwa neema na nguvu Zake ambapo tunaweza kuelewa ukweli wa kiroho, kutubu dhambi zetu, kukua katika utakatifu, na kuzaa matunda kwa ajili ya utukufu wa Mungu. Kama Paulo anavyotukumbusha katika 1 Wakorintho 6:19-20, "Au hamjui ya kuwa miili yenu ni hekalu la Roho Mtakatifu aliye ndani yenu, ambaye mmeshapewa na Mungu? Ninyi si mali yenu wenyewe, kwa maana mlinunuliwa kwa bei. Basi, mtukuzeni Mungu katika miili yenu." Tufanye kila wakati kumkumbuka na kumshukuru Roho Mtakatifu kwa kazi Yake katika maisha yetu, tukijitahidi kumheshimu na kumtukuza Yeye kwa yote tunayofanya.

SURA YA 09

Kuja kwa Roho

Biblia inafundisha kwamba kila mwanachama wa Utatu Mtakatifu ni Mungu kamili, anaye stahili heshima na utukufu. Hii inamaanisha kwamba Baba, Mwana, na Roho Mtakatifu wote ni Mungu kikamilifu, wanamiliki sifa zote za Mungu. Wako katika umoja kamili na maelewano, kila mmoja akifanya kazi pamoja ili kutimiza mapenzi ya kimungu. Ingawa wanashirikiana katika asili, kila mmoja ana jukumu na kazi yake ya kipekee katika Utatu Mtakatifu.

Kama Wakristo, tumeitwa kumheshimu na kumuabudu kila mwanachama wa Utatu Mtakatifu, tukitambua asili yao ya kimungu na kazi zao muhimu katika wokovu wetu na ukuaji wetu wa kiroho. Lazima pia tuwe waangalifu kuto kuinua mmoja wa wanachama wa Utatu Mtakatifu juu ya wengine au kupuuza umuhimu wa mwanachama yeyote wa Utatu Mtakatifu.

1 Yohana 5:8 inathibitisha fundisho la Utatu Mtakatifu, ikisema, "Kwa maana kuna watatu wanaoshuhudia mbinguni: Baba, Neno, na Roho Mtakatifu; na hawa watatu ni mmoja." Aya hii

inaonyesha wazi umoja na usawa wa watu watatu, ikisisitiza kwamba wote ni wa kimungu sawa na wanashiriki asili moja. Methali "hawa watatu ni mmoja" ni tamko la moja kwa moja la fundisho la Utatu Mtakatifu, ambalo ni msingi wa imani ya Kikristo.

Katika Wafilipi 2:6, Baba alilinda kwa uangalifu utukufu wa Mwana Wake, Yesu Kristo, hata alipojinyenyekeza na kuwa mwanadamu. Aya inasema, "Alikuwa katika mfano wa Mungu, hakufikiri kuwa ni dhuluma kuwa sawa na Mungu." Aya hii inathibitisha kwamba Yesu, ingawa alikuwa Mungu kamili, hakuushikilia wake haki za kimungu. Badala yake, alichagua kujinyenyekeza, akichukua sura ya mtumishi katika ubinadamu wake. Baba aliruhusu hili, lakini alihakikisha kwamba asili ya kimungu ya Yesu na utukufu wake haukupunguzwa.

Katika maisha ya Yesu duniani, Baba alithibitisha asili yake ya kimungu. Kwa mfano, wakati wa ubatizo wa Yesu, sauti ya Baba ilisikika kutoka mbinguni, ikisema, "Huyu ni Mwana wangu mpendwa, niliyependezwa naye" (Mathayo 3:17). Aidha, Yesu alifanya miujiza mingi iliyoonyesha mamlaka yake juu ya maumbile na kuthibitisha utambulisho wake kama Mwana wa Mungu.

Hatimaye, ulinzi wa Baba wa utukufu wa Yesu ulionyeshwa wazi kupitia ufufuo wake kutoka kwa wafu. Kwa kumfufua Yesu, Baba alimtangaza kuwa Mwana Wake lakini pia alithibitisha asili yake ya kimungu na mamlaka, akithibitisha ukweli wa dhamira ya Yesu.

Katika huduma yake duniani, Yesu alielekeza daima umakini wa watu kwa Baba na alisisitiza kuwa kusudi lake lilikuwa kutenda mapenzi ya Yule aliyemtuma. Yesu alifafanua kuwa hakufanya kazi kwa mamlaka yake mwenyewe, bali alitekeleza kazi ya Baba, ambaye alimtumua.

Kwa njia inayofanana, jukumu kuu la Roho Mtakatifu si kuangazia umakini kwake, bali kumtukuza Yesu na kuwapeleka watu kwa Baba. Kama Yesu anavyosema katika Yohana 16:14, "Atanitukuza mimi, kwa maana atachukua kilicho changu na kukitangaza kwenu." Aya hii inasisitiza jukumu la Roho Mtakatifu katika kufunua ukweli kuhusu Yesu na kuleta utukufu kwake.

Katika Agano Jipya lote, tunaona Roho Mtakatifu akifanya kazi katika maisha ya watu ili kuwapeleka karibu na Mungu, akiwawezesha kuishi kwa imani yao. Roho Mtakatifu pia anawapa waamini vipawa vya kiroho, akiwawezesha kuwahudumia wengine na kujenga kanisa.

Kwa njia zote hizi, Roho Mtakatifu hawezi kutaka kuvuta umakini kwake, bali anazingatia kuwapeleka watu kwa Yesu, akiwasaidia kukua katika uhusiano wao na Baba.

Baba na Mwana wamekuwa wakizingatia kwa umakini kulinda heshima ya Roho Mtakatifu. Katika Yohana 14:26, Yesu anamtaja Roho Mtakatifu kama "Mfariji" na anaeleza kwamba Roho atatumwa na Baba kwa jina lake. Yesu anafafanua zaidi kwamba Roho atawafundisha wanafunzi vitu vyote na atawaletea kwenye kumbukumbu kila kitu alichowaambia. Hii inaonyesha jukumu muhimu ambalo Roho Mtakatifu anacheza katika maisha ya waamini, ama katika kanisa la mapema au katika maisha ya Wakristo leo.

Katika Agano Jipya lote, tunaona Roho Mtakatifu akiongoza waamini kwa nguvu, akiwawezesha, na kuwasaidia kuishi kwa imani yao. Yeye pia ndiye anayehusika na kufunua ukweli wa Mungu na kuwasaidia watu kuelewa siri kuu za imani ya Kikristo.

Kama Wakristo, tumeitwa kumheshimu na kumheshimu Roho Mtakatifu, tukitambua jukumu muhimu analocheza katika maisha yetu na katika kanisa. Lazima pia tuwe waangalifu kuto puuzilia mbali au kupunguza umuhimu wake kwa namna yoyote.

Umuhimu wa Kuja kwa Roho Mtakatifu

Katika Yohana 16:7, Yesu anawaambia wanafunzi wake kwamba lazima aondoke ili Mfariji, ambaye anahusu Roho Mtakatifu, aje. Anaeleza kwamba Roho Mtakatifu hatakuwa na uwezo wa kutekeleza kazi yake wakati Yesu akiwa bado hapa kimwili, lakini atakuja baada ya Yesu kuondoka.

Yesu pia anasisitiza kwamba kama vile Baba amemwachia Mwana hukumu yote, amemkabidhi Roho Mtakatifu vitu vyote. Hii inaonyesha umuhimu mkubwa wa jukumu la Roho Mtakatifu katika maisha ya Kanisa na maisha ya waamini binafsi.

Jukumu la Roho Mtakatifu ni muhimu katika kuongoza, kufundisha, na kuwawezesha waamini, pamoja na kufunua ukweli kuhusu Mungu na mipango yake ya kimungu. Tumeitwa kumheshimu na kumheshimu Roho Mtakatifu, tukitambua jukumu muhimu analocheza katika maisha yetu na katika Kanisa.

Katika Yohana 5:22-23, Yesu anasisitiza kwamba Baba amemwachia Mwana hukumu yote na kwamba watu wote wanapaswa kumheshimu Mwana kama wanavyomheshimu Baba. Hii inaonyesha umoja na usawa wa Baba na Mwana, ikiashiria umuhimu wa kuwaheshimu wote wawili katika imani ya Kikristo.

Kwa njia inayofanana, kama vile Baba na Mwana wanavyopaswa kuheshimiwa, Yesu anafafanua kwamba Roho Mtakatifu pia anapaswa kupokea heshima. Kwa kukabidhi vitu vyote kwa Roho Mtakatifu na kumtuma kwa wanafunzi, Baba na Mwana wamethibitisha jukumu muhimu la Roho Mtakatifu katika maisha ya Kanisa na katika maisha ya waamini.

Kumheshimu Roho Mtakatifu kunahusisha kutambua jukumu lake muhimu katika maisha yetu na kumruhusu atuongoze na kutuwezesha. Pia inamaanisha kumheshimu na kumhadhimisha heshima anayotakiwa kama nafsi ya Kimungu ya Utatu. Kama Wakristo, tumeitwa kumheshimu Baba, Mwana, na Roho Mtakatifu katika nyanja zote za maisha yetu, tukielewa umoja na usawa wao kama Mungu mmoja katika nafsi tatu.

Yesu aliwaambia wanafunzi wake kwamba lazima afe ili aweze kumtuma Parakletos (Mfariji), ambaye angeendelea na huduma yake:

"...Naambia kweli; ni kwa faida yenu kwamba naondoka. Isipokuwa niende, Mfariji hataweza kuja kwenu; lakini nikiondoka, nitamtuma kwenu." (Yohana 16:7, NIV). Hapa, Yesu anaeleza kwamba kuondoka kwake kunahitajika ili Roho Mtakatifu aje na kuendelea na kazi yake. Anaweka wazi kwamba Roho Mtakatifu hawezi kutekeleza jukumu lake wakati Yesu yupo kimwili, lakini mara Yesu atakapokwenda, Roho Mtakatifu atatumwa kuongoza na kuwawezesha wafuasi wake.

Yesu alijua kwamba baada ya kuondoka kwake, wanafunzi wake wangehitaji mwongozo na faraja, na aliahidi kumtuma Roho Mtakatifu kuwa pamoja nao. Roho Mtakatifu hakuwa tu atawakumbusha kila alichowaambia Yesu bali pia atawasaidia kuelewa mafundisho yake kwa kina zaidi.

Kupitia kwa Roho Mtakatifu, waamini leo wanaweza kupata mwongozo, faraja, na mafundisho yale yale ambayo Yesu aliwahidi wanafunzi wake. Roho Mtakatifu anatuwezesha kuishi maisha yanayompendeza Mungu na kutusaidia kuelewa mapenzi yake na njia zake. Ni kupitia kwa Roho Mtakatifu kwamba tunaweza kuendelea na kazi ya Yesu na kufanya tofauti duniani.

Katika Yohana 7:37-39, Yesu anatumia mfano wa "maji ya uzima" kuelezea Roho Mtakatifu. Anawaalika wote wanaoona kiu kuja kwake na kunywa, akiwaahidi kwamba wale wanaoamini ndani yake watakuwa na mito ya maji ya uzima ikitoka ndani yao.

Wakati Yesu alipozungumza maneno haya, Roho Mtakatifu alikuwa bado hajapewa kwa sababu Yesu alikuwa bado hajapakwa mafuta. Yesu alikuwa akimwazia Roho Mtakatifu, ambaye atapewa waamini baada ya kupaa kwake kwenda mbinguni. Ni kupitia kwa Roho Mtakatifu kwamba waamini wanapata nguvu ya uhai ya Mungu katika maisha yao, ikileta kuburudisha na kulisha kiroho.

Andiko hili linaangazia umuhimu wa imani kwa Yesu na kupokea Roho Mtakatifu kama matokeo yake. Pia linaweka wazi jukumu la Roho Mtakatifu katika kulisha na kuburudisha waamini, kama vile maji yanavyoshikilia na kulisha maisha ya kimwili.

Katika andiko hili, Yesu anawahimiza wanafunzi wake kuendelea na maombi yao kwa Mungu Baba, wakiamini kwamba Atawapatia Roho Mtakatifu aliyeahidiwa:

"Na nawaambia, Ombeni, nanyi mtapewa; tafuteni, nanyi mtapata; bikeni, na mlango utafunguliwa kwenu. Kwa maana kila aombaye hupokea; na yeye atafutaye hupata; na kwake yule abikaye mlango utafunguliwa. Ikiwa mtoto atamwomba baba yake mkate, atampa jiwe? Au ikiwa atamwomba samaki, atampa nyoka badala ya samaki? Au ikiwa atamwomba yai, atampa nge? Basi ninyi, mkiwa wabaya, mnaweza kuwapa watoto wenu vipawa vyema, je, Baba yenu wa mbinguni atawapa Roho Mtakatifu wale wamwombao?" (Luka 11:9-13, KJV)

Andiko hili linaangazia umuhimu wa kuomba, kutafuta, na kubisha ili kupokea kile tunachohitaji kutoka kwa Mungu. Yesu anatumia mfano wa uhusiano wa baba na mtoto ili kuelezea jinsi Mungu, kama Baba yetu wa mbinguni, atavyotoa kwa wingi kwa watoto wake.

Yesu anawahimiza wafuasi wake kuomba kwa ujasiri kile wanachohitaji, akiwaahidi kwamba watapewa. Anawahimiza kutafuta na kuwaahidi watajua, na kubisha, na kuwa na uhakika kwamba mlango utafunguliwa. Kwa kuonyesha kwamba baba wa kidunia, licha ya kasoro zake, anajua jinsi ya kuwapa watoto wake zawadi nzuri, Yesu anasisitiza kwamba Baba yetu wa mbinguni atatupatia kile tunachokiomba, hasa zawadi ya Roho Mtakatifu, ambayo ni baraka kuu kwa wafuasi wake. Andiko hili linaangazia nguvu ya maombi, umuhimu wa imani katika wema wa Mungu, na kuwaahidi waamini kumtegemea katika utoaji wake.

Mungu Baba aligeuka kutoka kwa Kristo alipozunguka msalabani ili kwamba Sadaka yake ya Ukufufu iwe kamili na bili ikalipwe kabisa na milele:

"Na saa tisa, Yesu alikalia kwa sauti kubwa, akisema, Eloi, Eloi, lama sabachthani? Yaani, Mungu wangu, Mungu wangu, kwa nini umeniacha?" (Marko 15:34, KJV)

Moment hii, iliyoandikwa katika Marko 15:34, inakamata moja ya matamshi ya mwisho ya maumivu ya Yesu alipo msalabani. Saa tisa, karibu saa 3 asubuhi, Yesu analia kwa Kiaramu, "Eloi, Eloi, lama sabachthani?" maana yake, "Mungu wangu, Mungu wangu, kwa nini umeniacha?"

Kilio hiki kinashiria wakati wa kina katika mateso ya kimwili ya Yesu, kikionyesha kuachwa kwa Yeye na Mungu Baba alipokuwa anabeba uzito wa dhambi za dunia. Moment hii pia inatimiza unabii kutoka Zaburi 22:1, ambapo Daudi analia, "Mungu wangu, Mungu wangu, kwa nini umeniacha?" Kilio cha Yesu kinaonyesha kina cha maumivu yake ya kihisia na kiroho, kwani alijitambulisha kikamilifu na dhambi za binadamu na kutenganishwa na Mungu, akichukua juu yake adhabu ambayo wanadamu walistahili.

Kupitia kifungu hiki, tunaona kwamba hata Yesu, Mwana wa Mungu, alikumbana na hisia za kuachwa na kutengwa, ambazo ni za kawaida katika uzoefu wa kibinadamu. Moment hii inaonyesha undani mkubwa wa upendo wa Yesu kwa wanadamu, kwani alikubali kuteseka kwa kiwango kikubwa ili kutukufuza kutoka kwa dhambi na kifo.

Waumini wanatambua umuhimu wa kukiri hadharani Kristo kama Mwokozi na Bwana. Kristo, katika kifo chake cha dhabihu msalabani, alikumbana na fedheha na ufunuo. Dhabihu yake ya hadharani inahitaji kukiri hadharani kutoka kwa wale watakaomfuata. Hakuna mahali pa kati:

"Basi kila mtu atakayenikiri mbele ya watu, mimi nitaendelea kumkiri mbele ya Baba yangu aliye mbinguni. Lakini atakayekataa mbele ya watu, mimi nitaendelea kumkataa mbele ya Baba yangu aliye mbinguni." (Mathayo 10:32-33, NASB)

Kifungu hiki kinaangazia umuhimu wa kukiri imani hadharani katika Yesu Kristo. Yesu anasisitiza kuwa wale wanaokiri mbele ya wengine watajulikana mbele ya Baba yake aliye mbinguni, lakini wale wanaokataa watajikuta wakikataliwa mbele ya Baba.

Kukiri imani kwa Yesu kunamaanisha kutambua hadharani Yeye kama Bwana na Mwokozi, kuishi kwa njia inayozungumzia upendo wake, neema, na mafundisho yake. Pia inajumuisha kushiriki injili na kukubali ujumbe wa Yesu katika nyanja zote za maisha. Kitendo cha kukiri hakikomi tu kwa maneno, bali kinajumuisha kusimama na Kristo, hata mbele ya shida au mateso.

Kifungu hiki kinawaita waamini kuwa jasiri na wasione aibu kwa imani yao, bila kujali changamoto au upinzani wanaoweza kukutana nao. Pia kinatufundisha kwamba imani katika Yesu si jambo binafsi bali ni kitu kinachopaswa kuishi hadharani na kushirikishwa na wengine. Mwishowe, uhusiano wetu na Mungu unaonyeshwa kupitia jinsi tunavyohusiana na wengine na jinsi tunavyomkiri waziwazi Yesu kama Mwokozi wetu.

Ujao wa Kristo na Roho Mtakatifu kwa Wakati Mmoja

1. Mungu ameuchagua kufunua mwenyewe kupitia matukio maalum na dalili, hasa kupitia ujio wa Neno (Yesu Kristo) na Roho Mtakatifu duniani. Matukio haya hutumika kama ishara au alama za uwepo na nguvu za Mungu, zikiwa na lengo la kutekeleza kazi waliyopewa.

Kwa mfano, ujio wa Yesu Kristo duniani ulikuwa ishara ya upendo na neema ya Mungu kwa wanadamu na ukombozi ambao ungefanikishwa kupitia maisha, kifo, na ufufuo wake. Vivyo hivyo, kushuka kwa Roho Mtakatifu wakati wa Pentekosti kulikuwa ni ishara ya uwepo na nguvu za Mungu kati ya watu wake, ikionyesha kazi ya kuzaliwa upya na utakaso ambayo ingefanyika katika maisha ya waamini.

Kifungu hiki kinasisitiza kwamba matendo ya Mungu duniani ni ya makusudi na yana lengo maalum, na kwamba anatumia matukio maalum na dalili kutimiza mpango wake wa kimungu. Pia kinahimiza umuhimu wa kutambua na kujibu ishara hizi za uwepo na nguvu za Mungu, kwani zimekusudiwa kusaidia kazi yake katika maisha yetu na duniani. Kama vile Mwana alivyokuwapo pamoja na Waisraeli kabla ya mwili wake (Matendo 7:37-38; 1 Wakorintho 10:4), Mungu aliamuru ujio wa wazi, wa kushuhudiwa, na wa kihistoria kwa ajili yake, ambao ulijulikana na watu wake wote. Vilevile, ingawa Roho Mtakatifu alipewa kufanya kazi kwa wanadamu katika enzi ya Agano la Kale (Nehemia 9:20) na kuhamasisha manabii kutoa ujumbe wa Mungu (2 Petro 1:21), Mungu aliamua kuwa Roho Mtakatifu apate ujio wa kipekee, wenye ishara na matokeo yenye utukufu.

2. Agano la Kale linajumuisha unabii mwingi unaotabiri ujio wa Yesu Kristo na Roho Mtakatifu. Unabii huu unazungumzia kuhusu Masihi atakayekuja kuwaokoa watu wa Mungu, pamoja na rejea za kazi ya Roho Mtakatifu katika kuwaongoza na kuwahamasisha viongozi waliochaguliwa na Mungu. Kwa mfano, katika Isaya 7:14, ilitabiriwa kwamba bikira atachukua mimba na kuzaa mtoto aitwaye Immanueli, akimaanisha "Mungu pamoja nasi." Unabii huu ulitimia Yesu alipozaliwa kwa Bikira Maria.

Vilevile, katika Yoeli 2:28-29, ilitabiriwa kwamba Mungu atamwaga Roho wake juu ya watu wote, na watahubiri na kuona maono. Unabii huu ulitimia wakati wa Pentekosti Roho Mtakatifu aliposhuka juu ya wanafunzi, na wao walianza kusema kwa lugha mbalimbali.

Katika Agano la Kale, kuna unabii na rejea nyingine nyingi kuhusu ujio wa Yesu Kristo na Roho Mtakatifu, zote zikiwaandaa watu wa Mungu kwa ujio wao na kusisitiza uendelevu wa kazi ya Mungu katika historia.

Katika Zaburi 68:18, inasema kwamba Mungu "atapokea vipawa kati ya wanadamu" na "ataishi kati yao." Methali 1:23 inasema kuhusu Mungu kumwaga Roho wake juu ya wale wanaosikia onyo lake. Isaya 32:15 inatabiri kwamba Roho atamwagwa kutoka juu, akileta matunda na haki. Ezekieli 36:26 na 39:29 zinahidi kwamba Mungu atatoa moyo mpya na roho mpya ndani ya watu wake. Yoeli 2:28 inasisitiza zaidi kumwaga Roho juu ya mwili wote, wakati Hagai 2:9 inasema kuhusu utukufu wa hekalu la mwisho kuzidi la kwanza na kujaa uwepo wa Bwana.

3. Katika Yohana 14:16-17, Yesu alizungumzia ujio wa Roho Mtakatifu, akimwita "Msaidizi" au "Mfariji," na kuelezea jukumu muhimu ambalo atacheza katika maisha ya waamini. Yesu pia aliwaambia wanafunzi wake wangoje Roho Mtakatifu atakayewa juu yao kabla ya kuanza huduma yao ya kuhubiri Injili kwa mataifa yote (Luka 24:49; Matendo 1:4-5).

Yesu mwenyewe alitabiri ujio wa Roho Mtakatifu, na wanafunzi walikuwa tayari kumpokea alipojiri.

4. Mtume Paulo aliandika katika Wagalatia 4:4, "Lakini wakati wa ukamilifu wa wakati ulifika, Mungu alimtuma Mwana wake, alizaliwa na mwanamke, alizaliwa chini ya sheria." Kifungu hiki kinazungumzia wakati kamili wa kuzaliwa kwa Yesu, ambao ulikuwa sehemu ya mpango wa Mungu na kusudi lake kwa wokovu. Siku ya Pentekosti ilikuwa ni sherehe ya Kiyahudi iliyofanyika siku hamsini baada ya Pasaka. Ilikuwa ni siku muhimu kwa Wayahudi, na wakati huu Mungu alichagua kumwaga Roho wake juu ya waamini waliokusanyika pamoja mahali pamoja. Tukio hili lilikuwa ni mwanzo wa kuzaliwa kwa Kanisa la Kikristo na mwanzo wa huduma ya Roho Mtakatifu katika maisha ya waamini. Ilikuwa ni utimizo wa ahadi ya Yesu kwa wanafunzi wake kabla ya kupaa kwake—ya kwamba wangepokea nguvu walipojaa Roho Mtakatifu (Matendo 1:8). Wakati wa ujio wa Kristo na ujio wa Roho Mtakatifu ulipangwa kwa makini na Mungu na ulitokea kulingana na mapenzi yake ya kifalme. Ubinadamu wa Kristo ulitokea kwa wakati kamili, wakati dunia ilikuwa tayari kwa ujumbe wake na Injili ingeweza kuenea kwa haraka katika Dola la Roma. Vivyo hivyo, ujio wa Roho Mtakatifu siku ya Pentekosti ulitokea kwa wakati sahihi, baada ya ufufuo wa Kristo na kupaa kwake, wakati wanafunzi walikuwa tayari kupokea nguvu na uongozi wa Roho ili kueneza Injili kwa miisho ya dunia.

5. Kushuka kwa Roho Mtakatifu kulitokea Yerusalemu siku ya Pentekosti, kama inavyoandikwa katika Matendo 2:1-4. Tukio hili lilikuwa mwanzo wa enzi ya Kanisa na kupewa nguvu kwa wanafunzi ili kutimiza Amri Kuu. Kama vile Ubinadamu wa Mwana ulivyotokea katika mahali maalum, ndivyo vile pia kushuka kwa Roho Mtakatifu.

6. Kushuka kwa Mungu Roho kulikuwa na ishara na maajabu makuu na ya ajabu, kama inavyoelezwa katika Maandiko. Katika Matendo 2:2-4, imeandikwa kwamba "ghafla kulikuwa na sauti kutoka mbinguni kama upepo mkubwa ukitokea kwa haraka, na ikajaza nyumba yote walikokuwa wamekaa. Na walionekana kwao ndimi kama za

moto, na ikakaa juu ya kila mmoja wao. Wote walijazwa na Roho Mtakatifu, na kuanza kusema kwa lugha nyingine, kama Roho alivyowapa kusema." Ishara hizi zilikuwa uthibitisho wa uwepo na nguvu za Roho Mtakatifu, zikithibitisha ukweli wa ujumbe wa mitume. Kuzaliwa kwa Yesu kulitangazwa na kundi la malaika waliotokea kwa wachungaji uwanjani (Luka 2:8-14), na wakati wa ubatizo wa Yesu, Roho alishuka juu yake kama njiwa (Mathayo 3:16-17). Vilevile, kushuka kwa Roho Mtakatifu wakati wa Pentekosti kulikuwa na sauti ya upepo mkali, na ndimi za moto zikalala juu ya waamini (Matendo 2:1-4). Matukio haya ya kiofisa yalikuwa ishara muhimu zilizoashiria ujio wa Mwana na Roho Mtakatifu.

7. Nyota katika Mathayo 2:9 ilikuwa ishara ya kiofisa iliyowaongoza watu wenye hekima kwa nyumba alipokuwa Yesu, na mtetemeko katika Matendo 2:2 ilikuwa ishara ya kiofisa iliyoleta umakini kwa nyumba ambayo Roho Mtakatifu alikuwa ameshuka. Matukio yote mawili yalihudumu kuleta umakini kwa umuhimu wa uwepo wa Mwana na Roho Mtakatifu ulimwenguni.

8. Aspects binafsi za ujio wa Kristo zilijidhihirisha katika kuzaliwa kwake, ambalo lilifichuliwa kwa wachache tu, wakiwemo Maria, Yusufu, na wachungaji. Hata hivyo, wakati ulipofika kwa Kristo kufichuliwa kwa Israeli, kama alivyosema Yohana Mbatizaji, kitambulisho chake cha hadhara kilidhihirishwa na kushuka kwa Roho Mtakatifu na sauti ya Baba wakati wa ubatizo wake. Tukio hili lilikuwa muhimu, kwani lilikuwa mwanzo wa huduma ya hadhara ya Kristo.

Kutoa awali kwa Roho Mtakatifu kwa mitume na Mokozi aliye hai kulitokea kwa faragha katika chumba cha juu, wakati ambapo kumwaga kwa umma kwa Roho Mtakatifu siku ya Pentekosti lilishuhudiwa na watu wengi waliokusanyika Yerusalemu kwa sherehe. Asili ya umma ya kumwaga hii ilikuwa muhimu kwa sababu ilikuwa ni onyesho la dhahiri na lisilo na shaka la nguvu na uwepo wa Mungu. Ilileta umati mkubwa na kuwawezesha mitume kuhubiri Injili kwa wengi kutoka mataifa na asili mbalimbali.

Katika Yohana 20:22, baada ya ufufuo wa Yesu, alijidhihirisha kwa wanafunzi wake na kupuliza juu yao, akisema, "Pokeeni Roho

Mtakatifu." Hii ilikuwa ni wakati wa faragha kati ya Yesu na wanafunzi wake, ambapo aliwapa ladha ya awali ya kuja kwa Roho Mtakatifu. Ilikuwa ni wakati wa kibinafsi wa kutoa kwa wafuasi wake walioteuliwa, kuwatayarisha kwa ujio wa umma na wenye nguvu wa Roho Mtakatifu siku ya Pentekosti.

Kama vile upande wa hadhara wa ujio wa Kristo ulivyohusiana na ufunguzi wa mbingu, upande wa hadhara wa ujio wa Roho Mtakatifu ulionyeshwa na sauti ya upepo mkali uliojaa nyumba walikokuwa mitume, na kutokea kwa ndimi zilizogawanyika, kama za moto, zilizokaa juu ya kila mmoja wao (Matendo 2:2-3).

Uonyeshaji wa Roho Mtakatifu haukudumu tu kwa Mitume bali ulienea kwa wote waliokuwepo, kwani walijazwa na Roho Mtakatifu na kuanza kusema kwa lugha nyingine kama Roho alivyowapa kusema (Matendo 2:4). Onyesho hili la nguvu za Roho lilikuwa na jukumu muhimu la kuvuta umati mkubwa, kwani watu kutoka mataifa mbalimbali walikusanyika na kumsikia wakisema kwa lugha zao za asili na walistaajabia (Matendo 2:5-12). Petro alitumia fursa hii kuhubiri Injili kwa umati, akielezea kwamba kile walichokuwa wakishuhudia kilikuwa kutimiliza unabii wa Yoeli kuhusu kumwaga kwa Roho katika siku za mwisho (Matendo 2:16-21).

Kushuka kwa hadhara kwa Roho Mtakatifu wakati wa Pentekosti kilikuwa ushuhuda wenye nguvu wa ukweli wa Injili na kilithibitisha ahadi ya Kristo kwamba Roho atakuja kuongoza na kuwawezesha wanafunzi wake (Yohana 14:16-17, 26; 15:26-27; 16:13-15).

9. Ujio wa Yesu Kristo ulijumuisha Ubinadamu wake, ambayo inamaanisha kwamba Neno la milele la Mungu, ambalo lilikuwa na Mungu na lilikuwa Mungu (Yohana 1:1), lilikuwa mwili na kuishi kati yetu (Yohana 1:14). Hii inajulikana kama fundisho la Ubinadamu, imani ya msingi katika Ukristo. Lengo kuu la kuja kwa Roho Mtakatifu lilikuwa ni kuishi ndani na kuwawezesha waamini katika Kristo, jambo ambalo lilifanyika tu baada ya kifo na ufufuo wa Yesu. Katika Yohana 7:39, Yesu alizungumza kuhusu Roho Mtakatifu kutolewa baada ya kutukuzwa Kwake, akirejelea ufufuo Wake na kupaa Kwake kwa Baba. Ilikuwa ni baada ya matukio haya kwamba Roho alikufaa kumwagika juu ya

waamini, kuishi ndani yao na kuwawezesha kwa ajili ya huduma katika ufalme wa Mungu.

Kuna mfano mkubwa kati ya Ubinadamu wa Mwana na kuishi ndani kwa Roho Mtakatifu kwa waamini. Kama vile Mwana wa Mungu alivyovaa mwili wa kibinadamu na kuishi kati yetu (Yohana 1:14), ndivyo Roho Mtakatifu anavyokaa ndani ya mioyo yetu na kutubadilisha kutoka ndani kwenda nje (Warumi 8:9-11). Biblia pia inafundisha kwamba miili yetu sasa ni hekalu la Roho Mtakatifu (1 Wakorintho 6:19-20), ikiweka msisitizo juu ya utakatifu na umuhimu wa kuishi kwake ndani yetu. Kama vile Bwana Yesu alivyosema kwa Baba, "Mwili umenitayarishia" (Waebrania 10:5), ndivyo Roho Mtakatifu anavyoweza kusema kwa Kristo, "Mwili umenitayarishia" (angalia Waefeso 2:22).

10. Matukio yaliyozunguka kuzaliwa kwa Yesu na ujio wa Roho Mtakatifu yalikuwa makubwa na yalisababisha machafuko makubwa miongoni mwa watu. Majibu ya Herode kwa habari za kuzaliwa kwa Yesu—kutetemeka na kuogopa—yalitabiri upinzani na mateso ambayo Yesu na wafuasi wake wangejikuta wanayapitia baadaye. Vilevile, mshangao na mkanganyiko wa umati kwa sauti ya upepo mkali na kusema kwa lugha siku ya Pentekosti yalionyesha ujio wa enzi mpya katika historia ya wokovu. Kama vile Herode na Yerusalemu yote walivyotetemeka kwa habari za kuzaliwa kwa Kristo, kumwaga kwa Roho Mtakatifu kulisababisha machafuko miongoni mwa Wayahudi na wanaume wa dini waliokuwepo Yerusalemu wakati huo. Sauti ya upepo mkali na mitume wakisema kwa lugha iliacha umati ukiwa na mkanganyiko na mshangao, wengine wakiwashutumu mitume kuwa wamelewa (Matendo 2:12-13). Lakini Petro baadaye alielezea kwamba hili lilikuwa kutimiliza unabii wa Yoeli, likiashiria mwanzo wa sura mpya katika historia ya watu wa Mungu (Matendo 2:16-21).

11. Ilikuwa imetabiriwa kwamba Kristo atakapokuja, hatatambulika na kutothaminiwa (Isaya 53), na kweli, hili lilitimia. Vivyo hivyo, Yesu alitangaza, "Roho wa ukweli, ambaye dunia haiwezi kumpokea kwa maana haimuoni wala kumjua" (Yohana 14:17).

12. Kama vile madai ya Umesia ya Kristo yalivyoulizwa, ndivyo vile ujio wa Roho ulivyoshutumiwa: "Wote waliguswa na mshangao na walikuwa na mkanganyiko, wakisema kwa wao kwa wao, 'Hii inamaanisha nini?'" (Matendo 2:12).

13. Mfano huu unafafanuka zaidi: kama vile Kristo alivyosema "mlozi na mlevi" (Mathayo 11:19), ndivyo walivyochukuliwa wale waliokuzwa na Roho kuwa "wamejaa divai mpya" (Matendo 2:13).

14. Kama vile ujio wa Kristo wa hadhara ulitangazwa na Yohana Mbatizaji (Yohana 1:29), maana ya kushuka kwa hadhara kwa Roho Mtakatifu ilielezwa na Petro (Matendo 2:15-36).

15. Mungu alimteua Kristo kutekeleza kazi kubwa ya kununua ukombozi wa watu Wake; vivyo hivyo, Roho alipewa jukumu muhimu la kutekeleza manufaa ya dhabihu ya Kristo kwa wateule Wake.

16. Kama vile Mwana alivyomtukuza Baba kwa matendo Yake (Yohana 14:10), ndivyo Roho anavyomtukuza Mwana kwa kutimiza huduma Yake (Yohana 16:13, 14).

17. Kama vile Baba alivyomtukuza Mwana kwa kusema, "Huyu ni Mwana Wangu mpendwa, ninayependezwa naye; msikilizeni" (Mathayo 17:5), ndivyo Mwana anavyomheshimu Roho Mtakatifu kwa kusema, "Yeye anaye sikia, na asikie yale ambayo Roho asema kwa makanisa" (Ufunuo 2:7).

18. Kama vile Kristo alivyowaachia wafuasi Wake Roho Mtakatifu kwa uangalizi Wake (Yohana 16:7; 14:16), ndivyo Roho atakapowasilisha wale watakatifu kwa Kristo, kama neno "pokea" lilivyoonyesha katika Yohana 14:3. Tunaamini kwamba msomaji atapata furaha ya kiroho katika kusoma sura hii kama vile mwandishi alivyofurahi katika kuandaa sura hii.

Maana ya Ujio wa Roho Mtakatifu Ujio wa Roho Mtakatifu ulileta mabadiliko makubwa kwa waamini wa mapema na bado ni muhimu sana kwa Wakristo leo. Kushuka kwa Roho Mtakatifu siku ya Pentekosti kulitimiliza ahadi ya Yesu ya kumtuma Roho kwa wanafunzi wake (Yohana 14:16-17, 26; 15:26-27; 16:7-15).

Roho Mtakatifu mara nyingi huitwa "Mfariji" au "Msaidizi," akiwaongoza na kuwafundisha waamini (Yohana 14:26; 15:26; 16:7). Roho pia anawawezesha waamini kushuhudia kuhusu Kristo na kutimiza huduma Yake duniani (Matendo 1:8).

Ujio wa Roho Mtakatifu ulileta mabadiliko makubwa katika maisha ya waamini. Uwepo wa Roho ndani yao unabadilisha waamini, na kuwapa uwezo wa kuishi maisha matakatifu na kukua kiroho (Warumi 8:9-11; Wagalatia 5:22-25). Zaidi ya hayo, Roho anawapa waamini karama za kiroho kwa ajili ya kujenga kanisa (1 Wakorintho 12:7-11).

Zaidi ya hayo, ujio wa Roho Mtakatifu siku ya Pentekosti ulikuwa ishara ya agano jipya aliloliahidi Mungu kupitia nabii Yoeli (Yoeli 2:28-29; Matendo 2:16-21). Agano hili jipya lilileta ahadi ya msamaha wa dhambi na kipawa cha Roho Mtakatifu kwa wote wanaoamini katika Yesu (Matendo 2:38-39).

Siku ya Pentekosti, Roho Mtakatifu alikuja kama hapo awali, na hii ilijulikana kama wakati muhimu katika historia ya wokovu. Tukio hili lilikuwa la kipekee na halijawahi kutokea kabla, kwani Roho Mtakatifu alishuka juu ya wanafunzi kwa nguvu na kwa wazi, akiwafanya waongee kwa lugha na kutangaza kwa ujasiri ujumbe wa Injili. Huu ulikuwa wakati wa kutimiliza ahadi ya Yesu kwa wanafunzi wake ya kumtuma Roho Mtakatifu kuwawezesha kwa ajili ya huduma yao na pia alikua ni mwanzo wa kuzaliwa kwa kanisa la Kikristo.

Ujio wa Roho Mtakatifu siku ya Pentekosti ulileta enzi mpya kwa ulimwengu na kuleta mabadiliko makubwa kwa wanafunzi na jamii ya Wakristo wa mapema. Uwepo wa Roho Mtakatifu ndani yao ulileta ujasiri mpya kwao na kuwawezesha kuwa mashahidi wa ufanisi kwa Kristo. Hii inaonekana wazi katika mabadiliko ya Petro, ambaye aligeuka kutoka kuwa mkaidi mwenye hofu wa Kristo hadi kuwa mhubiri jasiri wa Injili.

Ukombozi wa Roho Mtakatifu siku ya Pentekosti ulionyesha kuwa Injili haikuwa imehifadhiwa tu kwa watu wa Kiyahudi, bali ingeubiriwa kwa mataifa yote. Hii ilionyeshwa wazi na umati wa watu kutoka mataifa mbalimbali, wote wakisikia wanafunzi wakizungumza katika lugha zao. Roho Mtakatifu pia alitoa waamini msingi mpya wa ushirika, kwani walikuwa wameunganishwa katika Roho na katika upendo wa Kristo, wakivuka mipaka ya kabila na tamaduni.

Kumpa Roho Mtakatifu siku ya Pentekosti hakikuwa tu kurudia matukio ya awali ya kuonyeshwa kwa Roho. Wakati Roho alikuwa ametolewa kwa watu binafsi na kwa Israeli katika Agano la Kale, ujio wa Roho Mtakatifu siku ya Pentekosti ulikuwa tukio la kihistoria linalobadilisha katika historia ya wokovu.

Tukio hili lilikuwa kutimiza ahadi ya Yesu ya kumtuma Roho Mtakatifu (Yohana 14:26, 16:7-14; Matendo 1:4-5). Ahadi hiyo haikuwa tu kuhusu uwepo wa Roho bali pia kuhusu uwezo wa Roho na uongozi kwa ajili ya huduma ya Kanisa. Siku ya Pentekosti, Roho aliwapa wanafunzi ujasiri wa kuhubiri Injili kwa hadhira tofauti, wakizungumza kwa lugha mbalimbali (Matendo 2:4-11), na kusababisha ubatizo wa maelfu ya watu (Matendo 2:41).

Zaidi ya hayo, ujio wa Roho Mtakatifu siku ya Pentekosti ulionyesha mwanzo wa enzi mpya katika historia ya wokovu. Agano la Kale lilitabiri kwamba Mungu angejaza Roho Wake katika siku za mwisho (Yoeli 2:28-32), na Pentekosti ilionyesha mwanzo wa hizo siku za mwisho. Uwepo na nguvu za Roho Mtakatifu ndani ya Kanisa ni ishara wazi ya mwisho wa wakati na hatua zaidi kuelekea kutimiza mpango wa ukombozi wa Mungu kwa ajili ya wanadamu.

Ujio wa Roho Mtakatifu siku ya Pentekosti haukuwa tu kurudia kuonyeshwa kwa Roho katika matukio ya awali, bali ni tukio kuu na la kipekee lilioashiria mwanzo wa enzi mpya katika historia ya wokovu na lililowezesha Kanisa kwa huduma yake.

Umuhimu wa ujio wa Roho unaweza kueleweka kwa njia kadhaa. Kwanza, ulitimiza ahadi aliyoitoa Baba ambayo Yesu alikuwa ameeleza kabla ya kupaa Kwake (Matendo 1:4-5). Pili, ulikuwa ni ishara ya mwanzo wa enzi ya agano jipya, wakati ambapo Roho Mtakatifu angejaza waamini wote (Yoeli 2:28-29). Tatu, ulionyesha mwanzo wa enzi ya Kanisa, ambapo Roho aliwapa mitume uwezo wa kueneza Injili kwa mataifa (Matendo 1:8). Nne, ujio wa Roho ulionyesha nguvu na utukufu wa Mungu, kama inavyoonyeshwa na ishara na miujiza iliyoambatana na kushuka Kwake (Matendo 2:1-4). Mwishowe, ilikuwa ni uzoefu wa mabadiliko kwa wanafunzi, ukiwaonyesha ujasiri, furaha, na hali ya kina ya ushirika na umoja (Matendo 2:42-47).

1. **Ilikuwa kutimiza ahadi ya kimungu**: Ujio wa Roho Mtakatifu siku ya Pentekosti ulikuwa kutimiza ahadi ambayo Yesu alikuwa amefanya kwa wanafunzi wake kabla ya

kupaa kwake mbinguni. Katika Matendo 1:4-5, Yesu aliwaagiza wanafunzi wake kubaki Yerusalemu hadi wapokee ahadi ya Baba, ambayo ingekuwa ni ubatizo kwa Roho Mtakatifu. Alisema, "Kwa maana Yohana alibatiza kwa maji; lakini ninyi mtabatizwa kwa Roho Mtakatifu si baada ya siku nyingi." Hivyo, ujio wa Roho Mtakatifu ulikuwa kutimiza ahadi hii.

Yohana Mbatizaji pia alitabiri kuhusu ujio wa Roho Mtakatifu. Katika Mathayo 3:11, alisema, "Mimi kwa kweli nabatiza kwa maji kwa ajili ya toba, lakini Yeye atakayekuja nyuma yangu ni mkuu kuliko mimi, ambaye viatu vyake siwezi kustahili kubeba. Yeye atawabatiza ninyi kwa Roho Mtakatifu na kwa moto." Yohana alikuwa akimwazia Yesu, ambaye angewabatiza waamini kwa Roho Mtakatifu, akiwaoshe na kuwawezesha kwa ajili ya huduma. Utabiri huu ulitimia siku ya Pentekosti wakati Roho Mtakatifu alishuka juu ya waamini waliokuwa katika chumba cha juu.

Katika Luka 3:15-16, Yohana Mbatizaji alitangaza, "Mimi kwa kweli nabatiza kwa maji, lakini mwingine aliye mkuu kuliko mimi anakuja, ambaye kiatu chake siwezi kufungua; Yeye atawabatiza ninyi kwa Roho Mtakatifu na kwa moto." Utabiri huu ulitimia siku ya Pentekosti wakati Roho Mtakatifu alishuka juu ya wanafunzi katika umbo la lugha za moto, akiwawezesha kusema kwa lugha mbalimbali. Tukio hili lilikuwa ni mwanzo wa huduma ya Kanisa, ambapo Roho Mtakatifu aliwapa waamini uwezo wa kueneza Injili kwa mataifa yote.

Hivyo, siku ya Pentekosti, kama ilivyoonyeshwa wazi katika Matendo 2:32-33, Yesu alitimiza ahadi Yake kuhusu kumtuma Roho Mtakatifu. Tatu, kuhusu Kristo, Bwana Yesu alitangaza mara kwa mara kuwa atawapa au atawatuma Roho Mtakatifu: Luka 24:49; Yohana 7:37-39; 14:16-19; 14:26; 15:26; 16:7; Matendo 1:5, 8. Kwa umuhimu, alisema, "Atakapokuja Mfariji, ambaye nitamtuma kwenu kutoka kwa Baba... Atashuhudia kuhusu Mimi" (Yohana 15:26), na "Ni faida kwenu kwamba niende, kwa maana nisipoenda, Mfariji hatakuja kwenu; lakini nikienda, nitamtuma kwenu" (Yohana 16:7).

Matukio katika Yohana 20:22 na Matendo 2 yalitimiza utabiri wa Agano la Kale. Matukio haya pia yanadhihirisha imani ya Mshenga—Yesu, ambaye alidai ahadi aliyopokea kutoka kwa Baba. Kama ilivyo semwa katika Matendo 2:33, "Kwa hiyo, akiwa ameinuliwa kwa mkono wa kuume wa Mungu, na baada ya kupokea kutoka kwa Baba ahadi ya Roho Mtakatifu, ametimiza hili, ambalo mnaliona na kusikia." Tangazo hili lilitolewa na Yesu kwa matarajio ya imani Yake.

1. **Ilikuwa ni zawadi ya kupaa ya Mungu kwa Kristo**, aliyopewa ili aweze kuipeleka kama zawadi ya kupaa kwa Kanisa. Hivyo, Kristo alisema, "Tazama, ninawatuma ahadi ya Baba Yangu juu yenu" (Yohana 15:26). Hii ilikuwa zawadi aliyohadiwa na Baba kwa Mwana, na zawadi aliyohadiwa Mwokozi kwa watu wake waaminifu. Kukosekana kwa uwiano katika maneno ya awali na ya baadaye ya Kristo—'Nitaliomba Baba, naye atawapa mwingine Mfariji' na baadaye, 'Nikienda, nitamtuma kwenu'—sasa ni rahisi kueleweka na kupatanishwa.

2. **Ilitimiza mfano muhimu kutoka Agano la Kale**. Hii inaeleza kwa nini Roho alipewa siku ya "Pentekosti," moja ya sikukuu kuu za kidini za Israeli. Kama vile kifo cha Kristo siku ya Pasaka kinavyojumuisha maana kuu (kikitimiza mfano wa Kutoka 12), ujio wa Roho siku 50 baada ya ufufuo wa Kristo siku ya Pentekosti—kama ilivyorekodiwa katika Matendo 2:1-41—pia ina maana kubwa. Mfano huu umeonyeshwa katika Walawi 23, ambao tunaweza kurejelea kifupi hapa. Katika Walawi 23:4, inasema, "Hizi ni sikukuu za Bwana."

Sikuu ya kwanza ni Pasaka (Walawi 23:5), ikifuatiwa na sikuu ya "mkate usio na chachu" (Walawi 23:6, nk.), zote zikimwonyesha Kristo asiye na dhambi akijitoa mwenyewe kama dhabihu kwa ajili ya dhambi za watu wake.

Sikuu ya tatu ni "shada la kusafirishwa" (Walawi 23:10), "matunda ya kwanza ya mavuno" (Walawi 23:10), inayotolewa kwa Mungu "siku ya pili baada ya Sabato" (Walawi 23:11), ishara ya ufufuo wa Kristo (1 Wakorintho 15:23).

Sikuu ya nne ni "sikuu ya wiki," inayoelezwa kikamilifu katika Kutoka 34:22 na Kumbukumbu la Torati 16:10, 16. Inaitwa "sikuu ya wiki" kwa sababu ya wiki saba kamili zilizoonyeshwa katika Walawi 23:15. Pia inajulikana kama "Pentekosti" (inayomaanisha "Hamsini") kutokana na "siku hamsini" zilizozungumziwa katika Walawi 23:16. Siku hii, mabaki ya mavuno yalikusanywa. Israeli ilitakiwa kuleta kwa Mungu "mapishi mawili ya kutikisa," ambayo pia yalijulikana kama "matunda ya kwanza kwa Bwana" (Walawi 23:17). Mfano wa hili unaonekana katika wokovu wa 3,000 siku ya Pentekosti—wakionyesha "matunda ya kwanza" ya upatanisho wa Kristo, kama ilivyorekodiwa katika Yakobo 1:18. Keki moja ilimwakilisha wale waliokolewa kutoka kwa Wayahudi, wakati keki ya pili ilionyesha kukusanywa kwa wateule wa Mungu kutoka kwa Mataifa, ambapo ilianza katika Matendo 10.

3. **Ilikuwa ni mwanzo wa utawala mpya.** Hii ilitabiriwa kwa mfano unaopatikana katika Walawi 23, ambapo Israeli ilitakiwa kutoa "toleo jipya la chakula kwa Bwana" siku ya Pentekosti (Walawi 23:16). Utabiri mkubwa na wazi ulitokea kwa mfano wa kuanzishwa kwa uchumi wa Kimose, ambao ulianza wakati taifa la Israeli lilipoingia rasmi katika agano na Yehova katika Mlima Sinai. Inashangaza kuona kwamba, siku 50 kamili zilipita tangu Waisraeli waondoke kutoka Misri hadi walipopokea Sheria kutoka kwa Musa. Waliondoka Misri tarehe 15 ya mwezi wa kwanza (Hesabu 33:3) na walifika Sinai tarehe ya kwanza ya mwezi wa tatu (Kutoka 19:1), ambayo ilikuwa ni siku arobaini na sita. Siku iliyofuata, Musa alipanda mlima, na siku tatu baadaye, sheria ilitolewa (Kutoka 19:11). Kama vile zilivyokuwa siku 50 kutoka kwa wokovu wa Israeli kutoka Misri hadi kuanza kwa agano la Kimose, ndivyo zilivyokuwa siku 50 baada ya ufufuo wa Kristo (ambapo watu wake walikombolewa kutoka kwa kifo), kipindi cha Kikristo kilianza.

Utawala mpya ulioanza kwenye Pentekosti unasisitizwa zaidi na "lugha za moto" zilizozungumziwa katika Matendo 2:3. Baada ya Kristo kupaa mbinguni, wanafunzi walirejea Yerusalemu na kukusanyika kwenye chumba cha juu kuomba. Siku ya Pentekosti, kama vile Yesu alivyowaahidi, sauti ya upepo mkubwa ilijaza nyumba, na lugha za moto zilikaa juu ya kila mmoja wao. Wote walijazwa na Roho Mtakatifu, na kupata uwezo wa kusema kwa lugha mbalimbali. Huu ulikuwa ni wakati ambapo Petro, akiongozwa na Roho, alianza huduma aliyomwandaa Yesu. Baada ya kupokea Roho Mtakatifu, wanafunzi hawakukaa tu kwenye chumba cha juu wakifurahi kwa utukufu wa Mungu; badala yake, walitoka kwa ujasiri kwenda kushiriki habari njema na dunia. Hii ilimaanisha mwanzo wa Kanisa, kama tunavyolielewa leo.

Wakati Yohana Mbatizaji alisema kuwa Kristo atabatiza "kwa Roho Mtakatifu na kwa moto," kifungu cha "kwa moto" kingeweza kuonekana kinamaanisha kuchoma kimwili kwa yeyote asiyejua mila ya Kiyahudi. Hata hivyo, kwa watu wa Kiyahudi, kingewakumbusha dhana tofauti kabisa—Matendo Sura ya 2 ni utimilifu wa maneno ya unabii ya Yohana. Kwa Waisraeli, kingekumbusha wakati babu yao Ibrahim, aliyetakiwa kurithi nchi aliyoishi kama mgeni, alimuuliza Mungu, "Bwana, nitajuaje kuwa nitairithi?" Jibu lilikuja kwa njia ya maono: "Tazama, tanuru linalokereka na taa inayowaka..." (Mwanzo 15:17). Ingawa pia ingetia akilini moto alioona Musa kwenye kilele cha mti wa miiba, nguzo ya moto iliyowaongoza Waisraeli usiku, na utukufu wa Shekina ulioanguka kujaza hema la kukutania. Hivyo, katika ahadi ya ubatizo kwa moto, wangeweza kutambua kuja kwa ufunuo mpya na wenye nguvu wa uwepo wa Mungu.

Uthibitisho zaidi wa enzi hii mpya unapatikana katika Matendo 2:3, ambapo inasemekana kwamba "zilijitokeza kwao lugha zilizogawanyika kama za moto, na zilikaa juu ya kila mmoja wao." Matumizi ya neno "lika" katika muktadha huu lina maana kubwa katika Maandiko, likionyesha mwisho na mwanzo. Linamaanisha kumalizika kwa maandalizi na kuanzishwa kwa mpango mpya. Kama vile uumbaji wa mbingu na dunia ulimalizika kwa mapumziko ya Mungu siku ya saba, ikiwa kazi ilikuwa imekamilika, ndivyo ilivyokuwa kazi ya ukombozi ya Kristo ilipofikia ukamilifu alipo "kalia" mkono wa kuume wa Utukufu wa Juu baada ya kufanya utakaso kwa ajili ya dhambi. Hakuna kuhani aliyeya awali; makuhani katika Hekalu walihudumu wamesimama kwa sababu kazi yao ilikuwa ya muda mfupi, ikielekeza kwenye uhalisia wa baadaye. Kazi iliyokamilika ya Kristo ilifungua njia kwa ujio wa Roho Mtakatifu. Hadi alipo "kalia" kwa utukufu, kipindi cha Roho kilishindwa kuanza kikamilifu.

Moja ya nyakati zinazotufunulia zaidi katika Maandiko imeandikwa katika Yohana 7:37-39, ambayo inatokea wakati wa "siku ya mwisho ya sikukuu." Sikukuu inayozungumziwa ni Sikukuu ya Vibanda, pia inajulikana kama Sikukuu ya Mabanda au Sukkot. Ni sikukuu ya saba na ya mwisho ambayo Mungu aliamuru Israeli iadhimishe, na moja ya sikukuu tatu za kila mwaka ambapo Wayahudi walitakiwa kusafiri hadi mahali kuliowekwa ili "kujitokeza mbele za

Bwana Mungu wenu" (Kumbukumbu la Torati 16:16). Umuhimu wa Sikukuu ya Vibanda unasisitizwa kwa kutajwa mara kwa mara katika Maandiko. Matukio mengi muhimu katika historia ya Israeli yalitokea wakati wa sikukuu hii, ikiwa ni pamoja na kujitolea kwa Hekalu la Sulemani kwa Bwana (1 Wafalme 8:2).

Sikukuu yenyewe ilidumu kwa siku saba, wakati ambapo Israeli wote waliishi katika vibanda vya muda. Sadaka maalum zilitolewa, na sherehe mbalimbali za kidini zilifanyika. Kila asubuhi, mmoja wa makuhani alichota maji kutoka katika bwawa la Siloamu. Katika kelele za tarumbeta na sherehe nyingine za furaha, maji yalimwagwa juu ya madhabahu. Kitendo hiki kilikuwa ni sherehe ya kutoa shukrani kwa huduma ya Mungu ya maji wakati wa kipindi cha Waisraeli jangwani, na pia ishara ya unabii, ikitarajia ujio wa Roho Mtakatifu. Siku ya saba, sherehe ya kumwaga maji ilikoma, na siku ya nane, siku ya mkutano mtakatifu, ilionekana kama siku kuu ya sikukuu.

Ni siku hii ya mwisho, bila maji, ambapo Yesu alisimama na kuropoka, akisema, "Mtu yeyote akiwa na kiu, na aje kwangu anywe." Kisha akaongeza, "Yeye anayeamini kwangu, kama vile Maandiko yasemavyo, mito ya maji ya uzima itatiririka kutoka ndani yake." Mtume Yohane anatoa ufafanuzi zaidi, akisema kuwa Yesu alikuwa akimaanisha Roho Mtakatifu, ambao waumini wangeupokea baadaye. "Kwa maana Roho Mtakatifu alikuwa hajaonyeshwa bado, kwa sababu Yesu alikuwa haja tukuzwa."

Ingawa kifungu mahsusi alichotumia Yesu hakipo moja kwa moja katika Agano la Kale, ibada ya kumwaga maji wakati wa sikukuu ilikuwa inatokana na maandiko ya kimajilio na unabii ambayo yalielezea maji yakitoka Sayuni, yakiosha, yakiwa na upya, na kuleta uzima duniani. Vipengele muhimu kama vile Yoeli 3:18 na Ezekieli 47 vinatoa ufahamu kuhusu maana ya ibada hii na ahadi ya Yesu.

4. Ilikuwa ni neema ya Mungu ikimwagika kwa Mataifa. Tumeshazungumzia umuhimu wa kushuka kwa Roho Mtakatifu— jinsi ilivyotimiza ahadi za kimungu, kutimiza unabii wa Agano la Kale, na kuashiria mwanzo wa kipindi kipya. Lakini lazima pia tuzingatie na kushangilia neema ya Mungu, sio tu kwa Mataifa bali kwanza kwa Wayahudi wenyewe.

Neema ni kipindi cha sita kama inavyoelezwa kutoka Yohana 19:31 hadi Ufunuo 3:22.

Wasimamizi: Kanisa. Waumini wote ni wahudumu wa matunda ya kiroho na wanachukuliwa kuwa "taifa takatifu" kama ilivyoandikwa katika 1 Petro 2:9.

Kipindi: Enzi hii inajumuisha kutoka Sikukuu ya Pentekoste katika Matendo 2 hadi Unyakuo, kama inavyoelezwa katika 1 Wathesalonike 4:13-18—karibu miaka 2,000 na inaendelea.

Wajibu: Waumini wanaitwa kuwa wakamilike kupitia utakaso, kupendana, na kuonyesha utakatifu unaozidi kuongezeka, kama ilivyoelezwa katika 1 Wathesalonike 4:3 na 2 Yohana 1:5.

Kupotea: Kukosa ukuaji wa kiroho na kujitumbukiza katika mambo ya dunia; makanisa mengi yameanguka katika upotovu. Rejea Wagalatia 5:4 na 2 Timotheo 3:1-5.

Hukumu: Upofu ulioletwa na upotovu na mafundisho ya uongo, kama inavyoonyeshwa katika 2 Wathesalonike 2:3 na 2 Timotheo 4:3.

Neema: Msamaha wa dhambi kupitia Kristo Yesu, kama ilivyoelezwa katika 1 Yohana 3:7 na Yohana 14:20.

Kipindi hiki cha neema mara nyingi kinaitwa Enzi ya Kanisa kwa sababu ni kipindi ambapo Yesu anajenga Kanisa Lake, kama ilivyosemwa katika Mathayo 16:18. Kilianza kwenye Pentekoste (Matendo 2) na kitaisha wakati wote wale waliyozaliwa upya kupitia ubatizo wa Roho Mtakatifu watachukuliwa kwenda kuwa na Yesu (1 Wathesalonike 4:13-18). Kanisa linatajwa tena katika Ufunuo 19, ambapo linarudi duniani pamoja na Bwana Yesu katika Kuja Kwake Kwapili.

Neema ni kibali cha Mungu kisichostahili kilichotolewa kwa wale wasiostahili. Inatumikia kama kanuni ya miongozo ya maisha kwa Kanisa, na kupitia Kanisa, neema ya Mungu inafika kwa dunia yote wakati injili ya Yesu Kristo inasambazwa duniani kote. Imesemwa kuwa neema ilitufanya tuokolewe (Waefeso 2:8-9), inatufadhili (Warumi 5:2), inatufundisha (Tito 2:11-12), na inatufundisha nidhamu (1 Wakorintho 11:28-32; Waebrania 12:5-11). Kwa kuwa Roho Mtakatifu anayeishi ndani ya Kanisa, tunapata uwezo wa kutembea na Bwana na kuishi kulingana na mapenzi Yake (Wafilipi 2:13; Waefeso 2:10; 5:17-18; Wafilipi 1:6; 4:13; Warumi 8:14). Ingawa hatuko mbinguni bado na tunakosa ukamilifu, kama

Kanisa linavyo takaswa, linatoa mwangaza wa mbinguni hapa duniani (Waefeso 2:21-22).

Katika maelekezo Yake ya mwisho kwa Mitume, Yesu aliamuru kwamba "toba na msamaha wa dhambi vipashwe habari kwa jina Lake kati ya mataifa yote, kuanzia Yerusalemu" (Luka 24:47). Hii haikuwa kwa sababu watu wa Kiyahudi walikuwa bado na nafasi ya agano na Mungu—kwa maana taifa lilikuwa limeachwa na Mungu kabla ya kusulibiwa (Mathayo 23:38)—bali ilikuwa kuonyesha rehema Yake isiyo na kifani na wema wa kifalme. Hivyo, katika kitabu cha Matendo, tunashuhudia upendo wa Mungu ukionekana hata katika mji wa uasi wa Yerusalemu. Katika mahali ambapo Yesu alisulubiwa, injili kamili ilihubiriwa, na watu 3,000 walijazwa na Roho Mtakatifu.

Hata hivyo, injili haikustahili kubaki kuwa ya kipekee kwa Wayahudi. Ingawa Mitume walianza ushuhuda wao Yerusalemu, jina lenye nguvu la Kristo lilipaswa kutangazwa "miongoni mwa mataifa yote." Umuhimu wa hili ulionekana wakati "wanaume wa mcha Mungu kutoka kila taifa chini ya mbingu" (Matendo 2:5) walishangaa, wakisema, "Tunaisikiaje kila mtu kwa lugha yake mwenyewe?" (Matendo 2:8). Hii ilikuwa ni maendeleo mapya kabisa. Kabla ya hapo, Mungu alikuwa akitumia Kiebrania au matoleo yake. Kwa hiyo, wazo kwamba kipindi kipya cha "Kiyahudi," kama kile cha "Pentekosti," kilianzishwa hakungiungwa mkono na hadithi ya kimungu. Kilichotokea katika Matendo 2, kwa njia nyingi, kilikuwa ni kinyume cha kilichotokea katika Mwanzo 11. Huko, kugawanyika kwa lugha kulitumika kama hukumu ya kuvuruga umoja ulioharibika, ikionyesha dhihaka ya Mungu kwa dhambi ya Babeli. Kinyume chake, katika Matendo 2, tunaona neema ya Mungu ikidhihirika katika kumiminwa kwa Roho Mtakatifu, ikianzisha umoja mpya na wa thamani, ikionesha ujenzi wa nyumba ya kiroho (Mathayo 16:18), ikiwa na mawe ya hai, tofauti na matofali ya Mwanzo 11:3 na Mnara wa Babeli.

SURA YA 10

Kusudi la Kuja kwa Roho Mtakatifu

Makusudi ya kuja kwa Roho Mtakatifu. Makusudi ya kuja kwa Roho Mtakatifu yanaweza kupatikana katika vifungu mbalimbali vya Biblia, ikiwemo Yohana 14:26, ambapo Yesu aliahidi kumtuma Roho Mtakatifu kuwafundisha na kuwaakikishia wanafunzi wake mambo yote aliyowaambia. Vilevile, katika Yohana 16:7-8, Yesu alisema kwamba Roho Mtakatifu atakuja kuwakemea watu kwa dhambi, haki, na hukumu. Katika Matendo 1:8, Yesu pia aliahidi kwamba Roho Mtakatifu atawapa wanafunzi wake nguvu kuwa mashahidi wake mpaka miisho ya dunia.

Kuja kwa Roho Mtakatifu siku ya Pentekoste, kama ilivyoandikwa katika Matendo 2, kulikuwa ni kutimia kwa ahadi hizi. Roho Mtakatifu aliwapa mitume uwezo wa kuhubiri injili kwa ujasiri katika lugha mbalimbali, na kusababisha kugeuzwa kwa watu wengi. Roho Mtakatifu pia aliwakemea mioyo ya wale waliolisikia neno, na kuwapeleka kwa toba na imani katika Kristo. Kwa ujumla, kusudi la kuja kwa Roho Mtakatifu lilikuwa ni kuwapa nguvu na kuwakamilisha waamini ili waishi imani zao na kushiriki injili kwa wengine. Roho Mtakatifu pia anawakemea na kuwaongoza watu kwenye toba na imani katika Kristo.

1. Kushuhudia juu ya utukufu wa Kristo. Matendo 2:39 inasema, "Kwa maana ahadi hii ni kwenu na kwa watoto wenu, na kwa wote walio mbali, kila mtu ambaye Bwana Mungu wetu atamwita kwake." Ahadi hii inahusu kipawa cha Roho Mtakatifu, ambacho kilimiminwa siku ya Pentekoste na kinapatikana kwa waamini wote. Kipawa hiki kinawapa waamini uwezo wa kuishi maisha yanayompendeza Mungu, kushuhudia kwa Kristo, na kumtumikia kwa ufanisi. Ni muhuri wa kukubaliwa na Mungu kazi ya dhabihu ya Mwanae, Yesu Kristo, na ushahidi kwamba Yeye yuko hai na anatawala kama Bwana na Mwokozi. Hivyo basi, kipawa cha Roho Mtakatifu ni muhimu kwa ukuaji na nguvu ya Kanisa na kutimia kwa Agizo Kuu (Mathayo 28:18-20).

Kulingana na Kutoka 28:33-34, Bwana alimuamuru Musa kutengeneza efodi ya kuhani mkuu kwa kutumia matunda ya granati ya buluu, rangi za zambarau na nyekundu, na kengele za dhahabu kati yao yote kuzunguka pembe za mavazi yake. Kusudi la kengele lilikuwa ili kuhani mkuu asikike alipokuwa anatembea kuingia na kutoka katika Patakatifu pa Patakatifu, ambapo Sanduku la Agano lilikuwa limehifadhiwa, ili atoe huduma mbele za Bwana. Pia ilikuwa ni ishara ya utakatifu na mamlaka ya kuhani na jukumu lake kama mpatanishi kati ya Mungu na watu. Matunda ya granati yalikuwa ishara ya tunda na wingi, ambayo ilikuwa ni kipengele kingine cha baraka na upatikanaji wa Mungu kwa watu wake.

Kuhani Mkuu alikuwa mfano wa Kristo (Waebrania 8:1); Katika kitabu cha Waebrania, mwandishi anafanya mifano kadhaa kati ya ukuhani wa Agano la Kale na huduma ya Yesu Kristo. Kuhani mkuu alikuwa mpatanishi kati ya Mungu na watu, akitoa dhabihu kwa ajili ya dhambi zao, na kuingia katika Patakatifu pa Patakatifu mara moja kwa mwaka katika Siku ya Kafara. Vivyo hivyo, Yesu anahudumu kama mpatanishi kati ya Mungu na wanadamu, akijitoa mwenyewe kama dhabihu kamilifu kwa ajili ya dhambi, na kuingia katika hema la mbinguni kama Kuhani Mkuu wetu ili kuombea sisi (Waebrania 4:14-16; 9:11-12; 10:19-22). Hivyo basi, Kuhani Mkuu anachukuliwa kama mfano, au kivuli, cha Kristo.

Mahali patakatifu ilikuwa ni mfano wa Mbingu (Waebrania 9:24); Katika Waebrania 9:24, inasema: "Kwa maana Kristo aliingia, si katika sehemu takatifu zilizotengenezwa kwa mikono, ambazo ni nakala za mambo halisi, bali aliingia mbinguni mwenyewe, sasa kuonekana mbele za Mungu kwa niaba yetu." Aya hii inahusu jinsi hema ya dunia na vitu vyake, ikiwa ni pamoja na Patakatifu pa Patakatifu, vilivyoundwa kama nakala au kivuli cha ukweli wa mbinguni. Kristo, kama Kuhani Mkuu wetu, aliingia katika Patakatifu pa Patakatifu la kweli mbinguni ili kuleta dhabihu yake kwa niaba yetu.

Kulingana na mfano ulioonyeshwa kati ya kengele za dhahabu kwenye mshipi wa efodi ya kuhani mkuu na sauti kutoka mbinguni na kuzungumza kwa lugha ambayo ilikuwapo wakati wa kumiminika kwa Roho Mtakatifu siku ya Pentekoste. Kama vile sauti ya kengele kwenye mavazi ya kuhani mkuu ilivyokuwa ishara ya kwamba alikuwa hai na anafanya kazi katika mahali takatifu, ndivyo matukio ya kipepo ya Pentekoste yalivyoshuhudia huduma endelevu ya Yesu mbinguni kama Kuhani Mkuu aliyeinuliweyo wa watu wake.

Kitabu cha Waebrania kinasisitiza uendelevu wa kazi ya ukuhani ya Yesu mbinguni, ambayo ilitabiriwa na huduma ya kuhani mkuu wa duniani katika Hema na hekalu. Mwandishi wa Waebrania anaeleza jinsi kifo cha dhabihu cha Yesu msalabani kilivyofungua njia kwa waamini kuingia katika hema la mbinguni kwa imani na kufurahia upatikanaji wa moja kwa moja mbele za Mungu (Waebrania 10:19-22). Kumiminika kwa Roho Mtakatifu siku ya Pentekoste, kwa hiyo, ilikuwa ni uthibitisho wenye nguvu wa ukweli kwamba Yesu alifika mbinguni na alikuwa anahusika kikamilifu kuombea watu wake huko (Waebrania 7:25).

2. Kuchukua nafasi ya Kristo. Roho Mtakatifu anahudumu kama mfariji kwa waamini na anachukua nafasi ya Bwana wetu aliyekosekana duniani. Yesu aliahidi kumtuma Roho Mtakatifu kwa wanafunzi wake baada ya kuondoka kwake, na Roho Mtakatifu alikuja siku ya Pentekoste. Roho Mtakatifu yupo kila mahali na anakaa ndani ya kila mwamini, akitoa faraja, miongozo, na nguvu za kuishi maisha yanayompendeza Mungu. Kama alivyosema Petro, tunapaswa kumtupia Yeye wasiwasi wetu wote kwa sababu Yeye anatujali. Na kama alivyotambua Yohana Mbatizaji, Yesu ni Mwanakondoo wa Mungu anayeondoa dhambi za dunia.

"Nami nitamwomba Baba, naye atawapa mwingine Mfariji, ili akae nanyi milele" (Yohana 14:16). Kauli hii aliiambia Yesu kwa wanafunzi wake wakati wa Meza ya Mwisho, muda mfupi kabla ya kukamatwa kwake na kusulubiwa. Alikuwa akiwaandaa kwa kuondoka kwake na kuwaahidi kwamba ingawa angeondoka kimwili, asingewaacha peke yao. Roho Mtakatifu atakuja kwao na kuwa Mfariji wao, Wakili, Msaidizi, na Mwongozi.

Neno "Mfariji" linatokana na neno la Kigiriki "Parakletos," ambalo linamaanisha "yule anayekuja pembeni ili kusaidia na kutoa faraja." Neno hili pia linatafsiriwa kama Wakili, Mshauri, au Msaidizi katika tafsiri nyingine. Yesu aliahidi kumtuma Roho Mtakatifu kuwa Parakletos huyu kwa wanafunzi wake, kuwa pamoja nao na kuwasaidia milele.

Roho Mtakatifu angekuwa rafiki wao wa kudumu, akiwaongoza katika ukweli wote, akiwaikumbusha yote aliyowafundisha Yesu, na kuwapa nguvu kuwa mashahidi wake mpaka miisho ya dunia. Ahadi hii ya Roho Mtakatifu ilitimia siku ya Pentekoste wakati wanafunzi walijazwa na Roho na kuanza kusema kwa lugha na kutangaza Injili kwa ujasiri.

Hadi wakati huo, Kristo alikuwa "Mfariji" wao, lakini alikuwenda kurudi mbinguni; hata hivyo, kama alivyowaambia, "Sita waacha mkiwa mayatima, nitakuja kwenu" (tafseriwa ya pembeni ya Yohana 14:18); Yesu aliahidi kwamba ingawa angeondoka kimwili, atakuwa bado pamoja nao katika hali ya kiroho kupitia Roho Mtakatifu. Ahadi hii ilitimia siku ya Pentekoste wakati Roho Mtakatifu alikuzwa juu ya wanafunzi na walijazwa na uwepo wake na nguvu zake. Kuanzia wakati huo, Roho Mtakatifu ameendelea kukaa ndani ya waamini, akiwaongoza na kuwafariji kama alivyofanya Yesu alipokuwa kimwili pamoja nao.

"6 Basi, jinyenyekesheni chini ya mkono wenye nguvu wa Mungu, ili awainue wakati unaofaa, 7 mkimtupia yeye wasiwasi wenu wote, kwa maana anawajali" (1 Petro 5:6-7 NASB). Mistari hii kutoka 1 Petro 5:6-7 inawahimiza waamini kujinyenyekeza mbele za Mungu, wakitambua utawala wake na nguvu zake. Kipengele hiki kinawaagiza kutupa wasiwasi wao wote kwa Mungu kwa maana anawajali. Hii ni wito wa kumtumikia Mungu kwa imani na uaminifu, hata katika hali ngumu, tukijua kwamba Yeye anatawala kwa mwisho na ana maslahi bora kwa ajili yao. Kwa kuachilia udhibiti na kujisalimisha kwa mapenzi ya Mungu, waamini wanaweza kupata amani inayokuja kwa kumtumainia Yeye.

3. Kukuza kazi ya Kristo. Hii inaonekana wazi kutoka kwa tamko lake kuhusu Mfariji: "Yeye atanishuhudia" (Yohana 16:14). Neno "Parakletos" (linalotafsiriwa kama "Mfariji" kote katika Injili) pia linatolea "Mwakili" katika 1 Yohana 2:1, na "mwakili" hutokea kama mwakilishi wa mwingine. Mfano: Katika kesi ya kisheria, mwanasheria wa utetezi hawezi kuitwa "mfariji" ingawa uwepo wake ungekuwa faraja ikiwa yeye ni mweledi. Hii ni hasa kweli ikiwa mwanasheria anaweza daima kuhakikisha hukumu ya "sio na hatia," kama Yesu anavyoweza kwa ushuhuda wa Roho. Mungu alijua kwamba hakuna mtu ambaye angeweza kuwa mweledi vya kutosha kusimama mbele yake, kando na kutetea mwingine, kwa hivyo alijichukulia jukumu la kuumba Sadaka ya Upatanisho ya mara moja, inayoshughulikia yote, kutimiza mahitaji yake kwamba dhambi itahukumiwa. Bili ya dhambi kwa kila mtu ililipwa miaka 2,000 iliyopita na Kristo. Roho Mtakatifu anatangaza Ujumbe huu kote duniani, kupitia Wakristo. Kwa hiyo, hakuna mtu anayeweza kuogopa kumjia Mungu Baba ili kutafuta Neema Yake katika Kristo, kwa maana atawakaribisha kwa mikono iliyonyoshwa:

Kwa hiyo, Roho Mtakatifu yuko hapa kutafsiri na kuthibitisha Kristo, kutekeleza kazi ya Kristo katika Kanisa na Ufalme Wake. Yuko hapa kutimiza kusudi lake la ukombozi duniani. Anajaza Mwili wa kimistiki wa Kristo, akiwaongoza katika hatua zake, akidhibiti wanachama wake, akichochea hekima yake, na akitoa nguvu zake. Roho Mtakatifu anakuwa kwa muumini mmoja mmoja na kanisa kwa jumla yote ambayo Kristo angekuwa nayo kama angebakia duniani. Zaidi ya hayo, anawainda kila mmoja wa wale ambao Kristo alikufa kwa ajili yao, anawafufua kwa uzima mpya, anawakemea kwa dhambi, anawapa imani ya kumshika Kristo, na anawafanya kukua katika neema na kuwa na matunda.

Ni muhimu kuona kwamba kazi ya Roho Mtakatifu ni kuendelea na kumaliza ile ya Kristo. Bwana Yesu alitangaza, "Naji kuleta moto duniani; na nini nitafanya ikiwa tayari umeuwaka? Lakini nina ubatizo wa kubatizwa nao; na vipi nitashindwa mpaka utimizwe!" (Luka 12:49, 50). Hubiri la Injili lilikuwa kama "moto duniani," likitoa mwanga na joto kwa mioyo ya wanadamu; ilikuwa "imewashwa" wakati huo, lakini ingeenea kwa haraka zaidi baadaye. Hadi kifo chake Kristo alikuwa "amefungwa": haikuendana na kusudi la Mungu kwamba Injili ihubiriwe kwa uwazi na kwa upana; lakini baada ya kufufuka kwa Kristo, ilienda kwa mataifa yote. Baada ya kupaa kwa Kristo, Kristo hakuwa tena "amefungwa" na Roho alimiminwa kwa wingi wa nguvu Zake.

4. Kumuodolea wateule wa Kristo. "Kaa nyinyi huko Yerusalemu mpaka mpokee nguvu kutoka juu" (Luka 24:49) ilikuwa neno la Kristo kwa Mitume Wake. Inatosha kwa mwanafunzi kuwa kama Bwana wake. Alikuwa amesubiri, alisubiri mpaka alipokuwa na umri wa miaka 30, kabla ya "kupakwa mafuta kuhubiri habari njema" (Isaya 61:1). Mtumishi si juu ya Bwana wake: kama alikopa nguvu za huduma yake kutoka kwa Roho, Mitume hawapaswi kujaribu kazi yao bila mafuta ya Roho. Kwa hivyo, walisubiri, na Roho alikuja juu yao. Kila kitu kilibadilika: ujasiri ulitangulia hofu, nguvu zilikuja badala ya udhaifu, ujinga ukawa nafasi ya hekima, na miujiza mikubwa ikafanywa kupitia wao.

Kwa Mitume aliowachagua, Mkombozi aliyefufuka "aliwaamuru wasiondoke Yerusalemu, bali wangojee ahadi ya Baba," akiwaambia, "Mtapokea nguvu baada ya kuwa Roho Mtakatifu amekuja kwenu; nanyi mtakuwa mashahidi wangu huko Yerusalemu, na Samaria yote, na hata sehemu za mbali za dunia" (Matendo 1:2, 4, 8). Kwa hivyo, tunasoma kwamba, "Na siku ya Pentekoste ilipokamilika, walikuwa wote kwa moyo mmoja mahali pamoja" (Matendo 2:1): umoja wao wa mawazo ulirudi kwa amri na ahadi ya Bwana, na matarajio yao ya kuamini ya kutimia kwake. Siku ya Kiyahudi ilikuwa kutoka jioni hadi jioni inayofuata, na kwa vile kilichotokea hapa katika Matendo 2 kilitokea katika masaa ya mapema ya asubuhi—labda muda mfupi baada ya kuchomoza kwa jua—tunasemwa kwamba siku ya Pentekoste ilikuwa "imekamilika."

Alama za Nje za Kuja kwa Roho Mtakatifu Alama za nje za kuja kwa Roho Mtakatifu zilikuwa tatu: "sauti kutoka mbinguni kama upepo mkali unaovuma," "lugha zilizogawanyika kama moto," na kuzungumza "kwa lugha nyingine kama vile Roho alivyowapa kusema." Kuhusu maana halisi ya matukio haya, na athari zao kwa sisi leo, kumekuwepo na utofauti mkubwa wa maoni, hasa katika miaka

30 iliyopita. Kwa kuwa Mungu Mwenyewe hajaona inafaa kutupa maelezo kamili na ya kina kuhusu hayo, ni jukumu la wahubiri wote kusema kwa heshima na kwa tahadhari. Kulingana na kiwango chetu cha mwangaza, tutajitahidi kwa kifupi kuonyesha baadhi ya mambo ambayo yanaonekana wazi zaidi.

Kwanza, "upepo mkali unaovuma" (Soma sura yote ya Matendo 2 kwa ufahamu) ambao ulijaza nyumba yote ulikuwa ishara ya pamoja, ambayo wote 120 wa Matendo 1:15 walishiriki. Hii ilikuwa nembo ya nguvu isiyoshindika kwa ambayo Person ya Tatu ya Utatu inafanya kazi juu ya mioyo ya wanadamu, ikivunja upinzani wote mbele Yake, kwa njia ambayo haiwezi kuelezeka (Yohana 3:8), lakini ambayo inadhihirika mara moja kwa matokeo yanayozalishwa. Kama vile mwelekeo wa kimbunga unaweza kufuatiliwa baada ya kupita, ndivyo kazi ya kubadilisha ya Roho katika kuzaliwa upya inavyodhihirika wazi kwa wote wanao macho ya kuona mambo ya kiroho.

Pili, "kulitokea kwao ndimi zilizogawanyika kama vile moto, na kukalia juu yao kila mmoja" (Matendo 2:3), yaani, kwa Mitume Kumi na Wawili, na wao pekee. Ushahidi wa hili ni wazi. Kwanza, ilikuwa kwa Mitume pekee kwamba Bwana alizungumza katika Luka 24:49. Pili, kwao tu aliwapa maagizo kupitia Roho baada ya ufufuo Wake (Matendo 1:2). Tatu, kwao tu aliwapa ahadi ya Matendo 1:8. Nne, mwishoni mwa Matendo 1 tunasoma, "akateuliwa (Matthias) akaunganishwa na Mitume kumi na mmoja." Matendo 2 inaanza na "Na" ikiunganisha na 1:26 na kusema, "walikuwa wote kwa umoja mahali pamoja" na juu yao, Roho sasa "alikalia" (Matendo 2:3). Tano, wakati umati wa watu walioshangaa walikusanyika, walijibu, "Je, hawa wote wanaosema si Wagalilaya?" (Matendo 2:7), yaani, "wanaume (Kigiriki, "wameume") wa Galilaya" wa 1:11! Sita, katika Matendo 2:14, 15, tunasoma, "Lakini Petro akasimama na kumi na mmoja akaongeza sauti yake na kusema, Enyi wanaume wa Galilaya na nyote mnaoishi Uyahudi, jambo hili na lijueni, na sikilizeni maneno yangu: Kwa maana hawa hawamezea" —neno "hawa" linaweza kumaanisha tu "kumi na mmoja" waliosimama na Petro!

Hizi "ndimi zilizogawanyika kama moto" ambazo zilishuka juu ya Mitume zilikuwa ishara ya kibinafsi, cheti cha Kimungu kwamba walikuwa mabalozi waliothibitishwa wa Mwanakondoo aliye enzi. Ubatizo wa Roho Mtakatifu ulikuwa ubatizo wa moto. "Mungu wetu ni moto unaokula.' Ishara ya uteule wa uwepo Wake ni moto usiowaka wa duniani, na ishara teule ya idhini Yake ni mwali mtakatifu: agano na dhabihu, patakatifu na enzi vilitakaswa na kukubaliwa kwa kushuka kwa moto. 'Mungu anayejibu kwa moto, huyo ndiye Mungu' (1 Wafalme 18:24). Hiyo ni kipimo cha mwisho na cha ulimwengu cha Uungu. Yesu Kristo alikuja kuleta moto duniani. Ishara ya Ukristo si Msalaba, bali Tongue ya Moto" (Samuel Chadwick).

Tatu, Mitume, "wakizungumza kwa lugha nyingine" walikuwa ishara ya hadhara. 1 Wakorintho 14:22 inasema "ndimi ni ishara, si kwa wale wanaoamini, bali kwa wale wasioamini," na kama vile kifungu kilichopita (ambapo Isaya 28:11 kunukuliwa) kinavyoonyesha wazi, walikuwa ni ishara kwa Israeli wasioamini. Mfano wa kushangaza na uthibitisho wa hili tunaupata katika Matendo 11, ambapo Petro alijaribu kuwashawishi ndugu zake waliokuwa na mashaka huko Yerusalemu kwamba neema ya Mungu sasa ilikuwa ikimwagika kwa Mataifa: ilikuwa maelezo yake ya Roho Mtakatifu kushuka juu ya Kornelio na familia yake (Matendo 11:15-18 na tazama 10:45, 46) ambayo iliwashawishi. Kwa umakini, aina ya Pentekoste ya Lawi 23:22 iligawanya mavuno katika viwango vitatu na hatua: "kukusanya" au sehemu kuu, inayolingana na Matendo 2 huko Yerusalemu; "pembezoni mwa shamba" inayolingana na Matendo 10 huko "Kesaria Filipi," ambayo ilikuwa pembezoni mwa Palestina; na "kusanya" kwa ajili ya "mgeni" inayolingana na Matendo 19 huko Efeso kwa Wagiriki! Hizi ndizo pekee nyakati tatu za "ndimi" zilizorekodiwa katika Matendo.

SURA YA 11

Ishara Kuhusu "Harakati za Pentekosete"

Harakati za Pentekoste ni harakati ya Kikristo inayozingatia jukumu la Roho Mtakatifu katika maisha ya waamini na kuweka mkazo mkubwa juu ya vipawa vya kiroho kama vile kusema kwa lugha, unabii, na uponyaji. Baadhi ya ishara ambazo mara nyingi zinahusishwa na Harakati za Pentekoste ni pamoja na:

1. **Kusema kwa lugha:** Hii ni ishara inayojulikana sana inayohusishwa na Harakati za Pentekoste. Ni desturi ya kusema kwa lugha isiyojulikana kwa msemaji lakini inadhaniwa kuwa ni lugha ya maombi au ujumbe kutoka kwa Mungu.
2. **Unabii:** Kipawa cha unabii ni uwezo wa kupokea na kuwasilisha ujumbe kutoka kwa Mungu. Wapentekoste wanaamini kwamba kipawa hiki bado kinatenda kazi katika kanisa leo.
3. **Uponyaji:** Harakati za Pentekoste zinapigia mstari mkubwa uponyaji wa kimungu, ambao ni imani

kwamba Mungu anaweza kuponya magonjwa ya kimwili na kihisia kupitia maombi.

4. **Miujiza:** Wapentekoste wanaamini kwamba Mungu anaweza kutenda miujiza, kama vile uponyaji wa magonjwa ya hatari, kutupa nje mapepo, na kufufua wafu.

5. **Utambuzi wa kiroho:** Wapentekoste wanaamini kwamba Roho Mtakatifu anaweza kuwapa waamini uwezo wa kutambua uwepo wa mapepo mabaya au shughuli za kishetani.

Ni muhimu kutambua kwamba sio Wapentekoste wote wanaonyesha ishara hizi zote, na kuna anuwai ya imani na desturi katika Harakati za Pentekoste.

Zaidi ya hayo, lengo la kipawa cha kusema kwa lugha katika Agano Jipya lilikuwa ni kwa ajili ya kuhubiri injili kwa watu wa lugha na tamaduni mbalimbali, si kwa ajili ya maombi binafsi au kujijenga (Matendo 2:11; 1 Wakorintho 14:22). Vilevile, Mtume Paulo alisisitiza umuhimu wa ufahamu katika matumizi ya vipawa vya kiroho katika ibada ya hadhara, ili wote waweze kujengwa (1 Wakorintho 14:6-19).

Wakati ni muhimu kuwa wazi kwa kazi ya Roho Mtakatifu na vipawa vyake, lazima pia tutumie utambuzi na kupima uzoefu wote kwa ukweli wa Maandiko. Matunda ya Roho (upendo, furaha, amani, uvumilivu, wema, wema, uaminifu, upole, na kujidhibiti) ni ushahidi wa kweli wa uwepo na kazi ya Roho Mtakatifu katika maisha ya mtu (Wagalatia 5:22-23).

2 Timotheo 3:16-17 inasema: "Maandiko yote yamepumziwa na Mungu na yana manufaa kwa mafundisho, kwa kukemea, kwa kurekebisha, na kwa mafunzo ya haki, ili mtu wa Mungu awe kamili, amejiandaa kwa kila kazi njema."

Aya hii inathibitisha kwamba Maandiko ni Neno la Mungu liliojaa uongozi wa Mungu na ni ya kutosha kwa mafundisho, kuonya, na kutufundisha haki. Inafundisha kwamba kupitia masomo ya Maandiko, tunapata vifaa vya kila kazi nzuri ambayo Mungu ametuita kufanya. Hivyo, hatuhitaji ufunuo mwingine wowote au "vipawa" vilivyodaiwa ili kuwa na vifaa kamili kwa kazi ambayo Mungu anayo kwetu.

Unabii wa Yoeli ulitabiri kwamba Mungu atamwaga Roho Wake juu ya kila mwili na kwamba wale watakaomwamini watahubiri, wataona maono, na kuota ndoto. Pia, ulizungumzia miujiza angani na ishara duniani kabla ya siku kuu na ya kutisha ya Bwana. Petro alieleza kwamba matukio yaliyokuwa yakitokea yalikuwa ni utimizo wa unabii huu na kwamba yalionyesha mwanzo wa siku za mwisho.

Kumwagika kwa Roho Mtakatifu katika Pentekoste ilikuwa ni tukio muhimu katika kanisa la mapema na lilikuwa mwanzo wa kuenea kwa injili hadi mwisho wa dunia. Roho Mtakatifu aliwapa mitume na waamini wa mapema nguvu za kuhubiri injili kwa ujasiri na kutenda miujiza kwa jina la Yesu Kristo. Roho Mtakatifu anaendelea kuwapa waamini nguvu leo hii kuishi maisha ya kimungu na kuwa mashahidi kwa ulimwengu kuhusu upendo na neema ya Mungu.

Matukio yaliyofafanuliwa katika Matendo 2:1-13 yanajulikana kama Siku ya Pentekoste, ambayo ilikuwa ni sherehe ya Kiyahudi iliyoafanyika siku 50 baada ya Pasaka. Katika siku hiyo, Roho Mtakatifu aliumwagika kwa nguvu juu ya wanafunzi, akiwawezesha kusema kwa lugha ambazo hawakuwa wanazijua hapo awali. Ishara hii ya miujiza ilivuta umati mkubwa wa watu, ambao waliguswa na kushangazwa na kile walichokiona na kusikia. Petro kisha alieleza kwamba kile walichokuwa wakishuhudia kilikuwa ni utimizo wa unabii katika Yoeli 2:28-32, ambao ulizungumzia Mungu kumwaga Roho Wake juu ya watu wote katika siku za mwisho.

Maombi

Na nini kinachohusiana na haya yote kwetu leo? Tutajibu kwa sentensi moja: Kuja kwa Roho Mtakatifu kulifuata juu ya utukufu wa Kristo Yesu: Ikiwa basi tunataka kutumia zaidi ya nguvu na baraka za Roho, lazima tumpe Kristo kiti cha enzi cha mioyo yetu na tumvike taji kama Bwana wa maisha yetu.

Katika 2 Wakorintho 5:17, Paulo anaandika, "Basi, ikiwa mtu yuko ndani ya Kristo, yeye ni kiumbe kipya: yaliyo kale yamepita, tazama, mapya yamekuja!" Aya hii inaonyesha kwamba tunapomkubali Kristo kama Bwana na Mwokozi wetu, tunakuwa viumbe vipya ndani Yake. Asili yetu ya zamani, ya dhambi, imepita, na tunapewa asili mpya inayozaliwa kwa Roho (Yohana 3:6). Hata hivyo, bado tunaishi katika ulimwengu ulioanguka na tunakutana na vita inayoendelea kati ya asili yetu ya zamani na asili yetu mpya. Kama

Paulo anavyoandika katika Warumi 7:14-25, hata yeye alikumbana na asili ya dhambi ambayo bado iliishi ndani yake.

Mtume Paulo anazungumzia hili katika Wagalatia 5:16-25, ambapo anawahimiza waamini kutembea kwa Roho na kutoshawishi tamaa za mwili. Analinganisha matendo ya mwili, ambayo yanaonekana katika tabia za dhambi, na matunda ya Roho, ambayo ni sifa za maisha yaliyobadilishwa kwa neema ya Mungu. Kama Wakristo, tunaitwa kujisalimisha kwa uongozi wa Roho Mtakatifu na kumruhusu Yeye kuzaa matunda Yake ndani yetu, huku tukikataa majaribu ya mwili. Huu ni mchakato wa utakatifu wa maisha, ambapo tunakuwa zaidi na zaidi kama Kristo, tunapokubali kazi ya Roho Mtakatifu maishani mwetu.

Roho Mtakatifu anafanya kazi ndani yetu kuzaa matunda Yake, ambayo ni upendo, furaha, amani, uvumilivu, wema, ustahamilivu, uaminifu, upole, na kujizuia (Wagalatia 5:22-23). Roho Mtakatifu pia anatuwezesha kukataa na kushinda matendo ya asili ya dhambi, ambayo yanajumuisha mambo kama uasherati, uchafu, ibada ya sanamu, chuki, wivu, hasira, tamaa ya kibinafsi, na ulevi (Wagalatia 5:19-21). Kwa msaada wa Roho Mtakatifu, tunaweza kuishi maisha yanayomheshimu Mungu na kuonyesha tabia Yake.

Ingawa ni kweli kwamba Mkristo anaweza kugundua changamoto ya kuonyesha daima matunda ya Roho Mtakatifu, ni muhimu pia kutambua kwamba Roho Mtakatifu anafanya kazi ndani ya waamini kuzaa zaidi na zaidi ya matunda Yake maishani mwao. Wakristo wanaitwa kukua na kuwa wakamilifu katika imani yao, na wanapofanya hivyo, wanapaswa kuona ongezeko la ushahidi wa matunda ya Roho Mtakatifu maishani mwao. Ingawa wanaweza kuanguka na kupungukiwa wakati mwingine, wanapaswa kuendelea kumtafuta msaada wa Roho Mtakatifu kushinda mapambano yao na kuzaa matunda zaidi.

Aidha, inafaa kutambua kwamba ingawa ukamilifu hauwezi kupatikana katika maisha haya, bado ni lengo la maisha ya Kikristo. Kama Yesu alivyosema katika Mathayo 5:48, "Basi ninyi lazima mkiwe kamili, kama Baba yenu aliye mbinguni alivyo kamili." Ingawa huenda tusifike ukamilifu kamili katika maisha haya, tunapaswa kuendelea kutafuta hiyo, tukitegemea msaada wa Roho Mtakatifu kutuongoza na kututakasa.

SURA YA 12

Roho Akifanya Kazi Katika Imani

Roho akifanya kazi katika imani inahusu mafundisho kwamba imani ya kiroho ya mtu inaweza kuhamasisha na kuongoza matendo na maamuzi yao, hasa wakati inapotegemea imani. Dhana hii mara nyingi inahusishwa na Ukristo na imani kwamba Roho Mtakatifu anaweza kufanya kazi kupitia watu binafsi kutimiza mapenzi ya Mungu duniani.

Katika muktadha huu, imani inaonekana kama nguvu yenye nguvu inayowezesha watu kushinda vikwazo, kufanya mabadiliko chanya maishani mwao, na kupata maana na kusudi katika uzoefu wao. Inadhaniwa kwamba wakati watu wana imani kwa nguvu ya juu na kutegemea uongozi wake, wanakuwa bora zaidi katika kutambua kile kilicho sahihi na kisicho sahihi na kutenda kulingana na hayo.

Hata hivyo, mafundisho ya Roho kufanya kazi katika imani hayajapunguziliwa tu kwa Ukristo au dini fulani. Inaweza pia kumaanisha wazo kwamba imani na maadili ya mtu yanaweza kuwahamasisha kutenda kulingana na dhamira zao za kina na kufanya tofauti chanya duniani. Mwishowe, Roho kufanya kazi katika imani ni kuhusu nguvu ya imani kubadili maisha na kufanya dunia kuwa mahali bora.

Roho Mtakatifu ndiye mpatanishi wa muungano kati ya Yesu Kristo na waamini. Katika Ukristo, wakati mtu anapomkubali Yesu Kristo kama Mwokozi wao, Roho Mtakatifu anakuja kukaa ndani yao na kuwawezesha kuishi maisha yaliyobadilika. Imani ni muhimu kutimiza muungano huu.

Imani inaonekana kama jinsi mtu anavyoweza kupokea na kupokea zawadi ya wokovu ambayo Yesu Kristo anatoa. Ni kwa imani tu waamini wanaweza kukuza uhusiano wa kibinafsi na Mungu na kupata nguvu ya kubadilisha maisha kupitia Roho Mtakatifu maishani mwao.

Mtume Paulo anaandika katika barua yake kwa Waefeso, "Kwa maana mmeokolewa kwa neema, kwa imani—na hili si la kwenu wenyewe, ni kipawa cha Mungu" (Waefeso 2:8). Aya hii inasisitiza umuhimu wa imani katika ufahamu wa Kikristo wa wokovu. Muungano kati ya Yesu Kristo na waamini unachukuliwa kuwa uhusiano mtakatifu na wa kubadilika ambao unafanyika kupitia Roho Mtakatifu na kukamilika kupitia imani.

"Kwa imani" (Waefeso 3:17). Kristo anaweza kukaa katika mioyo ya waamini kwa njia ya imani. Hii inajitokeza katika kifungu cha Biblia ulichochagua, Waefeso 3:17, kinachosema, "Ili Kristo akae mioyoni mwenu kwa imani. Na naomba kwamba ninyi, mkiwa mmejikita na kutimiza upendo, mpate nguvu, pamoja na watu wa Mungu wote, ili kuelewa upana, urefu, urefu na kina cha upendo wa Kristo."

Ukweli wa Kristo kukaa katika mioyo ya waamini kupitia imani ni jambo kuu katika teolojia ya Kikristo. Inadhaniwa kwamba wakati mtu anapoweka imani yake kwa Yesu Kristo kama Mwokozi wao, wanapokea Roho Mtakatifu, anayekuja kukaa ndani yao na kuwawezesha kuishi maisha yaliyobadilika.

Uwepo wa Kristo katika mioyo ya waamini unaonekana kama chanzo cha nguvu, faraja, na uongozi. Inadhaniwa kwamba kupitia Roho Mtakatifu, waamini wanaweza kushuhudia upendo na nguvu ya Kristo katika maisha yao ya kila siku na kuwawezesha kuishi imani yao kwa njia za vitendo.

Kristo kukaa katika mioyo ya waamini kupitia imani ni kipengele cha msingi cha imani ya Kikristo na inaonekana kama uzoefu wenye nguvu na wa kubadilisha maisha.

Zaidi ya hayo, achilia mbali kusema kwa uthibitisho, imani inayounganisha na Kristo na kuokoa roho si kitendo cha kiasili cha akili kinachokubaliana na Injili, kama vile inavyokubaliana na ukweli mwingine kulingana na ushahidi wa kuaminika, bali ni kitendo cha kimungu, athari inayozalishwa na nguvu ya Roho wa neema, na ni aina ya mtindo wa ukweli kuhusu Mwokozi inayochochea mazoezi yanayolingana na Lengo lake.

Roho inahuishwa na kuwa hai kiroho kupitia imani ni msingi wa imani ya Kikristo. Wakati mtu anapoweka imani yake kwa Yesu Kristo, roho yao inabadilika, na wanaanza kuishi maisha mapya katika Roho.

"Roho ni maisha ya mwili, imani ni maisha ya roho, na Kristo ni maisha ya imani," inadhihirisha wazo kwamba imani ni kipengele muhimu kinachochochea roho na kuifanya iweze kuishi maisha ya kiroho. Ni kwa imani tu mtu anaweza kuungana na Mungu na kushuhudia nguvu inayobadilisha ya Roho Mtakatifu. Katika Ukristo, Kristo ni chanzo cha maisha na lengo la mwisho la imani. Kupitia imani katika Kristo, mtu anaweza kushuhudia msamaha, wokovu, na maisha mapya. Mtume Paulo anaandika katika barua yake kwa Wagalatia, "Nimesulubishwa pamoja na Kristo, siishi tena, bali Kristo anaishi ndani yangu. Maisha nayaishi sasa katika mwili, naishi kwa imani kwa Mwana wa Mungu, aliyenipenda na kujitoa mwenyewe kwa ajili yangu" (Wagalatia 2:20).

Nini "Imani ya Kuokoa"

Ni muhimu kuelewa kwamba maana ya maneno ya kibiblia inaweza kutofautiana na matumizi yao ya kila siku katika hotuba ya kawaida. Hii ni kwa sababu Biblia iliandikwa katika muktadha maalum wa kitamaduni na kihistoria, na maneno yaliyotumika katika Biblia yanaweza kuwa na maana tofauti na muktadha huo.

Kwa hiyo, ili kuelewa maana halisi ya maneno ya kibiblia, ni muhimu kuzingatia muktadha wa kihistoria na kitamaduni ambapo yaliviandikwa, pamoja na lugha asili zilizotumika. Hii inahitaji masomo makini na tafsiri, na ni muhimu kuepuka kuingiza mitindo yetu ya kisasa ya kitamaduni na lugha kwenye maandiko. Zaidi ya hayo, Biblia ina seti tajiri na ngumu ya mawazo na dhana ambazo haziwezi kueleweka kikamilifu kupitia kusoma rahisi na kisichokuwa na kina. Inahitaji masomo makini, tafakuri, na kutambua kwa maombi ili kuelewa undani na maana ya mafundisho ya Biblia.

Ni muhimu kuielekea Biblia kwa unyenyekevu na utayari wa kujifunza, tukitambua kwamba mafundisho yake yanaweza kupingana na kubadilisha ufahamu wetu wa dunia na sisi wenyewe.

Katika mazungumzo ya kila siku, neno "imani" mara nyingi linahusu imani au uaminifu wa mtu katika kitu au mtu kulingana na ushahidi au ushuhuda. Kwa mfano, mtu anaweza kusema kwamba ana imani katika uwezo wa rafiki yake kumaliza kazi, au anaweza kuonyesha imani katika maono ya kiongozi fulani wa kisiasa kwa ajili ya maisha ya baadaye.

Hata hivyo, katika muktadha wa kidini, neno "imani" linapata maana kuu na changamano zaidi. Kwa mfano, katika Ukristo, imani si jambo tu la kukubaliana kiakili au kuamini mafundisho fulani au mafundisho ya dini. Badala yake, ni uaminifu wa kina na wa kibinafsi kwa Mungu na kujitolea kumfuata Kristo katika nyanja zote za maisha. Aina hii ya imani inahusisha kujisalimisha kwa mapenzi na utayari wa kujitolea kwa mpango na malengo ya Mungu.

Hii si suala tu la kukubaliana na ukweli fulani, bali ni kuingia katika uhusiano wa kibinafsi na Mungu kupitia Kristo na kumruhusu Roho Mtakatifu kubadilisha maisha ya mtu kutoka ndani kwenda nje. Ingawa neno "imani" linaweza kuwa na maana tofauti katika muktadha mbalimbali, katika muktadha wa kidini ni kujitolea kwa kina na kubadilisha maisha kwa Mungu, ambayo ni zaidi ya kukubaliana kiakili au kuamini tu.

Watu wengi wanaelewa kidogo kuhusu maana halisi ya imani ya kuokoa, na kwa sababu hiyo, wanaweza kutoielewa kikamilifu maana ya kiroho na nguvu ya mabadiliko ya imani katika Kristo. Katika Biblia, imani ya kuokoa inafafanuliwa kama zawadi ya Mungu, na inatokana na kazi ya Roho Mtakatifu moyoni. Aina hii ya imani inahusisha shauku kubwa ya mtu kuhusu hitaji lake la wokovu, kugeuka kutoka kwa dhambi, na kujitolea kwa Kristo kama Bwana na Mwokozi.

Imani ya kweli inahusisha si tu kupokea Kristo bali pia kujikana mwili na kujitolea kuishi maisha ya utakatifu. Hii ni kwa sababu imani katika Kristo inahusisha mabadiliko makubwa ya moyo na mwelekeo mpya wa vipaumbele na maadili ya mtu.

Tunapoweka imani yetu kwa Yesu, tunapokea zawadi ya haki kupitia Yeye, na haki hii inatolewa kwetu na Mungu kama matokeo ya imani yetu katika Kristo. Hii ndiyo maana Mtume Paulo anaandika kwamba "haki inatolewa kwa imani katika Yesu Kristo kwa wote wanaoamini" (Warumi 3:22).

Ili watu kuelewa kwa kweli umuhimu wa imani ya kuokoa, wahubiri wa sasa lazima wasisitize upana na athari kamili za imani katika Kristo. Hii inahusisha si tu kutangaza habari njema ya wokovu, bali pia kuwachallenge watu kukataa dhambi zao na kuishi maisha ya utakatifu katika Kristo. Ni kwa kukumbatia ukamilifu wa imani ya kuokoa pekee ndiko tunavyoweza kushuhudia nguvu ya kubadilisha ya injili katika maisha yetu.

Imani ya Kuokoa Ni Kazi ya Roho Mtakatifu Ni Mungu pekee, kupitia Roho Wake, anayeiimarisha roho katika sehemu zake zote na kutoa imani ya kiroho inayotuwezesha kuamini Neno la Mungu. Kama vile Mtume Paulo anavyoandika katika 2 Wakorintho 1:21, ni Mungu anayetuweka imara katika Kristo na kututukuza kwa Roho Wake.

Imani ya Mkristo katika Maandiko Matakatifu kama Neno la Mungu si ya msingi wa ushuhuda au mamlaka ya kanisa, bali ni ya msingi wa ushuhuda na nguvu ya Roho Mtakatifu. Ingawa watu wanaweza kutoa hoja zinazoweza kumshawishi akili na kuleta idhini, ni Roho Mtakatifu pekee anayeiimarisha roho na dhamiri na kutoa hakikisho kwa moyo wa uthibitisho wa uandishi wa Kimungu wa Biblia.

Kwa maneno mengine, imani ya kiroho lazima itolewe na Roho wa Mungu kabla Neno la Mungu halijakuwa msingi na uhakikisho wa imani yetu. Imani hii ya kiroho si jambo tu la kukubaliana kiakili au kukubaliana na mafundisho fulani, bali ni imani kubwa inayotoka kwa kazi ya Roho Mtakatifu moyoni.

Hivyo basi, Wakristo wanahitaji kutafuta mwongozo na nguvu ya Roho Mtakatifu katika masomo na tafsiri ya Maandiko. Ni kupitia mwangaza na mwongozo wa Roho pekee ndiyo tunaweza kuelewa kwa kweli na kutekeleza Neno la Mungu katika maisha yetu.

Imani katika Neno-Kristo:

Roho Mtakatifu ambaye aliwahamasisha watu watakatifu wa zamani kuandika Neno lisiloshindwa la Mungu pia anafanya kazi kurudisha kwa hali ya awali au nguvu imani isiyoweza kutetereka.

Neno la Mungu ni msingi wa imani yetu, na ni kwa nguvu ya Roho Mtakatifu tu ndiko roho iliyo hai inavyoweza kuona Utu Mkuu wa Kimungu ukionekana katika Maandiko na kuimarishwa katika kanuni hii ya kwanza.

Roho iliyozaliwa upya inajisikia kwamba kuna nguvu kubwa au uchungu katika Neno la Mungu kwamba lazima iwe ya Kimungu. Hakuna kiasi cha hoja zinazochosha au ushawishi unahitajika kumshawishi roho iliyozaliwa upya kuhusu uandishi wa Kimungu wa Maandiko, kwa maana tayari wana uthibitisho ndani yao kuhusu asili yao ya mbinguni.

Imani inayofanywa ndani ya moyo kwa nguvu ya Roho ni aina ya imani inayoridhisha mwenyewe kwamba Maandiko sio mengine isipokuwa Neno la Mungu aliye hai. Ni imani ambayo imetiwa msingi sio kwa mantiki ya kibinadamu au ushawishi, bali kwa nguvu na ushuhuda wa Roho Mtakatifu. Kama alivyosema Yesu mwenyewe katika Yohane 16:13, "Lakini yeye, Roho wa kweli, atakapokuja, atawaongoza ninyi katika ile kweli yote."

Imani katika Kristo Yesu:

Roho Mtakatifu anakuja kama Mfariji na kuleta ujumbe wa Injili, akifichua kwa roho utu na kazi ya Bwana Yesu Kristo. Anafungua macho ya moyo kuona uzuri na kutosha kwa Kristo kama Mkombozi na Mwamuzi pekee kati ya Mungu na mwanadamu.

Kupitia kazi ya Roho Mtakatifu, roho inawezeshwa kuamini kwa Kristo, kutegemea Yeye kama tumaini lake pekee na kimbilio. Imani katika Kristo si uwezo wa asili wa moyo wa binadamu bali ni kipawa cha neema ya Mungu, kinachofanywa na Roho Mtakatifu. Ni Roho Mtakatifu ambaye anahakikishia roho ukweli na uhalisia wa utu na kazi ya Kristo, na ambaye anaiwezesha roho kumkumbatia kwa imani.

Kazi ya Roho Mtakatifu ya kutengeneza imani katika Neno la kibinafsi, Bwana Yesu Kristo, ni kipengele muhimu cha maisha ya Kikristo. Bila imani katika Kristo, hakuna wokovu, na bila kazi ya Roho Mtakatifu ya kutengeneza imani, hakuna atakayekuja kwa Kristo. Hivyo, ni muhimu kutambua na kutambua kazi ya Roho Mtakatifu katika wokovu wetu, kwa maana ni kwa nguvu na neema yake pekee tunaweza kuokolewa na kuwa na uzima wa milele.

Jinsi Roho Mtakatifu Anavyofanya Kazi ya Imani ya Kuokoa

Roho Mtakatifu hufanya kazi ya imani ya kuokoa kwa mtu kupitia njia kadhaa. Kwanza, anamuhukumu mtu kwa dhambi zake na hitaji lake la Mkombozi. Roho Mtakatifu analeta hukumu kwa moyo, akifichua kwa mtu hali yake ya kiroho mbele za Mungu, na hitaji lake la msamaha na upatanisho na Yeye.

Pili, Roho Mtakatifu anang'aa Neno la Mungu kwa mtu. Biblia ndiyo njia kuu ambayo Mungu anatuambia, na Roho Mtakatifu anatuwezesha kuelewa na kutekeleza mafundisho yake katika maisha yetu. Kupitia mwanga wa Roho Mtakatifu, mtu anaweza kuelewa ukweli kuhusu upendo wa Mungu, mpango wake wa ukombozi, na utu na kazi ya Yesu Kristo.

Tatu, Roho Mtakatifu anazaa upya moyo wa mtu. Kuzaliwa tena ni mabadiliko ya kiroho yanayotokea wakati mtu anapopokea uzima mpya ndani ya Kristo. Roho Mtakatifu anampa mtu asili mpya, akimuwezesha kujibu Injili kwa imani na toba.

Nne, Roho Mtakatifu anamwezesha mtu kufanya imani ya kuokoa kwa Yesu Kristo. Imani si jitihada ya kibinadamu au uamuzi wa kiakili tu bali ni kipawa cha kimungu. Roho Mtakatifu anamwezesha mtu kumwamini Yesu Kristo kama Mwokozi na Bwana wao, kugeuka kutoka kwa dhambi, na kumfuata Kristo kwa utiifu.

Mwisho, Roho Mtakatifu anamhakikisha mtu kama mtoto wa Mungu. Muhuri ni uthibitisho wa wokovu ambao Roho Mtakatifu anampa muumini. Ni dhamana ya urithi wao katika Kristo na ahadi ya uwepo na nguvu za Roho Mtakatifu katika maisha yao. Roho Mtakatifu hufanya kazi ya imani ya kuokoa ndani ya mtu kupitia hukumu, mwanga, kuzaliwa tena, uwezeshaji, na muhuri. Kazi ya Roho Mtakatifu ni muhimu katika mchakato wa wokovu, na ni kwa nguvu na neema yake pekee tunavyoweza kuja kwa imani katika Yesu Kristo na kuwa na uzima wa milele.

Wakati roho imejaa kukata tamaa na kukosa tumaini, nguvu za kibinadamu hazitoshi kuiondoa na kuiweka juu ya Mwamba Imara wa Kristo. Mtu aliyeokolewa anahisi kina cha dhambi zao na uovu wa moyo wao wenyewe, wakitambua kuwa matendo yao ya awali ni makosa ya sheria zilizowekwa na Mungu.

Katika hali hii, mwenye dhambi anaweza kujisikia kuwa yuko mbali na tumaini na kwamba Injili si kwa ajili yao. Wanaweza kusoma Neno la Mungu na kuona tu laana na huzuni, au wanaweza kuhisi kwamba marafiki wa kiroho wanaowahimiza kuamini na kujitosa kwa rehema ya Mungu wanashindwa kuelewa hali yao. Mtu mwenye dhambi anaweza kuamini kwamba hawawezi kufanya hili kwa nguvu zao binafsi na kwamba msaada wote wa kujisaidia na wa kibinadamu hauna manufaa.

Hata hivyo, ni katika wakati huu ambapo kazi ya Roho Mtakatifu inajidhihirisha zaidi. Roho Mtakatifu ni Mfariji anayeja pamoja na muumini, akimuwezesha kuona tumaini lilio ndani ya Kristo. Roho Mtakatifu ndiye anayeinua roho kutoka kwenye tope la kukata tamaa na kuiweka juu ya Mwamba Imara wa Kristo.

Kupitia kazi ya Roho Mtakatifu, mwenye dhambi anaweza kupata tumaini na uhakikisho ndani ya Kristo. Roho Mtakatifu anahukumu moyo kwa dhambi na kumpeleka mwenye dhambi kwenye toba na imani. Roho Mtakatifu anang'aa Neno la Mungu, akimuwezesha mwenye dhambi kuona ukweli kuhusu upendo na neema ya Mungu. Roho Mtakatifu anazaa upya moyo, akimpa mwenye dhambi uzima mpya ndani ya Kristo. Na Roho Mtakatifu anamhihirisha mwenye dhambi, akimhakikishia wokovu wao na ahadi ya uzima wa milele. Wakati roho inazama katika kukata tamaa na kukosa tumaini, ni kazi ya Roho Mtakatifu inayomwezesha mwenye dhambi kupata tumaini na uhakikisho ndani ya Kristo. Ni kwa nguvu ya Roho Mtakatifu pekee kwamba mwenye dhambi anaweza kuinuliwa kutoka kwenye tope la kukata tamaa na kuwekwa juu ya Mwamba Imara wa Kristo.

Wakati Roho Mtakatifu anafanya kazi ya imani ndani ya mtu, kwanza anabomoa jengo la kujifanya na matamanio ya kibinadamu. Anavunja kuta za kujiona kuwa wa haki na kuharibu misingi iliyowekwa katika kujifariji na kutosheleza kwa asili. Roho Mtakatifu anamfikisha mtu kwenye hatua ya kutambua dhambi zao na kutokuwa na uwezo kabisa wa kujikope mwenyewe.

Roho Mtakatifu anamwamsha mtu kutambua hali yao ya kupotea na kutokuwa na msaada, akiwaaminisha kwamba wao ni wale wanaostahili kuangamizwa ikiwa wangeachwa kwa mapenzi yao. Mtu hana tena udanganyifu wa uwezo wao wa kujikoa au hata kupokea Kristo kama Bwana na Mwokozi wao.

Katika hali hii, mtu anatambua kwamba hana "nguvu" na hawezi kupokea Kristo zaidi ya jinsi anavyoweza kupanda mbinguni. Mtu anajua kuwa wanahitaji nguvu kubwa ya kimungu ili waweze kumwendea Kristo, ambaye huwafanyia haki wasiokuwa wa haki.

Hivyo, Roho Mtakatifu inakuwa muhimu katika mchakato wa imani ya kuokoa. Ni Roho Mtakatifu mwenye nguvu zote pekee anayeweza kuinua roho iliyoshikwa kutoka kwenye shimo la kukata tamaa na kuwawezesha kuamini wokovu wa roho zao. Roho Mtakatifu ndiye anayemhakikishia mtu kuhusu hitaji lao la Mwokozi na kuwaongoza kwenye toba na imani kwa Kristo.

Jinsi ya Kuonyesha Shukrani na Kumtukuza Roho Mtakatifu

Hapa kuna baadhi ya njia ambazo Wakristo wanaweza kumshukuru na kumtukuza Roho Mtakatifu:

1. **Tambua kazi ya Roho Mtakatifu katika maisha yako:** Chukua muda kufikiria jinsi Roho Mtakatifu alivyofanya kazi katika maisha yako na toa shukrani zako kwa sala au kupitia kuandika.
2. **Shiriki ushuhuda wako:** Waambie wengine jinsi Roho Mtakatifu alivyofanya kazi katika maisha yako na jinsi alivyokuletea amani na furaha. Hii inaweza kuwahimiza wengine katika imani yao na kuwasaidia kuona kazi ya Roho Mtakatifu katika maisha yao.
3. **Omba kwa Roho Mtakatifu:** Omba kwa Roho Mtakatifu, ukimshukuru kwa kazi yake katika maisha yako na kumwomba aendelee kukuongoza na kukutia nguvu.
4. **Soma na tafakari kuhusu Maandiko:** Soma na tafakari kuhusu vifungu vinavyosema kuhusu Roho Mtakatifu na kazi yake, kama vile Warumi 15:13, 1 Petro 1:8, na Wafilipi 4:7.
5. **Abudu na mtukuze Mungu:** Abudu na mtukuze Mungu, ukitambua kazi ya Roho Mtakatifu katika maisha yako na kumtukuza na kumpa heshima anayoistahili.

SURA YA 13

Roho Mtakatifu Akisaidia

Roho Mtakatifu haifanyi tu kazi ya kuokoa imani katika moyo wa mcha Mungu bali pia anasaidia na kuwajenga katika safari yao ya Kikristo. Roho anakuja pamoja na waamini na kuwausaidia kwa njia mbalimbali, kama vile kuwahukumu kwa dhambi, kuwaongoza katika ukweli, kuwafariji wakati wa taabu, kuwawezesha kwa huduma, na kuzalisha matunda katika maisha yao.

Roho anawahukumu waamini kwa dhambi, si kwa ajili ya kuwa hukumu, bali ili kuwaongoza kwa toba na kukiri dhambi zao. Anawasaidia kuona mitindo ya dhambi katika mioyo yao na matendo yao ili waweze kukiri mbele za Mungu na kupokea msamaha na kusafishwa (1 Yohana 1:9). Roho pia anawaongoza waamini katika ukweli, akiwaongoza kuelewa Maandiko na kuyatekeleza katika maisha yao. Anang'aa ukweli na kufunua mambo ya siri ya Mungu (1 Wakorintho 2:10-13).

Wakati wa mateso, Roho ndiye Mfariji anayekuja kando na waamini kuwatia moyo na kuwapa nguvu. Analeta amani kwa mioyo yao na kuwatia moyo kwa upendo na huduma ya Mungu (Yohana 14:16-17, 26).

Roho Mtakatifu pia anawawezesha waamini kwa ajili ya huduma. Anawapa karama za kiroho kwa ajili ya kujenga kanisa na kueneza injili (1 Wakorintho 12:4-11). Anawawezesha kuzungumza kwa ujasiri na kwa ufanisi kwa ajili ya Kristo (Matendo 1:8) na kuishi maisha ya utakatifu yanayoleta utukufu kwa Mungu (Wagalatia 5:16-25).

Hatimaye, Roho anazalisha matunda katika maisha ya waamini. Matunda haya ni pamoja na upendo, furaha, amani, uvumilivu, wema, wema, uaminifu, upole, na kujidhibiti (Wagalatia 5:22-23). Wakati waamini wanapojikabidhi kwa Roho Mtakatifu na kutembea katika utiifu kwa Neno la Mungu, Roho anazalisha sifa hizi katika maisha yao, na kuwaweka karibu zaidi na Kristo.

Kwa njia hizi zote, Roho Mtakatifu anasaidia na kuwaimarisha waamini katika safari yao ya Kikristo. Wanapomtegemea na kumtii katika uongozi wake, wanapata maisha ya shukrani ambayo Kristo aliahidi (Yohana 10:10).

Jukumu la mateso

Njia za Mungu mara nyingi ni za kificho na zisizoeleweka kwetu sisi kama viumbe wenye mipaka. Kama vile mtume Paulo alivyosema katika Warumi 11:33, "Ewe, urefu wa utajiri wa hekima na maarifa ya Mungu! Jinsi hakupimika hukumu Zake, na jinsi njia Zake zisivyojulikana!" Hata hivyo, tunaitwa kumwamini Mungu kwa wema na hekima Yake, hata katikati ya majaribu na mateso. Kama vile Yakobo alivyosema katika Yakobo 1:2-4, "Hesabuni yote kuwa furaha, ndugu zangu, mnapokutana na majaribu ya aina mbalimbali, mkijua ya kuwa kujaribiwa kwa imani yenu huleta subira. Na subira ikiwa kamili, ili mpate kuwa wakamilifu na kupungukiwa na kitu chochote." Tunaweza kupata faraja katika ukweli kwamba hata katika mateso yetu, Mungu anafanya kazi yote kwa faida yetu ya mwisho na utukufu Wake (Warumi 8:28). Na tunaweza kupumzika katika ahadi kwamba siku moja, tutakuwa pamoja Naye milele katika mahali ambapo hakuna huzuni, mateso, au maumivu (Ufunuo 21:4).

Katika Warumi 8:26-27, Mtume Paulo aliandika kuhusu msaada ambao Roho Mtakatifu anawapa waamini wakati wa mateso na udhaifu. Aliandika kuwa Roho hutusaidia katika udhaifu wetu, akituombea kwa njii zisizoelezeka kwa maneno. Hata wakati hatujui tutalii nini, Roho hututolea ombi kwa niaba yetu kulingana na mapenzi ya Mungu.

Hii ni faraja kubwa kwa waamini ambao wanaweza kujisikia wamenyewa na hali zao na hawawezi kupata maneno ya kuelezea maumivu yao, huzuni, au mkanganyiko. Roho Mtakatifu anakuja kando yetu kama msaidizi na mfariji, akitoa nguvu na uongozi hata wakati hatujui jinsi ya kuomba.

Zaidi ya hayo, katika mstari wa 28, Paulo anatutia moyo kuwa Mungu anafanya kazi zote kwa pamoja kwa faida ya wale wanaompenda na walioitwapo kulingana na mapenzi Yake. Hii haimaanishi kwamba kila kinachotutokea ni kizuri kwa lenyewe, bali kwamba Mungu anaweza kuchukua hata hali ngumu zaidi na kuzitumia kwa faida yetu ya mwisho na utukufu Wake.

Kwa njia hii, msaada wa Roho Mtakatifu wakati wa mateso ni sehemu ya mpango mkubwa wa Mungu kuleta ukombozi na upya kwa vitu vyote. Ingawa hatuelewi kila wakati kwa nini tunapitia nyakati ngumu, tunaweza kumwamini kuwa Roho Mtakatifu yupo pamoja nasi, akituombea kwa niaba yetu, na kufanya kazi zote kwa pamoja kwa faida yetu.

Msaada katikati ya shida

Roho Mtakatifu anamsaidia mcha Mungu katika udhaifu wake kwa njia mbalimbali. Kwanza, Anaombea kwa niaba ya mcha Mungu kwa mapigo yasiyoweza kuelezeka kwa maneno (Warumi 8:26). Wakati mcha Mungu amejaa mzigo kiasi cha kutoweza kuomba kama inavyostahili, Roho Mtakatifu anamuombea kwa niaba yake, akileta maombi yake mbele za Baba kwa njia inayoendana kikamilifu na mapenzi ya Mungu.

Pili, Roho Mtakatifu anamsaidia mcha Mungu kuelewa Neno la Mungu, kulitekeleza katika maisha yake, na kutofautisha ukweli kutoka kwa kosa (Yohana 16:13; 1 Wakorintho 2:12-14). Anaangaza akili ya mcha Mungu na kumongoza katika ukweli wote, akifafanua mambo ya Mungu kwake.

Tatu, Roho Mtakatifu anamsaidia mcha Mungu kudumu katika majaribu na mateso, akimpa nguvu za kustahimili na kudumu katika imani. Anampa mcha Mungu nguvu za kushinda majaribu na kupinga mashambulizi ya adui (Waefeso 6:10-18).

Nne, Roho Mtakatifu anazalisha katika mcha Mungu matunda ya Roho, ambayo ni pamoja na upendo, furaha, amani, uvumilivu, wema, wema, uaminifu, upole, na kujidhibiti (Wagalatia 5:22-23). Wakati mcha Mungu anapojikabidhi kwa uongozi wa Roho Mtakatifu,

Anazalisha ndani yake sifa hizi zinazofanana na Kristo, akimgeuza kuwa mfano wa Kristo.

Hatimaye, Roho Mtakatifu anamhakikishia mcha Mungu kuhusu uana wa Mungu na urithi wake katika Kristo, akimpa ujasiri wa kukutana na changamoto za maisha kwa ujasiri na moyo mkuu (Warumi 8:15-16). Anashuhudia pamoja na roho ya mcha Mungu kuwa yeye ni mtoto wa Mungu na kwamba hakuna kitu kitakachomwatoa mbali na upendo wa Mungu katika Kristo Yesu.

Msaada wa neema wa Roho Mtakatifu unatekelezwa kwa kumtia nguvu mcha Mungu ndani yake, kutoa huruma, na kuamsha nguvu za kudumisha tumaini na imani licha ya majaribu na mateso wanayokutana nayo. Roho Mtakatifu anafanya kazi kimya na kisichoonekana, akitia muhuri ahadi katika moyo wa mcha Mungu, akionyesha picha za faraja za Kristo, na kupuliza maneno ya upendo ili kupunguza huzuni zao na kutoa ujasiri mpya. Kama matokeo, mcha Mungu anaweza kustahimili majaribu ya mara kwa mara ya Shetani, kudumisha imani yake, na kushikilia tumaini lake katika Kristo. Msaada wa Roho Mtakatifu ni muhimu kwa uvumilivu wa mcha Mungu mbele ya majaribu na mateso na ni ushuhuda wenye nguvu wa neema na rehema zinazoshikilia za Mungu.

Upendo wa Mungu haupungui kwa sababu ya mateso yetu, bali unazidi kuonekana kupitia jinsi anavyotufanya tuendelee kupitia mateso hayo. Ni katika udhaifu wetu ambapo nguvu Zake zinakamilika, na ni katika majaribu yetu ambapo upendo Wake unaonyeshwa kikamilifu. Mtume Paulo alielewa ukweli huu alipoandika, "Kwa maana ni na uhakika kwamba, wala mauti, wala uzima, wala malaika, wala mapenzi ya utawala, wala nguvu, wala vitu vilivyo sasa, wala vitu vitakavyokuja, wala kimo, wala kina, wala kiumbe kingine chochote kitakachoweza kututenga na upendo wa Mungu, ulio katika Kristo Yesu Bwana wetu" (Warumi 8:38-39). Tunaweza kupata faraja kwa ukweli kwamba hakuna kinachoweza kututenga na upendo wa Mungu, hata katikati ya mateso yetu.

Sisi ni dhaifu na wanyonge kwa wenyewe, kwa maana "mnyama wote ni majani, na urembo wake wote ni kama ua la shambani" (Isaya 40:6). Mstari huu kutoka Isaya 40:6 ni ukumbusho wa hali ya muda ya maisha ya binadamu na udhaifu wa wanadamu. Unalinganisha hali ya binadamu na majani, yanayonyauka na kupotea, na ua la shambani, linalochanua kwa muda mfupi na kisha kufifia.

Mstari huu unasisitiza uhamaji wa maisha ya binadamu na hitaji la kutegemea nguvu za Mungu zisizokwisha badala ya uwezo wetu wa muda. Katika muktadha wa kifungu hiki, mstari huu ni ujumbe wa tumaini na faraja kwa watu wa Israeli waliokuwa uhamishoni na wakijisikia kukata tamaa. Unawakumbusha kwamba licha ya matatizo yao ya sasa, ahadi za Mungu zitadumu na nguvu Zake zitawaendelea.

Kama wanadamu, sisi ni dhaifu katika nyanja mbalimbali kama vile udhaifu wa kimwili, kihemko, na kiroho. Tunaweza kupambana na maswala ya kiafya, matatizo ya afya ya akili, matatizo ya kifedha, matatizo ya uhusiano, na changamoto nyingine nyingi ambazo zinaweza kutufanya tujione tumejaa huzuni na hatuna nguvu. Katika nyakati kama hizi, tunaweza kuuliza kama tunaweza kushinda au kujiuliza kwa nini Mungu anaruhusu tupitie mateso mengi hivyo. Hata hivyo, ni muhimu kukumbuka kwamba hatuko peke yetu katika mapambano yetu na kwamba Mungu ameahidi kuwa pamoja nasi daima, akitupa nguvu na faraja tunazohitaji ili kustahimili. Kama Mtume Paulo alivyosema katika 2 Wakorintho 12:9, "Neema yangu inatosha kwako; kwa maana nguvu zangu hukamilika katika udhaifu."

Magonjwa, hali za udhaifu, na magonjwa ya Wakristo ni tofauti kama vile watu wenyewe. Wengine wanaweza kupambana na matatizo ya afya ya akili kama vile wasiwasi au huzuni, wakati wengine wanakutana na vizuizi vya kimwili kutokana na magonjwa sugu au ulemavu. Wengine bado wanaweza kuwa wanapambana na uraibu au dhambi nyingine zinazowakumba. Bila kujali aina ya udhaifu wetu, tunaweza kupata faraja kwa kujua kuwa hatuko peke yetu katika mapambano yetu na kwamba Mungu yuko pamoja nasi kututia nguvu na kutuendeleza. Kama Mtume Paulo alivyosema, "Naye akaniambia, Neema yangu inatosha kwako; kwa maana nguvu zangu hukamilika katika udhaifu. Kwa hiyo, nitajivunia zaidi katika udhaifu wangu, ili nguvu za Kristo ziwe juu yangu" (2 Wakorintho 12:9).

Msaada wa Roho Mtakatifu si tu msaada wa kimaadili, bali ni ushiriki wa moja kwa moja. Anakuja pamoja na mcha Mungu na anashiriki katika mapambano yao, akishirikiana mzigo na kutoa nguvu na msaada wa kutosha ili kustahimili. Roho Mtakatifu si mchunguzi mbali na mapambano yetu, bali ni msaada mwenye huruma na nguvu ambaye anashiriki kwa karibu katika maisha yetu.

Ukweli huu unapaswa kuleta faraja kubwa kwa Wakristo wanaopambana na udhaifu wao, haijalishi aina yake. Wanaweza kuwa na uhakika kwamba hawako peke yao katika mapambano yao, bali wana Msaada wa Kimungu anaye shirikiana nao kuwatia nguvu na kuwaendeleza. Hii inapaswa kuwa hamasa kwao kuendelea kwa imani, hata katikati ya majaribu, wakijua kwamba Roho Mtakatifu yuko pamoja nao na hatawaacha.

"Mbali na hivyo, amuombe Maryamu anisaidie" (Luka 10:40), Katika kifungu hiki, Martha alikuwa akijiandalia chakula wakati dada yake Mary alikuwa ameketi miguuni mwa Yesu, akisikiliza mafundisho Yake. Martha alikasirika kwamba Mary alikuwa akimwacha akifanya kazi peke yake na akamuomba Yesu amwambie amsaidie. Yesu akajibu kwa kusema, "Martha, Martha, unashughulika na vitu vingi. Lakini jambo moja linahitajika, na Mary ameichagua sehemu nzuri, ambayo haitachukuliwa kwake" (Luka 10:41-42). Yesu anasisitiza umuhimu wa kutumia muda na Yeye na kujifunza kutoka Kwake, badala ya kujihusisha na kazi za kidunia.

Roho Mtakatifu anasaidia udhaifu wa Wakristo sio tu kwa kutoa huruma, bali pia kwa kushiriki kikamilifu katika hali hiyo. Roho Mtakatifu anawapa Wakristo nguvu na msaada wanaohitaji ili kustahimili udhaifu wao, kama vile mama anavyomsaidia mtoto wake kujifunza kutembea kwa kumshikilia na kumwelekeza. Vivyo hivyo, Roho anawapa Wakristo mkono wa kielezi wa kujitegemea, akiwapa msaada wanaohitaji ili kuendelea kupitia mapambano yao. Roho Mtakatifu haangalii tu mapambano ya Mkristo kutoka mbali, bali anashiriki kwa moja katika maisha yao ili kuwasaidia kushinda udhaifu wao.

Roho Mtakatifu amefanya haki kumtaja tu kama "Mfariji," "Mshauri," au "Msaidizi." Hebu tuchunguze neno "Parakletos," sasa kwamba tunafahamu ni nani tunayemuelezea.

Katika hadithi ya Ayubu, tunapata neno "Parakletos" likitafsiriwa kama "wafariji." "Parakletos" ni neno lilio katika Ayubu 16:2 katika tafsiri ya Septuagint au tafsiri ya Kigiriki ya Agano la Kale. Ayubu alikuwa mtu mwenye haki (Ayubu 1:5, 8, 20-22; 2:3, 9-10) ambaye aliteseka kwa ombi la Shetani, ambalo Mungu kwa umoja wake aliruhusu. Sasa muktadha wa neno hili kama linavyotumika hapa halimrejelei Roho Mtakatifu, lakini matumizi yake yaliyokusudiwa ni sawa.

Ayubu, baada ya kuletwa mikononi mwa adui na Mungu, alikuwa akifarijiwa na marafiki watatu ambao walikuwa na imani ya kiakili lakini si ya kiroho kwa Mungu. Marafiki wa Ayubu walikosea kwa kuamini kuwa mateso yote ni matokeo ya dhambi na kwamba Ayubu alipaswa kukiri dhambi zake badala ya kukataa hatia yake. Upungufu huu ulifanya marafiki hawa watatu kuwa wasiofaa kumfariji Ayubu. Dhihaka ya Ayubu kwa wenzake na mashauri yao imeandikwa kama hii: "Nimesikia mambo mengi kama hayo: ninyi nyote ni wafariji wa taabu" (Ayubu 16:2 KJV). Marafiki wa Ayubu, ingawa nia zao zilikuwa nzuri, hawakuwa mbadala wa uwepo wa Mungu au Roho Wake. Ayubu alijifunza kukubali utawala wa Mungu na alitakaswa (Ayubu 42).

Yesu alisema: "Sitawaacha kama yatima; nitakuja kwenu" (Yohana 14:18 NIV). Buddha, Mohammed, na walimu wengine wa kidini wamewaacha wafuasi wao kama yatima kwa sababu hawajafufuka kutoka kwa wafu kama alivyofufuka Yesu Kristo. Kukiri Uungu wa Yesu kunathibitisha mamlaka Yake, kumtenga na viongozi wa kidini wa uongo wanaozungusha Injili na kudanganya dunia:

22 Nani ni mwongo isipokuwa yule anayekataa kwamba Yesu ni Kristo? Huyu ni mpinga Kristo, anayekataa Baba na Mwana. 23 Yeyote anayekataa Mwana hana Baba; anayekiri Mwana pia ana Baba (1 Yohana 2:22-23 NASB).

Kamusi inasema kwamba kifasili cha "para-" kinamaanisha "kando ya." Si tu kwamba Mungu Baba alilipa deni la dhambi zetu kwa kumtowa Mungu Mwana, bali pia alitusaidia kudumisha msimamo wetu wa Kikristo kwa kukaa ndani yetu kwa Mungu Roho Mtakatifu. Hatuwezi kufanya hivyo kwa nguvu zetu. Barclay anasema,

Parakletos yenyewe ni neno lenye umbo linaloonyesha hali ya kupokea. Inamaanisha mmoja aliyeitwa kuja kusaidia. Lakini ingawa ni passive kwa umbo, mara nyingi linakuwa active kwa maana ... Ikiwa hivyo ndivyo, tutapata maana yake bora kwa kuchunguza kwanza kitenzi Parakalein ambacho Parakletos kinatokana nacho (1974, 217).

Barclay anasema kuwa Parakalein ni kitenzi kizuri: Kwa ujumla wake, Parakalein inamaanisha kuita, kuita kwa msaada. Hivyo, mtu anasemwa kuita mshirika wa vita ... kuita mshauri kutoa ushauri ... kuita wakili kumwakilisha mahakamani ... Pia hutumika kumwita mtu kutekeleza jukumu la umma kama jukumu la gymnasiarch, ambaye jukumu lake lilikuwa kudumisha na kufundisha timu kwa gharama zake mwenyewe kushiriki katika mbio za mwenge ... Hivyo, kwa maana pana, Parakletos ni mtu ambaye ameitwa kusaidia katika hali ambayo mtu mwenyewe hawezi kushughulikia (1974, 217-218).

Katika maoni yake kuhusu kifungu hiki, Calvin anasema, "Roho huchukua sehemu ya mzigo ambao udhaifu wetu unatutia shinikizo ili kwamba si tu anatusaidia bali anatupatia nguvu, kana kwamba anajiweka chini ya mzigo pamoja nasi." Ah! Hii inapaswa kumfanya Roho Mtakatifu wa Mungu kuwa na upendo mkubwa kwetu. Tunamwabudu Baba, kutoka kwake kila rehema inaanzia; tunamwabudu Mwana, kupitia ambaye kila baraka inatiririka; lakini ni mara ngapi tunapuuzilia mbali Roho Mtakatifu, kupitia ambaye kila baraka inawasilishwa na kutumika. Fikiria huruma yake kuu, msaada wake mwingi, upendo wake mtamu, nguvu zake kubwa, neema yake yenye ufanisi, na uvumilivu wake usio na mwisho; yote haya yanachochea mioyo yetu na yanapaswa kuamsha sifa kutoka kwetu. Yangeweza kama tungelitafakari zaidi juu yao.

Roho haondoi "udhaifu" wetu, kama vile Bwana alivyokuwa hachukui miiba ya Paulo katika mwili; lakini anatuwezesha kuhimili. Akiwa na upendo ambao akili haiwezi kuelezea, anaguswa na upole ambao hakuna ulimi unaweza kuelezea, anatia mkono wake wenye nguvu chini ya shinikizo na kutusimamia. Ingawa amedharauliwa na kuumizwa na sisi mara elfu, akipokea malipo ya chini kutoka kwetu kwa upole wake na neema, lakini wakati upanga unapojingiza kwenye roho yetu au shida mpya inapotushusha chini, tena anatia mikono ya upendo wake wa milele chini yetu na kuzuia kutamausha kwetu hadi kukata tamaa.

Msaada katika Maombi ya Kuombea wengine

Mbali na kusaidia udhaifu wetu, Roho pia hutusaidia katika maombi ya kuombea wengine. Warumi 8:26-27 inasema, "Vivyo hivyo Roho hutusaidia katika udhaifu wetu. Kwa maana hatujui tuombe vipi kama inavyostahili, lakini Roho mwenyewe hutuombea kwa kilio kisichoweza kusemwa. Sasa Yeye anayechunguza mioyo anajua ni nini mawazo ya Roho, kwa maana yeye hutuombea watakatifu kulingana na mapenzi ya Mungu."

Kifungu hiki kinatufundisha kwamba wakati hatujui jinsi ya kuomba au tunapaswa kuomba nini, Roho hutuombea kwa kilio kisichoweza kutamkwa kwa maneno. Roho anajua mioyo yetu na mawazo yetu kwa undani na anaomba kwa niaba yetu kulingana na mapenzi ya Mungu. Hii ni faraja na moyo wa kujitahidi kwa waamini, wakijua kwamba hata wakati hatujui jinsi ya kuomba, Roho anatuombea sisi na pamoja nasi.

Hivyo, tunaweza kumwamini kwamba maombi ya Roho yanalingana na mapenzi kamili ya Mungu na kwamba maombi yetu yanasikika na kujibiwa kulingana na kile kilicho bora kwetu. Roho pia hutusaidia kufananisha mioyo yetu na mawazo yetu na mapenzi ya Mungu ili tuweze kuomba kwa ufanisi zaidi na kulingana na malengo yake.

Ni muhimu kwa waamini kutambua udhaifu wao na kutegemea Roho Mtakatifu kwa nguvu na msaada wakati wa shida. Bila msaada wa Roho, tunakuwa na uwezekano wa kutoa njia kwa kutokuwa na imani na kuanguka mbali na imani. Kama anavyosema Mtume Paulo katika 2 Wakorintho 12:9-10, "Akaniambia, Neema yangu inatosha kwako; maana nguvu yangu hutimia katika udhaifu. Basi, kwa furaha, nitatukuza zaidi katika udhaifu wangu, ili nguvu za Kristo ziwe juu yangu. Kwa hiyo, napenda katika udhaifu, katika fedheha, katika mahitaji, katika mateso, katika shida kwa ajili ya Kristo; kwa maana ninapokuwa dhaifu, ndipo ni nguvu."

Kwa kutegemea Roho Mtakatifu, tunaweza kupata faraja na nguvu katikati ya udhaifu wetu na shida. Tunaweza kuamini kuwa neema ya Mungu inatosha kwetu na kuwa nguvu yake hutimia katika udhaifu wetu. Hivyo, tunaweza kufurahi katika udhaifu wetu na kuyatumia kama fursa za kukua katika imani yetu na kujielekeza kwa Mungu.

Ni ukweli unaoshusha moyo kwamba tumeshuka na dhaifu kiasi kwamba hatuwezi hata kujua jinsi ya kuomba kama inavyostahili. Tunahitaji msaada wa Roho na maombezi yake kwa dharura, kwa maana bila yake, maombi yetu yangekuwa ya kibinafsi, ya ujinga, na yasiyokuwa na matokeo. Lakini habari njema ni kwamba Roho hutusaidia katika udhaifu wetu, hata katika maombi yetu. Yeye "hutuombea kwa kilio kisichoweza kusemwa" (Warumi 8:26). Roho anajua mioyo yetu na mawazo yetu bora zaidi kuliko sisi, na anatuombea kulingana na mapenzi ya Mungu, hata wakati hatujui jinsi ya kuomba kwa ajili yetu wenyewe. Ni faraja kubwa na neema kuwa na Msaidizi na Miongoni mwa maombezi kama huyo! Hatupaswi kamwe kuchukulia kwa urahisi msaada wa Roho katika maombi yetu, bali kila wakati tutegemee kwa Yeye na kumshukuru kwa msaada wake wenye neema.

Msaada wa Roho Mtakatifu katika maombi ya kuombea wengine ni muhimu kwa waamini. Mbali na kuwasaidia waamini kutoa maombi yao, Roho Mtakatifu pia hutuombea kwa kilio kisichoweza kusemwa (Warumi 8:26-27). Hii ina maana kwamba hata wakati waamini wanakosa maneno, Roho Mtakatifu anajua vilio vya mioyo yao na anawasilisha mahitaji yao kwa Mungu kwa njia inayolingana kikamilifu na mapenzi yake. Maombezi ya Roho Mtakatifu yanawahakikishia waamini kwamba maombi yao hayako bure, bali kwamba yanasikika na kutendewa na Mungu mwenye upendo anayewajali kwa undani.

Mtu angeweza kufikiria kuwa majaribu na magumu ya maisha yatatufanya kutafuta Mungu na kuomba kwa bidii na kudumu. Hata hivyo, ukweli mara nyingi ni tofauti kabisa. Wakati wa shida, mioyo yetu mara nyingi inajaa hofu na wasiwasi, na tunaweza kuwa tumejikita zaidi katika kutafuta suluhisho la haraka kwa matatizo yetu kuliko kutafuta mapenzi ya Mungu na kusudi Lake katika hali hiyo.

Zaidi ya hayo, kama viumbe walianguka, tunapenda kiburi na kutegemea nguvu zetu wenyewe. Tunaweza kupatikana na majaribu ya kuamini kuwa tunaweza kushughulikia matatizo yetu peke yetu, au kwamba tunajua bora kile tunachohitaji. Hii inaweza kutufanya kupuuza maombi na kutegemea nguvu zetu na rasilimali, badala ya kutegemea utoaji wa Mungu na uongozi Wake.

Ni kwa kazi ya Roho Mtakatifu katika maisha yetu pekee tunaweza kushinda tabia hizi na kujifunza kumtafuta Mungu katika kila hali. Kama alivyosema Mtume Paulo, "Vivyo hivyo, Roho anatusaidia katika udhaifu wetu. Kwa maana hatujui tuombeje kama inavyostahili, lakini Roho Mwenyewe hutufanyia maombezi kwa vilio visivyoweza kusemwa" (Warumi 8:26). Kwa uongozi na nguvu za Roho, tunaweza kumwendea Mungu kwa mioyo ya unyenyekevu na toba, tukitafuta mapenzi Yake na kusudi Lake katika kila hali, na kutegemea utoaji Wake na neema Yake.

Ni ukweli wa kusikitisha kwamba hata katikati ya majaribu na dhiki, waamini wanaweza kuwa bado wanajikita kwao wenyewe na kukosa utambuzi wa kiroho katika kujua nini cha kuomba. Ni kwa neema ya Mungu na msaada wa Roho Mtakatifu pekee tunaweza kushinda udhaifu wetu na kufika kwenye Enzi ya Neema kwa roho na mtazamo sahihi. Kama anavyosema Mtume Paulo katika Wafilipi 4:6-7, "Msijali kwa lolote; bali kwa kila jambo kwa maombi na dua pamoja na shukrani, ombeni maombi yenu yasionekane kwa Mungu. Na amani ya Mungu, ipitayo akili zote, itazilinda mioyo yenu na mawazo yenu katika Kristo Yesu." Hivyo basi, tuombe msaada wa Roho Mtakatifu kila wakati katika maisha yetu ya maombi, ili tuweze kuomba kulingana na mapenzi ya Mungu na kwa utukufu wake.

Kama viumbe walianguka, uelewa wetu na matamanio mara nyingi vimeharibika na dhambi, na tunaweza kumuomba Mungu vitu ambavyo vitakuwa na madhara kwetu badala ya manufaa. Kwa mfano, tunaweza kumuomba Mungu kwa ustawi wa mali au mafanikio katika kazi zetu, bila kuzingatia jinsi vitu hivi vinavyoweza kutupeleka mbali na Yeye na kuzuiya ukuaji wetu wa kiroho. Tunaweza pia kuomba kwa ajili ya kushindwa kwa maadui zetu au kisasi, badala ya kuomba msamaha na upatanisho.

Hii ndiyo sababu msaada wa Roho Mtakatifu katika maombi yetu ni muhimu sana. Anaweza kutuongoza katika kile cha kuomba na kutusaidia kuoanisha matamanio yetu na mapenzi ya Mungu. Kama inavyosema katika Warumi 8:27, "Naye anayechunguza mioyo yetu anajua nia ya Roho, kwa maana Roho hutufanyia maombezi kwa watu wa Mungu kulingana na mapenzi ya Mungu." Kwa kutegemea msaada wa Roho Mtakatifu, tunaweza kuepuka kuomba vitu ambavyo mwishowe vitatufanya madhara au kuzuiya uhusiano wetu na Mungu.

"Watujaribu Mungu mioyoni mwao kwa kuomba nyama kwa ajili ya tamaa zao" (Zaburi 78:18);

Aya hii kutoka Zaburi 78 inahusu uasi wa Waisraeli dhidi ya Mungu wakati walipokuwa safarini jangwani. Licha ya huduma ya kimujiza ya Mungu kwa kutoa mana, walianza kutamani nyama na kulalamika dhidi ya Musa na Haruni. Hata walifikia kusema wangependa wangekufa huko Misri, ambapo walikuwa na chakula cha kutosha kula. Kwa kifupi, walikuwa wakimtaka Mungu awape kile walichotaka, badala ya kuamini katika utoaji wake na mpango wake kwao. Hii ndio maana ya "kumjaribu Mungu mioyoni mwao" - walikuwa wakijaribu uvumilivu na rehema zake kwa kutokutii na kukosa imani.

"Alikubaliana na ombi lao, lakini alileta udhaifu kwenye roho zao" (Zaburi 106:15)!

Zaburi 106:15 inasema, "Akawapa ombi lao, lakini alileta ugonjwa wa kuteketeza kati yao." Aya hii inahusu tukio lililotokea katika Hesabu 11:4-34, ambapo Waisraeli walilalamika kwa Musa kuhusu chakula cha mana na kuomba nyama ya kula. Mungu alikubali ombi lao na akatuma bata wa mwituni kwao kula, lakini walipokuwa wanakula, tauni ilianza katikati yao na wengi walikufa. Aya hii inaonyesha hatari ya kuomba vitu ambavyo vinaweza kutoendana na mapenzi au malengo ya Mungu na athari zinazoweza kufuata.

Ni neema kubwa kwamba Roho anatusaidia katika udhaifu wetu, hata katika mapambano yetu ya kuomba na kutafuta uso wa Mungu. Hatupaswi kuwa aibu kumuomba msaada wake, kwani ni kwa nguvu na uongozi Wake tu tunaweza kukaribia Enzi ya Neema kwa ujasiri. Kama inavyosema katika Waebrania 4:16, "Basi na tuende kwa ujasiri kwa kiti cha enzi cha neema, ili tupate rehema, na kutafuta neema ya kutusaidia wakati wa shida." Basi, tujiinyenyekeze mbele za Mungu, tukikiri udhaifu wetu na dhambi zetu, na kumuomba Roho Wake atuombee na kutusaidia kuomba kulingana na mapenzi yake.

Kwa nini tunahitaji msaada kutoka kwa Roho Mtakatifu? Tunahitaji msaada kutoka kwa Roho Mtakatifu kwa sababu kadhaa. Kwanza, kama viumbe walianguka, sisi ni vipofu kiroho, tumekufa, na hatuwezi kumfurahisha Mungu peke yetu. Roho Mtakatifu anatuwezesha kuona ukweli kuhusu Mungu, dhambi zetu, na njia ya wokovu kupitia imani kwa Kristo (1 Wakorintho 2:14). Pili, Roho Mtakatifu anatusaidia katika udhaifu wetu, hasa katika maombi. Mara nyingi hatujui tuombeje, lakini Roho anatuombea kwa vilio visivyoweza kusemwa (Warumi 8:26). Tatu, Roho Mtakatifu anatuwezesha kwa maisha ya Kikristo na huduma. Anazalisha matunda ya Roho katika maisha yetu (Galatia 5:22-23) na anatupa karama za kujenga kanisa (1 Wakorintho 12:4-7). Mwisho, Roho Mtakatifu anatutia moyo kuhusu wokovu wetu na kututia muhuri kwa ajili ya siku ya ukombozi (Waefeso 1:13-14). Kwa kumalizia, tunahitaji msaada kutoka kwa Roho Mtakatifu kwa ajili ya ufahamu wa kiroho, maombi, maisha ya Kikristo na huduma, na uhakikisho wa wokovu.

"Hatujui tuombeje kama inavyostahili." Na kwa nini?

Kama viumbe wa kibinadamu waliokamilika na wenye udhaifu, tunapungukiwa katika uelewa wetu na maarifa ya kile kinachotufaa kwa kweli na kwa wale tunaoomba kwa niaba yao.

Wakati mwingine, hatujui tuombe nini, ama kwa sababu hatuna uwazi juu ya hali hiyo, au kwa sababu hatuko katika mstari na mapenzi na malengo ya Mungu. Hapa ndipo Roho Mtakatifu anapoingilia, kutusaidia kuomba kulingana na mapenzi ya Mungu na kutuongoza katika kile tunachopaswa kuomba. Kama vile kifungu ulicho kinukuu kutoka Warumi 8:26 kinavyosema, Roho anatuombea kwa vilio visivyoweza kusemwa, akionyesha hamu ya mioyo yetu kwa njia ambayo hatuwezi kuielezea kikamilifu. Kupitia msaada wa Roho, maombi yetu yanajazwa na nguvu na ufanisi, na tunaweza kumwamini Mungu kuwa atajibu kulingana na mapenzi yake kamili.

Katika Warumi 8:18-27, Paulo anatufundisha kwamba mateso ya wakati huu wa sasa hayafai kulinganishwa na utukufu utakaodhihirishwa kwetu baadaye. Anatuhamasisha kutumaini katika utukufu huu wa baadaye na kuendelea kudumu kwa maombi, hata wakati hatujui tuombe nini. Roho Mtakatifu anatusaidia katika udhaifu wetu, akituombea kwa vilio visivyoweza kusemwa, kulingana na mapenzi ya Mungu. Hii inamaanisha kwamba hata wakati hatujui tuombe nini, tunaweza kumwamini kuwa Roho Mtakatifu anatuombea na kwamba Mungu atajibu kulingana na mapenzi yake kamili.

Msaada wa Roho Mtakatifu mara nyingi haujulikani kwa hisia na uelewa wetu, lakini athari zake hazipingiki. Huenda tusijue kazi ya Roho katika mioyo yetu na akili zetu, lakini tunaweza kuona matunda yake katika maisha yetu. Kwa mfano, kama tulikuwa tunashindwa na dhambi au utegemezi, huenda tukajikuta tumeachiliwa kutokana na hiyo, bila kuelewa kabisa jinsi au kwa nini. Ni baadaye, tunapofanya tafakari, ndipo tunapotambua mkono wa Roho katika ukombozi wetu.

Vivyo hivyo, tunapopata amani na utulivu katikati ya majaribu, au wakati maombi yetu yanapokuwa na nguvu na ufanisi zaidi, mara nyingi ni kwa sababu ya kazi ya Roho Mtakatifu ndani yetu. Hata hivyo, kiburi chetu na kujitegemea kunaweza kutufanya tupate mabadiliko haya kama juhudi zetu au uwezo wetu, badala ya kutambua ushiriki wa Roho.

Hivyo basi, ni muhimu kukuza roho ya unyenyekevu na kutegemea, tukitambua udhaifu wetu na mahitaji ya msaada wa Roho katika nyanja zote za maisha yetu, ikiwemo maombi.

SURA YA 14

Je, unajua kuwa Roho Mtakatifu anakupenda?

Ufunuo 22:17, "Na Roho na bibi-arusi wanasema, Njoo. Na yeye asikiaye na aseme, Njoo. Na yeye anayekosa kunywa na aje. Na yeyote atakaye, na achukue maji ya uzima bure."

Ufunuo 22:17 ni kifungu kutoka sura ya mwisho ya Kitabu cha Ufunuo katika Biblia. Ni mwaliko kwa wote wanaoishiwa na kiu kuja na kupokea maji ya uzima, ambayo ni mfano wa wokovu na uzima wa milele.

Kifungu hiki kinaanza kwa kusema "Na Roho na bibi-arusi wanasema, Njoo." "Roho" inamrejelea Roho Mtakatifu, ambaye ni mtu wa tatu wa Utatu Mtakatifu, wakati "bibi-arusi" inarejelea kanisa, ambalo mara nyingi linapoitwa bibi-arusi wa Kristo. Pamoja, Roho na kanisa wanawaalika wote wanaoishiwa na kiu kuja na kupokea wokovu.

Kifungu hicho kinaendelea kusema, "Na yeyote asikiaye aseme, Njoo." Huu ni mwaliko kwa wale waliyoisikia habari njema za Injili pia kuwaalika wengine kuja na kupokea wokovu.

Hatimaye, kifungu hicho kinasema, "Na yeyote atakaye, na achukue maji ya uzima bure." Hii inamaanisha kwamba yeyote atakayetamani kupokea wokovu na uzima wa milele anaweza kufanya hivyo bure, bila gharama au sharti lolote, kwa kukubali mwaliko na kuja kwa Yesu Kristo.

Ufunuo 22:17 ni mwaliko wenye nguvu kwa watu wote kuja na kupokea wokovu kupitia imani katika Yesu Kristo na kushirikisha mwaliko huu kwa wengine.

Roho Mtakatifu ndiye anayetuita kwa upendo wa Yesu na kutufanya upendo wa Kristo uwe halisi kwetu... Anatupatia ufunuo, ufahamu, na hekima na kutufundisha kama vile mfundishaji binafsi.

Roho Mtakatifu anatuhudumia na kutupenda sana. Sisi ni wa thamani kwake, na kuna maandiko mengi yanayotupa mtazamo wa asili ya upendo wa Roho Mtakatifu.

Roho Mtakatifu alitaka kutufanya kwa mfano wa Mungu Hebu tuanze mwanzo. Wakati Mungu aliumba mwanadamu kwa mfano wake, wao (Baba, Mwana, na Roho Mtakatifu) walisema, "Twaufanye mwanadamu kwa mfano wetu!" Roho Mtakatifu (pamoja na Baba na Mwana) alitaka kutufanya wewe na mimi kwa mfano wake na kutupa mamlaka juu ya uumbaji wote hapa duniani! Utapata kifungu hiki katika sura ya kwanza ya Mwanzo:

Mwanzo 1:26, "Na Mungu akasema, Twaufanye mwanadamu kwa mfano wetu, kwa sura yetu; wawawe na mamlaka juu ya samaki wa baharini, na juu ya ndege wa angani, na juu ya wanyama, na juu ya dunia yote, na juu ya kila kiumbe kilichotambaa juu ya dunia."

Mwanzo 1:26 ni kifungu kutoka sura ya kwanza ya Kitabu cha Mwanzo katika Biblia, kinachozungumzia uumbaji wa dunia na viumbe vyote vya kuishi na Mungu.

Kifungu hiki kinaanza na kifungu cha, "Na Mungu 'Elohim' akasema," kinachoonyesha kwamba Mungu anasema. Kifungu hicho kinamalizia kwa kusema, "Twaufanye mwanadamu kwa mfano wetu, kwa sura yetu." Hii inadhihirisha kwamba Mungu "Elohim" sio peke yake. Elohim ni neno la Kiebrania lenye umbo la wingi. Hata hivyo, mara nyingi hutumika kama nomino ya umoja kumrejelea Mungu mmoja wa kweli katika Biblia ya Kiebrania (Agano la Kale). Neno "Elohim" linatokana na neno la Kiebrania "El," linalomaanisha "mungu." Kidokezo cha "-im" kilichomo mwishoni mwa "Elohim" ni kiambishi cha wingi katika Kiebrania, kinachofanana na kiambishi cha

"-s" katika Kiingereza. Wanafunzi wengine wanadhani kwamba umbo la wingi la "Elohim" linatumika kuonyesha utimilifu au ukuu wa Mungu au wa Utatu, badala ya kudai kuwa kuna miungu mingi.

Methali "kwa mfano wetu, kwa sura yetu" inahusiana na mafundisho kwamba wanadamu waliumbwa kwa mfano wa Mungu, na kut reflection sifa za Mungu na asili Yake. Hii inajumuisha sifa kama vile upendo, haki, na ubunifu, ambazo ni sifa zinazohusishwa mara nyingi na Mungu.

Kifungu hiki pia kinasema kwamba Mungu aliwapa wanadamu mamlaka juu ya samaki wa baharini, ndege wa angani, wanyama, na dunia yote. Hii inamaanisha kwamba wanadamu walipewa jukumu la kutunza na kudhibiti dunia na viumbe vyake vyote, badala ya kuvitumia kwa faida ya kibinafsi.

Mwanzo 1:26 ni kifungu chenye nguvu kinachozungumzia jukumu la kipekee na maalum ambalo wanadamu wanacheza katika uumbaji wa Mungu na jukumu linalokuja na jukumu hilo la kutunza na kuheshimu dunia na viumbe vyote vilivyo hai.

Roho Mtakatifu ndiye aliyetuma Yesu kutuponya na kuturejeshea!

Ikiwa utaenda kwa Luka sura ya 4, utagundua kuwa ni Roho Mtakatifu mpendwa ndiye aliyetuma Yesu kuleta uponyaji, ukombozi, na urejesho kwetu. Hebu tulinganishe kifungu hiki katika Biblia:

Luka 4:18-19, "Roho wa Bwana yu juu yangu, kwa sababu ameniitia niwahubiri maskini habari njema; amenituma kuponya waliovunjika mioyo, kuhubiri ukombozi kwa wafungwa, na kuwaona vipofu tena, kuachilia huru waliobwaga, kuhubiri mwaka wa kibali wa Bwana."

Luka 4:18-19 ni kifungu ambapo Yesu anasoma kutoka kitabu cha Isaya katika sinagogi na kutangaza kuwa ametiwa mafuta na Roho wa Bwana kutimiza maneno haya ya unabii.

Kifungu hiki kinanza kwa Yesu kusema, "Roho wa Bwana yu juu yangu." Hii ni kumrejelea Roho Mtakatifu, ambaye ni mtu wa tatu katika Utatu Mtakatifu. Yesu kisha anatangaza kuwa ametiwa mafuta kuhubiri Habari Njema kwa maskini, ambayo inamaanisha kwamba amechaguliwa na Mungu kuleta habari njema kwa wale waliotengwa na kunyanyaswa.

Kifungu hicho kinaendelea kusema kwamba Yesu ametumwa kuponya waliovunjika mioyo, kuhubiri ukombozi kwa wafungwa, na kutoa macho kwa vipofu. Hii inasisitiza kwamba Yesu alikuja kuleta uhuru na uponyaji kwa wale wanaosumbuliwa, kiroho na kimwili.

Sehemu ya mwisho ya kifungu inasema kwamba Yesu alikuja kutangaza mwaka wa kibali wa Bwana. Hii ni kumrejelea mwaka wa Xubilee katika Agano la Kale ambapo madeni yalifutwa, watumwa walikombolewa, na ardhi ilirudishwa kwa wamiliki wake wa asili. Yesu anatangaza kwamba wakati umefika wa watu wa Mungu kuachiliwa kutoka kwa utumwa wao na kuishi mwanzo mpya.

Luka 4:18-19 ni kifungu chenye nguvu kinachozungumzia misheni na huduma ya Yesu hapa duniani, ambayo ilikuwa imejikita kuleta habari njema kwa maskini, kuponya waliovunjika mioyo, na kuwakomboa watu kutoka kwa kifungo cha kimwili na kiroho. Ni ujumbe wa matumaini na ukombozi kwa watu wote, bila kujali hali zao au nafasi zao maishani.

Vitu vikubwa vilivyotajwa kwenye kifungu kilichotajwa hapo juu vilikuwa ni tamaniyo la Roho Mtakatifu kwetu, na alimtuma Yesu ili kutupelekea uponyaji, uhuru, na urejesho kwetu.

Roho Mtakatifu ndiye aliyeyapa nguvu maisha ya Yesu ili aende kutibu wote waliokuwa wakiadhiriwa na shetani, kufufua wafu, na kuponya wagonjwa. Naye ni Roho Mtakatifu huyo huyo anayetuimarisha sisi leo ili tuendelee kufanya yale yale!

Matendo 10:38, "Jinsi Mungu alivyomtia Yesu wa Nazareti mafuta kwa Roho Mtakatifu na nguvu, ambaye alitembea akifanya mema, na kuponya wote waliokuwa wakiadhiriwa na shetani; kwa maana Mungu alikuwa pamoja naye."

Roho Mtakatifu ni mtetezi wetu na anatuombea mbele za Mungu

Yesu alimwita Roho Mtakatifu mtetezi wetu. Angalia kifungu hiki kwenye Biblia:

Yohana 14:26, "Lakini Msaidizi, Roho Mtakatifu, ambaye Baba atamtuma kwa jina langu, Yeye atawafundisha vitu vyote, na atawakumbusha yote niliyowaambia."

Yohana 14:26 ni kifungu kutoka Injili ya Yohana ambapo Yesu anazungumza na wanafunzi wake kuhusu Roho Mtakatifu, ambaye anamtaja kama Msaidizi au Mtetezi.

Kifungu hiki kinanza kwa Yesu kusema, "Lakini Msaidizi, Roho Mtakatifu, ambaye Baba atamtuma kwa jina langu." Hii inamaanisha kwamba baada ya Yesu kupaa mbinguni, Baba atamtuma

Roho Mtakatifu kuwaongoza na kuwafundisha wanafunzi, na waamini wote wanaomfuata Yesu.

Kisha Yesu anasema kwamba Roho Mtakatifu atawafundisha "vitu vyote." Hii inamaanisha kwamba Roho Mtakatifu atatoa hekima na ufahamu kwa waamini, akiwasaidia kutambua ukweli na kuutumia katika maisha yao.

Kifungu hiki pia kinasema kwamba Roho Mtakatifu atawakumbusha "yote niliyowaambia." Hii inamaanisha kwamba Roho Mtakatifu atawaletea akilini mafundisho na maneno ya Yesu, akiwasaidia waamini kukumbuka na kuyaweka katika matumizi katika maisha yao ya kila siku.

Yohana 14:26 ni kifungu chenye nguvu kinachozungumzia jukumu muhimu ambalo Roho Mtakatifu analicheza katika maisha ya waamini. Roho Mtakatifu hutoa mwongozo, hekima, na ufahamu, na husaidia waamini kukumbuka na kutumia mafundisho ya Yesu katika maisha yao ya kila siku.

Neno "Msaidizi" katika kifungu hiki linatokana na neno la Kigiriki "parakletos" ambalo linamaanisha, "Mtetezi, mfariji: - mtetezi, mfariji." Roho Mtakatifu si tu mfariji wetu bali pia ni mtetezi, mfariji, na mtetezi. Hebu tuchunguze kwa kifupi kila sifa ya haya:

Mtetezi ni mtu anayetuombea mbele za Mungu. Angalia kifungu hiki kwenye Biblia yako:

Warumi 8:26-28, "Vivyo hivyo Roho naye anatusaidia katika udhaifu wetu; kwa maana hatujui tuombe nini kama inavyopasa, bali Roho mwenyewe anatuombea kwa kuugua isiyoelezeka. Naye anayejua mioyo anajua ni nini kiungo cha Roho, kwa maana yeye huombea watakatifu kulingana na mapenzi ya Mungu. Na tunajua kwamba mambo yote hufanya kazi kwa pamoja kwa faida ya wale wanaompenda Mungu, walioitwayo kulingana na kusudi lake."

Warumi 8:26-28 ni kifungu kilichoandikwa na mtume Paulo. Katika kifungu hiki, Paulo anazungumzia jukumu la Roho Mtakatifu katika kuwasaidia waamini katika maombi yao na maisha yao.

Kifungu hiki kinanza kwa Paulo kusema kwamba Roho Mtakatifu anatusaidia katika udhaifu wetu, au magonjwa yetu, hasa wakati ambapo hatujui tunapaswa kuomba nini kama inavyopasa. Roho Mtakatifu anatuombea kwa kuugua isiyoelezeka, akieleza mahitaji yetu kwa Mungu kwa njia inayozidi lugha yetu ya kibinadamu iliyo na mipaka.

Kifungu kinachoendelea kinasema kwamba Mungu, anayejua mioyo yetu, anajua kiungo cha Roho, na Roho anatuombea kulingana na mapenzi ya Mungu. Hii inamaanisha kwamba Roho Mtakatifu anajua tunachohitaji hata bora kuliko tunavyofahamu, na kwamba maombi ya Roho Mtakatifu daima yanafanana na malengo na mipango ya Mungu kwa maisha yetu.

Mwisho, kifungu hiki kinahitimishwa kwa kusema maarufu kwamba "mambo yote hufanya kazi pamoja kwa faida ya wale wanaompenda Mungu, kwa wale walioitwa kulingana na kusudi lake." Hii inamaanisha kwamba hata katika hali ngumu au changamoto, Mungu anaweza kufanya mambo yote kufanya kazi kwa faida ya wale wanaompenda na walioitwa kulingana na malengo yake.

Warumi 8:26-28 ni kifungu chenye nguvu kinachozungumzia jukumu muhimu ambalo Roho Mtakatifu analicheza katika maisha ya waamini. Roho Mtakatifu anatusaidia katika udhaifu wetu na anatuombea katika maombi yetu, akieleza mahitaji yetu kwa Mungu kwa njia inayozidi lugha yetu ya kibinadamu. Na kupitia yote haya, Mungu anafanya kazi kwa faida yetu na malengo yake ya mwisho, hata katikati ya hali ngumu.

Nani ni mfariji? Mfariji ni mtu ambaye yupo ili kuzungumza na kushirikiana mzigo wako. Merriam-Webster inatuambia kwamba kumfariji mtu inamaanisha kumsaidia kutuliza majonzi yake au kumfariji. Roho Mtakatifu anajali kuhusu kinachoendelea katika maisha yetu na anataka kutusaidia kupitia nyakati ngumu. Yupo kama bega ambalo tunaweza kulilia na anatujua.

Mtetezi ni mtu ambaye anasimamia kesi yetu mbele za Baba. Kama vile Ibrahimu alivyoliombea Mungu asiharibu mji wa Sodoma, ndivyo Roho Mtakatifu anavyoliombea kwa niaba yetu mbele za Baba.

Mfariji ni mtu ambaye anajua mapambano yetu na yuko hapa kutufariji na kutusaidia. Roho Mtakatifu anajua kile tunachopitia, na yuko hapa kutusaidia katika udhaifu wetu na nyakati zetu za mahitaji.

Roho Mtakatifu anafanya kazi kwa niaba yetu nyuma ya pazia katika ulimwengu wa roho!

Roho Mtakatifu anataka tujue kilichotupatia Roho Mtakatifu anataka kutufahamisha kuhusu mambo mazuri ambayo Mungu ametupatia. Anataka kufanya mambo haya kuwa wazi kwetu ili tuweze kuyatumia.

1 Wakorintho 2:9-12, "Lakini kama ilivyoandikwa, Jicho halijawahi kuona, wala sikio halijasikia, wala moyo wa mwanadamu haujapokea yale aliyoyajiandalia Mungu kwao wanayompenda. Lakini Mungu ametufunulia kwa Roho wake: kwa maana Roho huzichunguza vitu vyote, hata vitu vilivyo vikali vya Mungu. Kwa maana ni nani ajuae mambo ya mtu, isipokuwa roho ya mtu iwayo ndani yake? Vivyo hivyo, mambo ya Mungu hayajui mtu, ila Roho wa Mungu. Sasa sisi tumepokea, si roho wa dunia, bali Roho atokaye kwa Mungu; ili tuweze kujua mambo aliyotupatia bure kutoka kwa Mungu."

1 Wakorintho 2:9-12 ni kifungu kilichoandikwa na mtume Paulo. Katika kifungu hiki, Paulo anazungumzia hekima ya Mungu na jukumu la Roho Mtakatifu katika kufunua hekima hiyo kwa waamini.

Kifungu kinanza kwa Paulo akinukuu kutoka Isaya 64:4, kinachosema "Jicho halijawahi kuona, wala sikio halijasikia, wala moyo wa mwanadamu haujapokea yale aliyoyajiandalia Mungu kwao wanayompenda." Hii inamaanisha kwamba mipango ya Mungu na malengo yake kwa wale wanaompenda ni za juu kuliko uelewa wetu wa kibinadamu, na haziwezi kufahamika na hisia zetu za kimwili au hekima yetu ya kibinadamu.

Hata hivyo, Paulo anaendelea kusema kwamba Mungu ametuonyesha mambo haya kwetu kwa Roho wake. Roho Mtakatifu, ambaye huzichunguza vitu vyote, ikiwemo vitu vilivyo vikali vya Mungu, anafunua hekima ya Mungu na maarifa kwa waamini.

Paulo analinganisha hili na jinsi roho ya mtu inavyojua mawazo na nia zake, lakini wengine hawawezi kuyajua bila mtu huyo kufichua. Vilevile, ni Roho wa Mungu pekee anayeweza kufunua mawazo na nia za Mungu.

Paulo anahitimisha kwa kusema kwamba waamini wamepokea si roho wa dunia, bali Roho wa Mungu, ili waweze kujua mambo aliyotupatia bure. Hii inamaanisha kwamba kupitia Roho Mtakatifu, waamini wanaweza kuwa na ufikiaji wa hekima na maarifa ya Mungu, na kuelewa mipango na malengo ambayo Mungu anayoyaweka kwa ajili ya maisha yao.

1 Wakorintho 2:9-12 ni kifungu chenye nguvu kinachozungumzia umuhimu wa Roho Mtakatifu katika kufunua hekima na maarifa ya Mungu kwa waamini. Kupitia Roho, waamini wanaweza kuwa na ufikiaji wa vitu vilivyo vikali vya Mungu na

kuelewa mipango na malengo ambayo Mungu anayo kwa ajili ya maisha yao.

Roho Mtakatifu anataka kutuonyesha yale aliyotupatia kwa Kristo ili tuweze kujiinua kwa imani na kuyapokea. Roho Mtakatifu anataka tufaidike na kile alichokifanya Kristo kwa ajili yetu na kushika baraka nyingi (uponyaji, ukombozi, amani, furaha, mamlaka ya kiroho, n.k.) ambazo ametupatia!

Roho Mtakatifu wa kukubaliwa

Roho Mtakatifu alitutamani kitambo kabla hatujamjia Kristo, na alitaka kutukubali kama watoto katika familia ya Mungu. Yeye anashuhudia na roho zetu, akitufahamisha kwamba sisi ni watoto wa Mungu.

Warumi 8:15-16, "Kwa maana hamkupokea roho ya utumwa tena ili kuogopa; bali mmepokea Roho wa kukubaliwa, kwa hiyo twalia, Abba, Baba. Roho mwenyewe anashuhudia pamoja na roho zetu, kwamba sisi ni watoto wa Mungu."

Warumi 8:15-16 ni kifungu kilichoandikwa na mtume Paulo. Katika kifungu hiki, Paulo anazungumzia kazi ya Roho Mtakatifu katika maisha ya waamini, hasa kwa kuhusiana na kukubaliwa kwao katika familia ya Mungu.

Kifungu kinaanza kwa kulinganisha "roho ya utumwa" na "Roho wa kukubaliwa." Roho ya utumwa inahusu hali ya hofu na utumwani ambayo ilikuwa ikitawala chini ya sheria ya Agano la Kale, wakati Roho wa kukubaliwa inahusu uhuru na kukubaliwa kwa waamini wanapopokea kupitia Kristo.

Paulo anaeleza kwamba waamini wamepokea Roho wa kukubaliwa, ambao huwafanya kuwa na uwezo wa kumwita Mungu "Abba, Baba." "Abba" ni neno la Kiaramu lililotumika na Yesu mwenyewe kumwita Mungu kwa njia ya upendo na ukaribu, kama vile "Baba" au "Baba Mpendwa." Kwa kutumia neno hili, waamini wanadhihirisha uhusiano wao wa karibu na Mungu kama Baba yao, ambaye anawapenda na kuwaangalia.

Zaidi ya hayo, Paulo anaeleza kwamba Roho mwenyewe anashuhudia kwa roho zetu kwamba sisi ni watoto wa Mungu. Hii inamaanisha kwamba Roho Mtakatifu anathibitisha ndani yetu ukweli wa kukubaliwa kwetu kama watoto wa Mungu. Roho anashuhudia kwa mioyo yetu kwamba sisi ni watoto wapendwa wa Mungu, ambao wamekombolewa na Kristo na kuletwa katika uhusiano mpya na Mungu kama Baba yetu mpendwa.

Warumi 8:15-16 ni kifungu chenye nguvu kinachozungumzia kazi ya Roho Mtakatifu katika maisha ya waamini. Kupitia Roho, waamini wanaweza kuhisi uhuru na kukubaliwa vinavyotokana na kukubaliwa katika familia ya Mungu. Roho anathibitisha ndani yetu ukweli wa kukubaliwa kwetu, akitufanya tuweze kumwita Mungu "Abba, Baba" na kuhisi ukaribu na upendo unaotokana na kuwa watoto wapendwa wa Mungu.

Roho Mtakatifu ni Roho wa huruma na upendo kwa wale wanaohitaji. Kurudi kwenye Agano la Kale, tunapata kifungu hiki:

Ezekieli 16:4-6, "Na kwa kuzaliwa kwako, katika siku ulipozaliwa, kitovu chako hakikukatwa, wala hukuoshwa kwa maji kukufanya uwe safi; hukusalitiwa kabisa, wala hukuvikwa swadi. Hakuna jicho lililokuonea huruma, kufanya chochote kwa ajili yako, kukuonea huruma; bali ulitupwa uwanja wazi, kwa kuchukiza mbele zako, siku ulipozaliwa. Na nilipopita karibu nawe, nikakuona ukiwa umejaa uchafu katika damu yako mwenyewe, nalisema nawe ulipokuwa katika damu yako,ishi; ndiyo, nalisema nawe ulipokuwa katika damu yako, ishi."

Ezekieli 16:4-6 ni kifungu kutoka kwenye kitabu cha Ezekieli cha Agano la Kale. Katika kifungu hiki, nabii Ezekieli anasema kwa niaba ya Mungu kwa watu wa Israeli, akitumia mfano wa mtoto mchanga ili kuelezea hali yao ya kiroho.

Kifungu kinanza kwa kuelezea hali ya kustaajabisha ya mtoto mchanga, ambaye aliachwa bila kuoshwa, bila kuvikwa, na bila kutunzwa kwenye uwanja wazi. Picha hii inaonyesha kwamba watu wa Israeli walizaliwa wakiwa katika hali ya kupuuziliwa mbali kiroho na kukosa kutunzwa, bila mtu wa kuwajali au kuonyesha huruma kwao.

Hata hivyo, katikati ya picha hii ya giza, Mungu anakuja na kusema maneno ya uzima na tumaini kwa watu wa Israeli. Licha ya hali yao ya chini na kutengwa, Mungu anaona na anawahurumia. Mungu anatangaza, "Ishi," na kuwaalika katika uzima mpya na wenye utele.

Kifungu hiki kinazungumzia nguvu ya upendo na neema ya Mungu kubadilisha sehemu za maisha yetu ambazo zimepuuziliwa mbali na kuharibika. Haijalishi tunajisikiaje kuwa tumepotea au kuvunjika, Mungu anatukazia macho na anatuhurumia. Kama mtoto mchanga katika kifungu hiki, nasi pia tunaweza kupata uzima mpya na tumaini kupitia nguvu ya upendo na neema ya Mungu.

Roho Mtakatifu anataka kutufunulia mambo ya Mungu Roho Mtakatifu yupo hapa kutufundisha kuhusu mambo mazuri ya Mungu na kutuongoza kwenye ukweli wote. Yohane 14:26, "Lakini Mfariji, ambaye ni Roho Mtakatifu, ambaye Baba atamtuma kwa jina langu, atawafundisha mambo yote, na atawaletea kumbukumbu yote niliyowaambia."

Yohane 14:26 ni kifungu kutoka Agano Jipya ambapo Yesu anazungumza na wanafunzi wake na kuwaahidi kwamba baada ya kuwaacha, Roho Mtakatifu atakuja kuwa Mfariji na Mwalimu wao.

Yesu anamtaja Roho Mtakatifu kama "Mfariji" au "Mwakili" katika tafsiri kadhaa, akisisitiza jukumu la Roho katika kuja kusaidia na kuhimiza wanafunzi katika safari yao ya imani.

Kifungu hiki pia kinasema kwamba Roho Mtakatifu atawafundisha wanafunzi mambo yote na kuwaingizia kumbukumbu kila kitu alichowaambia Yesu. Hii inasisitiza jukumu la Roho Mtakatifu kama kiongozi na mwanga wa ukweli, akiwasaidia wanafunzi kuelewa na kutekeleza mafundisho ya Yesu katika maisha yao.

Kifungu hiki kinasisitiza jukumu muhimu la Roho Mtakatifu katika maisha ya waamini. Roho Mtakatifu si tu chanzo cha faraja na msaada, bali pia ni kiongozi na mwalimu, akiwasaidia waamini kuelewa na kutekeleza mafundisho ya Yesu katika maisha yao.

Yohane 16:13-15, "Lakini atakapokuja yeye, Roho wa ukweli, atawangoza katika ukweli wote; maana hatasema kwa mapenzi yake mwenyewe; bali atakalo lisikie, ndilo atakalosema; na atawaonyesha mambo yatakayokuja. Atanishangaza mimi; kwa maana atachukua kutoka kwangu na kuonyesha (yaani, kufunua) kwenu. Mambo yote aliyokuwa nayo Baba ni yangu; kwa hiyo nimesema, atachukua kutoka kwangu na kuonyesha kwenu."

Katika mistari hii kutoka Injili ya Yohane, Yesu anazungumza na wanafunzi wake kuhusu Roho Mtakatifu, ambaye anamtaja kama Roho wa Ukweli. Anawaambia kwamba atakapokuja Roho, atawangoza katika ukweli wote na kuwaonyesha mambo yatakayokuja. Roho hatasema kwa mapenzi yake mwenyewe, bali atatufikisha yale anayosikia kutoka kwa Baba na Yesu.

Zaidi ya hayo, Yesu anasisitiza kwamba kazi ya Roho ni kumtukuza yeye kwa kuchukua yale yanayotoka kwa Yesu na kuonyesha kwa wanafunzi wake. Hii ina maana kwamba Roho Mtakatifu atawafundisha wanafunzi kila kitu wanachohitaji kujua kuhusu Yesu, mafundisho yake, na kazi yake. Kwa kufanya hivyo, Roho atamletea Yesu heshima na kuwasaidia wafuasi wake kuelewa na kutii amri zake.

Roho Mtakatifu alichagua kutufanya makao yake

Roho Mtakatifu amechagua kufanya miili yetu kuwa hekalu lake la ndani au makazi yake. Angalia vifungu hivi katika 1 Wakorintho:

1 Wakorintho 3:16, "Hamjui ya kuwa ninyi ni hekalu la Mungu, na kwamba Roho wa Mungu anakaa ndani yenu?"

Katika 1 Wakorintho 3:16, mtume Paulo anawakumbusha waamini huko Korintho kwamba wao ni hekalu la Mungu na kwamba Roho wa Mungu anakaa ndani yao. Kauli hii inasisitiza umuhimu wa uwepo wa Roho Mtakatifu katika maisha ya muumini na jukumu lao la kuheshimu na kutunza miili yao, ambayo ni makazi ya Roho Mtakatifu.

1 Wakorintho 6:19, "Je, hamjui ya kuwa miili yenu ni hekalu la Roho Mtakatifu aliye ndani yenu, ambaye mliyenaye kutoka kwa Mungu? Nanyi siyo mali yenu wenyewe?"

Kifungu hiki kinasisitiza kwamba kama waamini, miili yetu siyo yetu, bali ni hekalu la Roho Mtakatifu ambaye anakaa ndani yetu. Hivyo, tumeitwa kumheshimu Mungu kwa miili yetu na kuepuka vitendo vyovyote vinavyoharibu miili yetu au kumhuzunisha Roho Mtakatifu anayeishi ndani yetu.

Roho Mtakatifu anataka kututakasa

Roho Mtakatifu yupo hapa kutuchukua juu zaidi katika safari yetu na Mungu na kutufanya kuwa karibu zaidi katika uhusiano wetu na Yeye. Yupo hapa kutusaidia kuwa kama Kristo zaidi na kutufanya kutakaswa, yaani, kufanya kuwa safi na takatifu katika safari yetu na Mungu.

2 Wathesalonike 2:13-14, "Lakini sisi tunawashukuru Mungu daima kwa ajili yenu, ninyi mpendwa wa Bwana, kwa sababu Mungu aliwachagua tangu mwanzo kwa wokovu kwa njia ya kutakaswa kwa Roho na imani ya kweli. Ambayo alikuita kwa injili yetu, ili mpate utukufu wa Bwana wetu Yesu Kristo."

Kifungu hiki kinasisitiza kwamba waamini wamechaguliwa na Mungu kwa ajili ya wokovu kupitia kazi ya Roho Mtakatifu na imani katika ukweli wa injili. Ni kupitia kazi ya kutakaswa ya Roho Mtakatifu waamini wanapofanywa watakatifu na kutengwa kwa madhumuni ya Mungu. Kifungu hiki pia kinasisitiza umuhimu wa injili katika mwito wa waamini kupata utukufu wa Yesu Kristo.

Popote ambapo Roho Mtakatifu yupo, ndipo kuna uhuru!

Biblia inatufundisha kwamba ambapo Roho wa Bwana yupo, ndipo kuna uhuru!

2 Wakorintho 3:17-18, "Sasa Bwana ndiye Roho; na mahali ambapo Roho wa Bwana yupo, ndipo kuna uhuru. Lakini sisi sote, tukitazama uso kwa uso kama kwa kioo, utukufu wa Bwana, tunabadilishwa katika mfano ule ule kutoka utukufu hadi utukufu, kama kwa Roho wa Bwana."

Kifungu hiki kutoka 2 Wakorintho 3:17-18 kinazungumzia uhuru na mabadiliko yanayokuja kupitia Roho wa Bwana. Kinasema kwamba Bwana ndiye Roho, na ambapo Roho wa Bwana yupo, ndipo kuna uhuru. Hii inaweza kufasiriwa kama uhuru unaokuja kutokana na kuachiliwa kutoka kwa utumwa wa dhambi na mauti kupitia kazi ya Roho Mtakatifu.

Kifungu hiki kinaendelea kuzungumzia jinsi waamini wanavyobadilishwa kuwa mfano wa Bwana kupitia kazi ya Roho. Kinasema kwamba tunatazama utukufu wa Bwana kwa uso wazi, na tunapofanya hivyo, tunabadilishwa kuwa mfano ule ule kutoka utukufu hadi utukufu, kwa Roho wa Bwana. Hii inamaanisha kwamba tunapokua katika uhusiano wetu na Mungu, na tunapokua kama Yeye, tunabadilishwa na Roho Mtakatifu kuwa mfano wa Kristo.

Ameja kuwatolewa kutoka kwa sheria ya dhambi na mauti. Warumi 8:2, "Kwa maana sheria ya Roho wa uzima katika Kristo Yesu imenikomboa kutoka kwa sheria ya dhambi na mauti."

Warumi 8:2 ni kifungu chenye nguvu kinachozungumzia uhuru na ukombozi unaokuja kupitia imani katika Kristo Yesu. Kinasema, "Kwa maana sheria ya Roho wa uzima katika Kristo Yesu imenikomboa kutoka kwa sheria ya dhambi na mauti." Hii inamaanisha kwamba kupitia nguvu ya Roho Mtakatifu, waamini wamekombolewa kutoka kwa utumwa wa dhambi na mauti ambao uliwafunga zamani. Ni kupitia imani katika Kristo na kazi ya Roho

Mtakatifu kwamba tunaweza kupata uhuru wa kweli na upya wa maisha.

Roho Mtakatifu ndiye anayeitu kwa uzima wa milele Roho Mtakatifu ndiye anayetuelekeza kwa Kristo. Roho Mtakatifu ndiye anayewaita watu katika ufalme wa Mungu!

Ufunuo 22:17, "Na Roho na bibi arusi wanasema, Njoo. Na yeye asikiaye na aseme, Njoo. Na yeye anayejaa kiu na aje. Na ye yote atakayekubali na achukue maji ya uzima bure."

Roho Mtakatifu ndiye anayetusukuma katika upendo wa Yesu na kutufanya upendo wa Kristo kuwa halisi kwetu... Anatupa ufunuo, ufahamu, na hekima na kutufundisha kama vile mwalimu binafsi anavyofanya.

Vifungu vinavyoonyesha utambulisho, huduma, na utu wa Roho Mtakatifu

1. Roho Mtakatifu aliyetajwa kwa usawa na Mungu Mathayo 28:19, "Basi, enendeni, mkafanye mataifa yote kuwa wanafunzi, mkibabatiza kwa jina la Baba na la Mwana na la Roho Mtakatifu,"
2. Kifungu hiki kinajulikana kama Agizo Kuu na kinapatikana katika Injili ya Mathayo katika Agano Jipya la Biblia. Katika kifungu hiki, Yesu anawaagiza wanafunzi wake kwenda na kufanya mataifa yote kuwa wanafunzi, wakibabatiza kwa jina la Baba, Mwana, na Roho Mtakatifu.
3. Kifungu hiki mara nyingi huonekana kama mwito wa uinjilisti na kueneza ujumbe wa Ukristo katika pembe zote za dunia. Kitendo cha ubatizo kinachukuliwa kama ishara ya kuzaliwa tena kiroho na kuanzishwa katika imani ya Kikristo.
4. Kauli "kwa jina la Baba, Mwana, na Roho Mtakatifu" pia ni muhimu, kwani inasisitiza Utatu, ambao ni imani ya Kikristo katika Mungu mmoja katika watu watatu: Baba, Mwana (Yesu Kristo), na Roho Mtakatifu.

2 Wakorintho 13:14, "Neema ya Bwana Yesu Kristo, na upendo wa Mungu, na ushirika wa Roho Mtakatifu, uje juu yenu nyote."

Waefeso 4:4-6, "Mwili mmoja na Roho mmoja, kama vile pia mlivyoitwa katika tumaini moja la mwito wenu; Bwana mmoja, imani moja, ubatizo mmoja, Mungu mmoja na Baba wa wote, ambaye yu juu ya wote, na kupitia yote, na ndani ya yote."

5. Kifungu hiki ni baraka au dua inayopatikana katika sura ya mwisho ya 2 Wakorintho. Inasisitiza Utatu, ikimjumuisha Yesu Kristo, Mungu Baba, na Roho Mtakatifu. Neema ya Yesu Kristo ni kibali kisichostahiliwa na msamaha anaoutoa kwa waamini. Upendo wa Mungu ni upendo usio na masharti ambao Mungu anao kwa uumbaji wake, na ushirika wa Roho Mtakatifu ni ushirikiano au kushiriki katika maisha ya Mungu ambayo waamini wanapata kupitia Roho Mtakatifu.

6. Kifungu hiki kutoka Waefeso kinasisitiza umoja wa waamini katika imani ya Kikristo. Inasisitiza kwamba kuna mwili mmoja, au kanisa, na Roho mmoja anayeunganisha waamini wote. Tumaini ambalo Wakristo wanalo ni moja, kama vile imani yao, ubatizo, na Mungu Baba, ambaye yu juu ya wote, na kupitia yote, na ndani ya yote. Kifungu hiki kinathibitisha wazo kwamba kuna Mungu mmoja wa kweli ambaye ni chanzo cha maisha yote na wokovu kwa waamini.

2 Wakorintho 3:16-18, "Lakini kila anapogeukia Bwana, pazia huelekea mbali. Sasa Bwana ni Roho; na ambapo Roho wa Bwana yupo, huko kuna uhuru. Lakini sisi sote, tukitazama kwa uso wazi kama kwenye kioo utukufu wa Bwana, tunabadilishwa kuwa mfano ule ule kutoka utukufu hadi utukufu, kama kutoka kwa Bwana, Roho."

Kifungu hiki kutoka 2 Wakorintho kinazungumzia mabadiliko yanayotokea mtu anapogeukia kwa Bwana. "Pazia" linapotajwa katika kifungu hiki linawakilisha upofu wa kiroho ambao unaweza kumzuia mtu kuelewa na kukubali ukweli wa Mungu kikamilifu.

Kwa mujibu wa kifungu hiki, mtu anapogeukia kwa Bwana, pazia linatolewa na anaweza kuona na kuelewa ukweli wa Mungu kwa uwazi zaidi. Kifungu hiki kinaendelea kuelezea nguvu ya mabadiliko ya Roho wa Bwana, ambayo inapelekea uhuru na uhuru.

Kifungu hiki pia kinadhihirisha wazo kwamba kama waamini, tunabadilishwa na Roho wa Bwana kuwa mfano wa Kristo. Kwa kutazama utukufu wa Bwana kwa uso wazi, tunabadilishwa kutoka utukufu hadi utukufu. Hii inamaanisha kwamba tunapozidi kukua katika imani yetu na ufahamu wetu wa Mungu, tunaendelea kubadilishwa na kuwa kama Kristo, tukionyesha utukufu wake katika maisha yetu.

7. Majina ya Roho Mtakatifu

8. Roho ya Mungu A. Warumi 8:9, "Lakini ninyi hamko katika mwili, bali mko katika Roho, ikiwa kweli Roho wa Mungu anakaa ndani yenu. Lakini ikiwa mtu hana Roho wa Kristo, yeye hamwii kwake." Tazama pia Mwanzo 1:2

9. Roho wa Kristo A. Warumi 8:9, "Lakini ninyi hamko katika mwili, bali mko katika Roho, ikiwa kweli Roho wa Mungu anakaa ndani yenu. Lakini ikiwa mtu hana Roho wa Kristo, yeye hamwii kwake."

10. Roho wa Baba yenu A. Mathayo 10:20, "Kwa maana si ninyi mnaozungumza, bali ni Roho wa Baba yenu anayezungumza ndani yenu."

11. Roho wa Ukweli A. Yohana 14:17, "Huyo ndiye Roho wa ukweli, ambaye dunia haiwezi kumpokea kwa maana haumuoni wala kumjua, lakini ninyi mnamjua kwa maana anakaa nanyi, na atakuwa ndani yenu." Tazama pia Yohana 15:26.

12. Roho wa Bwana A. Matendo 8:39, "Na walipotoka majini, Roho wa Bwana alimchukua Filipo, na mwehu hakumwona tena, akaenda zake akifurahi." Tazama pia Waamuzi 15:14; 1 Samweli 16:12

13. Roho Mtakatifu anaitwa mtu na maandiko.

14. **Nani**

A. Warumi 8:11, "Lakini ikiwa Roho wa Yule aliyeyamwisha Yesu kutoka wafu anakaa ndani yenu, Yeye aliyeyamwisha Kristo Yesu kutoka wafu pia atazihuisha miili yenu inayokufa kwa Roho wake anayeishi ndani yenu." B. Yohana 6:63, "Ni Roho ndiye anayeleta uzima; mwili hauna faida yoyote; maneno niliyowaambia ni roho na uzima." C. 1 Yohana 5:6, "Na ni Roho anaye ushuhudia kwa maana Roho ndiye ukweli."

15. D. Tazama pia 1 Wakorintho 2:12; 2 Timotheo 1:14;

16. **Yeye**

A. Yohana 14:26, "Maneno haya nimenena nanyi nikiwa pamoja nanyi. Lakini Msaidizi, Roho Mtakatifu, ambaye Baba atamtuma kwa jina langu, Yeye atawafundisha mambo yote, na kuwakumbusha yote niliyowaambia."

17. **Yeye Mwenyewe**

A. Warumi 8:16, "Roho Mwenyewe hushuhudia pamoja na roho zetu kwamba sisi ni watoto wa Mungu,"
B. Warumi 8:26, "Na kwa njia ileile Roho pia hutusaidia katika udhaifu wetu; kwa maana hatujui jinsi ya kuomba kama inavyopasa, lakini Roho Mwenyewe hutusihi kwa maombolezo yasiyoweza kusemwa."

18. **Utu wa Roho Mtakatifu** (ana hisia, ana ufahamu, anazungumza, anajua, nk.)

19. **Huzunika**

A. Isaya 63:10, "Lakini waliasi na kumhuzunisha Roho Mtakatifu; kwa hiyo aligeuka kuwa adui yao, alikipigania dhidi yao."
B. Waefeso 4:30, "Nanyi msimhuzunishe Roho Mtakatifu wa Mungu, ambaye nanyi mliwekwa alama kwa ajili ya siku ya ukombozi."

20. **Anapenda**

A. Warumi 15:30, "Basi, nawaombeni, ndugu, kwa Bwana wetu Yesu Kristo na kwa upendo wa Roho, mshirikiane nami kwa maombi yenu kwa Mungu kwa ajili yangu."

21. **Ana akili**

A. Warumi 8:27, "Na yeye aishio mioyoni, anajua nia ya Roho, kwa maana yeye hushuhudia kwa watakatifu kulingana na mapenzi ya Mungu."

21. **Anazungumza**

A. 2 Samweli 23:2, "Roho wa Bwana alizungumza kupitia mimi; neno lake lilikuwa kinywani mwangu."
B. Matendo 8:29, "Na Roho alisema kwa Filipo, 'Pandeni na mjiunge na gari hili.'"
C. Matendo 10:19, "Na wakati Petro alikuwa akifikiria juu ya maono, Roho alisema kwake, 'Tazama, watu watatu wanakutafuta.'"
D. Matendo 11:12, "Na Roho aliniambia niende nao bila shaka yoyote. Na hawa ndugu sita walikuwa pamoja nami, na tuliingia katika nyumba ya mtu huyo."

E. Matendo 13:2, "Na wakati walikuwa wakimhudumia Bwana na kufunga, Roho Mtakatifu alisema, 'Mtengeni Barnaba na Sauli kwa kazi ambayo nimewaita.'"

F. Matendo 21:11, "Na alipokuja kwetu, alichukua mshipi wa Paulo na kufunga miguu yake na mikono yake, akasema, 'Hii ndiyo asemayo Roho Mtakatifu: 'Kwa njia hii, Wayahudi walioko Yerusalemu watamfungia mtu huyu ambaye ni mmiliki wa mshipi huu na kumkabidhi mikononi mwa Mataifa.'"

G. Matendo 28:25-26, "Na walipokosa kukubaliana, walijiondoka baada ya Paulo kusema neno moja la kuaga, 'Roho Mtakatifu alisema vema kupitia Isaya nabii kwa baba zenu, akisema, "Nendeni kwa watu hawa na sema, "Mtakuwa mnasikia lakini hamtielewi.'"

H. 1 Timotheo 4:1, "Lakini Roho anasema waziwazi kwamba katika nyakati za baadaye wengine watajiondoa katika imani, wakisikiliza roho za udanganyifu na mafundisho ya mapepo,"

I. Waebrania 3:7-8, "Kwa hiyo, kama vile Roho Mtakatifu anavyosema, 'Leo mnasikia sauti yake, Msiwe na migumu mioyoni mwenu kama walivyonikera, kama ilivyokuwa siku ya majaribu jangwani,'

J. Ufunuo 2:7, "Yeye mwenye sikio, na asikie anachosema Roho kwa makanisa. Kwa yeye atakayeshinda, nitampa kula matunda ya mti wa uzima, ulioko Paradiso ya Mungu." Tazama pia Ufunuo 2:11,17,29; 3:6,13,22.

K. Ufunuo 14:13, "Nikasikia sauti kutoka mbinguni, ikisema, 'Andika, 'Heri walio wafu wanaokufa katika Bwana kuanzia sasa!' 'Ndio,' anasema Roho, 'ili wapumzike kutoka katika kazi zao, kwa maana matendo yao yanafuata nao.'"

L. Ufunuo 22:17, "Na Roho na bibi-arusi wanasema, 'Njoo.' Na mwenye kusikia na aseme, 'Njoo.' Na mwenye kiu aje; na atakaye, na achukue maji ya uzima bure."

22. **Anajua**

A. 1 Wakorintho 2:11, "Kwa maana ni nani miongoni mwa wanadamu ajuaye mawazo ya mtu, isipokuwa roho ya mtu aliye ndani yake? Vivyo hivyo, mawazo ya Mungu hakuna anajua isipokuwa Roho wa Mungu."

23. **Ana ufahamu wa wema**

A. Matendo 15:28, "Kwa maana ilionekana kuwa vema kwa Roho Mtakatifu na kwetu sisi kwamba tusiwaweke mzigo mwingine mzuia zaidi ya haya mambo ya lazima."

24. **Anaweza kudanganywa**

A. Matendo 5:3, "Lakini Petro akamwambia, 'Anania, kwa nini Shetani amejaa moyo wako kudanganya Roho Mtakatifu, na kuficha sehemu ya bei ya shamba?'"

25. **Anaweza kujaribiwa**

A. Matendo 5:9, "Hapo Petro akamwambia, 'Kwa nini mmekubaliana pamoja kumjaribu Roho wa Bwana?'"

26. **Anateua waangalizi**

A. Matendo 20:28, "Jihadharini kwa ajili yenu na kwa ajili ya kundi lote, miongoni mwao Roho Mtakatifu amewafanya ninyi kuwa waangalizi, kuichunga kanisa la Mungu alilonunua kwa damu yake."

B. **Anaweza kuwa shahidi**

i. Matendo 5:32, "Na sisi ni mashahidi wa mambo haya; na vivyo hivyo ni Roho Mtakatifu, ambaye Mungu amewapa wale wanaomtii."

C. **Anaweza kupingwa**

i. Matendo 7:51, "Enyi wanaume mnao vichwa vigumu na mioyo isiyo tohara na masikio, daima mnapinga Roho Mtakatifu."

27. **Shughuli za Roho Mtakatifu**

A. **Afundisha**

i. Yohane 14:26, "Mambo haya naliwaambia ninyi nikiwa nanyi. Lakini Msaidizi, Roho Mtakatifu, ambaye Baba atamtuma kwa jina langu, atawafundisha mambo yote, na kuwakumbusha yote niliyowaambia."

ii. Luka 12:12, "Kwa maana Roho Mtakatifu atawafundisha katika saa hiyo mnaayopaswa kusema."

B. **Anaomba kwa niaba yetu**

i. Warumi 8:26, "Na kwa namna hiyo, Roho pia hutusaidia katika udhaifu wetu; kwa maana hatujui tuombe vipi, lakini Roho mwenyewe huomba kwa niaba yetu kwa maombolezo yasiyoweza kusemwa."

C. **Anaongoza**

i. Mathayo 4:1, "Kisha Yesu alipelekwa na Roho aende jangwani ili a jaribiwe na Ibilisi."

D. **Hutoa uzima**

i. Yohane 6:63, "Ni Roho atoleaye uzima; mwili hauna faida yoyote; maneno niliyowasema kwenu ni roho na ni uzima."

E. **Anajazwa na**

i. Matendo 2:4, "Wote walijazwa na Roho Mtakatifu na kuanza kusema kwa lugha nyingine, kama vile Roho alivyowapa usemi."

28. **Aina za Roho Mtakatifu**

A. **Njiwa**

Mathayo 3:16, "Na baada ya kubatizwa, Yesu alitoka mara moja kutoka kwenye maji; na tazama, mbingu zilifunguliwa, na akaona Roho wa Mungu akishuka kama njiwa, na kuja juu yake."

29. **Mambo Mengine**

A. **Anaweza kusemwa kinyume**

Mathayo 12:32, "Na ye yote atakayesema neno kinyume cha Mwana wa Adamu, atasamehewa; lakini ye yote atakayesema kinyume cha Roho Mtakatifu, hatasamehewa, wala katika zama hizi wala katika zama zijazo."

B. **Anaweza kubatizwa na Roho Mtakatifu**

Marko 1:8, "Nilikubatiza kwa maji; lakini Yeye atakubatiza kwa Roho Mtakatifu."

C. **Roho anapewa**

Yohane 3:34, "Kwa maana Yeye aliyetumwa na Mungu anasema maneno ya Mungu; kwa maana anampa Roho bila kipimo."

D. **Roho anapokelewa**

Yohane 20:22, "Na aliposema hayo, alipuliza juu yao, akawaambia, 'Pokeeni Roho Mtakatifu.'"

E. **Roho anakataza**

i. Matendo 16:6, "Nao walipita katika mkoa wa Frigia na Galatia, wakizuiziwa na Roho Mtakatifu kusema neno Asia."

F. **Roho anachunguza mambo yote**

i. 1 Wakorintho 2:10, "Kwa maana Mungu alifunua hayo kwetu kwa Roho; kwa maana Roho anachunguza mambo yote, hata mapenzi ya Mungu."

G. **Roho ni ukweli**

i. 1 Yohana 5:6, "Na ni Roho anayeshuhudia, kwa sababu Roho ndiye ukweli."

SURA YA 15

Kuongea kwa Lugha

Maana ya Kuongea kwa Lugha

Kuongea kwa lugha, pia inajulikana kama kipaji cha lugha, ni tukio la kiroho linalozungumziwa katika 1 Wakorintho 12:10: "Kwa mwingine, kufanya miujiza; kwa mwingine, unabii; kwa mwingine, kutambua roho; kwa mwingine, aina mbalimbali za lugha; kwa mwingine, tafsiri ya lugha." Aya hii inaonyesha utofauti wa vipaji vya kiroho vinavyotolewa na Roho Mtakatifu, ikiwa ni pamoja na uwezo wa kuongea kwa lugha ambazo msemaji hajawahi kujifunza.

Nini maana ya Glossolalia?

Glossolalia inahusu mazoea ya kuongea kwa lugha zisizoeleweka au zisizojulikana, ambazo zinadhaniwa kutokea chini ya ushawishi wa Roho Mtakatifu. Mara nyingi inahusishwa na uzoefu wa kidini wa kina, ambapo mtu, wakati wa kuungana kiroho au kumiliki, huanza kuongea kwa lugha ambayo hajawahi kuijua awali. Kipaji hiki kinachukuliwa na Wakristo wengi kama ishara ya Roho Mtakatifu, ikionyesha uwezo wa kimungu na mawasiliano.

Kwa ajili ya wengine, mazoea ya kuongea kwa lugha, au glossolalia, hutofautiana kwa kiwango kikubwa miongoni mwa watu. Wengine wanakutana nalo wakati wa maombi binafsi au ibada, wakilitumia kama aina ya mawasiliano ya kina, ya karibu na Mungu. Kwa wengine, linaweza kutokea wakati wa ufunuo au ufahamu wa kiroho wa kina. Ingawa kuongea kwa lugha mara nyingi huonekana katika muktadha wa Kikristo, mazoea kama haya yanaweza kupatikana pia katika tamaduni zingine za kidini na kiroho. Katika baadhi ya hali, lugha inayozungumzwa inadhaniwa kuwa mawasiliano ya moja kwa moja kutoka kwa Mungu, wakati katika muktadha mwingine, linaweza kuonekana kama ishara ya nguvu au hali ya kiroho ya mtu binafsi.

Kuongea kwa Lugha Kanisani

Kulingana na 1 Wakorintho 14:27-28, kipaji cha lugha kinapaswa kutumika kwa mpangilio katika ibada ya hadhara: "Ikiwa mtu yeyote anasema kwa lugha isiyojulikana, na iwe ni wawili, au kwa watatu kwa mpigo, na mmoja atafsiri. Lakini ikiwa hakuna mtafsiri, na aache kimya kanisani; na aongee na nafsi yake, na kwa Mungu." Hii inaonyesha kwamba ingawa kuongea kwa lugha ni kipaji chenye nguvu, kinapaswa kutafsiriwa katika muktadha wa jamii ili kuhakikisha kinaijenga kanisa.

Nini maana ya Xenoglossia au Xenoglossy?

Xenoglossia inahusu tukio ambapo mtu anazungumza kwa lugha ambayo hajawahi kujifunza, kawaida bila ya kuwa na ufahamu wa awali au masomo rasmi. Kinyume na glossolalia, ambayo mara nyingi inahusishwa na uzoefu wa kidini na ushawishi wa Roho Mtakatifu, xenoglossia mara nyingi inajadiliwa katika muktadha wa kidunia au wa kisayansi wa ajabu.

Ripoti za xenoglossia zimejitokeza katika hali mbalimbali, kama vile madai yanayohusiana na kumbukumbu za maisha ya zamani au mawasiliano na roho. Wataalamu wengine wanapendekeza kuwa inaweza kuwa aina isiyo ya fahamu ya ujifunzaji wa lugha, wakati wengine wanatafsiri kama tukio la ajabu au la kimazingira.

Ni muhimu kutofautisha kati ya glossolalia na xenoglossia, ingawa mstari unaweza mara nyingine kuwa wa kivuli. Matukio yote mawili yanahusisha kuongea kwa lugha ambazo mtu hajazijua kwa makusudi, lakini hufanyika katika muktadha tofauti na zinaweza kubeba maana tofauti.

Kipaji cha Lugha kinachozungumziwa katika imani ya Kikristo kinachukuliwa kama moja ya baraka kubwa ambazo Mungu ametoa kwa Kanisa. Kinachukua nafasi muhimu katika kukuza maisha yenye nguvu za kiroho. Bila uwepo wa Roho Mtakatifu, waumini wanakuwa wameachwa kutegemea nguvu zao wenyewe, ambazo zinaweza kulinganishwa na kujaribu kuendesha gari bila mafuta. Roho Mtakatifu hutoa mwelekeo wa kimungu, uongozi, na nguvu zinazohitajika kuishi maisha yaliyojaa uhai wa kiroho.

Katika Yohana 14:26, Yesu anaahidi Roho Mtakatifu: "Lakini Msaidizi, Roho Mtakatifu, ambaye Baba atamtuma kwa jina langu, Atawafundisha mambo yote na atawaletea kumbukumbu yote niliyowaambia." Yesu anawahakikishia wafuasi wake katika Yohana 14:16, akisema, "Sita waacha kama yatima; nitakuja kwenu. Nitawapa Msaidizi mwingine." Roho Mtakatifu, ambaye sasa anakaa ndani yako, ni chanzo cha kudumu cha uwepo wa kimungu, kama moto unaoungua ndani.

Matendo 2:4 inasimulia tukio lenye nguvu wakati mitume walijazwa na Roho Mtakatifu na kuanza kusema kwa lugha nyingine kama vile Roho alivyowapa uwezo. Tukio hili lilikuwa ni uzoefu wa kubadilisha maisha kwa wote waliopokea, likileta kiwango kipya cha uwezo na uhusiano na Mungu.

Ndugu, nawashauri mkamilishe roho zenu kwa kukubali kipaji cha kuongea kwa lugha. Twende kwa Neno lisiloshindwa katika Matendo 2:4. Siku ya Pentekoste, wakati waamini walipokusanyika kwa umoja, sauti kama upepo mkali ulijaa nyumba walimokuwapo. Kisha, ndimi za moto zikaonekana na kuketi juu ya kila mtu. Wote walijazwa na Roho Mtakatifu, na kuanza kusema kwa lugha ambazo hawakuwa wamejua kabla. Wakati Roho Mtakatifu anapojaza, utahisi; ni uzoefu wenye nguvu, usiopingika.

Matendo 2:1-4 inasimulia tukio la ajabu la Pentekoste wakati Roho Mtakatifu alishuka juu ya mitume na waamini wengine huko Yerusalemu. Walipokuwa wakikusanyika pamoja, sauti kutoka mbinguni, kama upepo mkali, ilijaa chumba. Kisha, ndimi za moto zikaonekana, zikakaa juu ya kila mcha Mungu. Katika wakati huo, walijazwa na Roho Mtakatifu na kuanza kusema kwa lugha ambazo hawakuwa wamejifunza.

Kwa Wakristo wengi, uzoefu wa kujazwa na Roho Mtakatifu na kuongea kwa lugha ni tukio la kina na linalobadilisha maisha na

Mungu. Inachukuliwa kama kipaji cha kimungu na ishara inayoonekana ya uhusiano wa mchangamfu wa mfuasi na Bwana. Aya hii pia inatuonyesha kwamba uzoefu huu haukuwa wa mtu mmoja tu, bali kwa wote waliokusanyika—kila mtu aliyekuwepo alijazwa na Roho Mtakatifu na akaongea kwa lugha. Roho Mtakatifu sio kipaji cha kibinafsi pekee; ni uzoefu wa kijamii, ambao unapaswa kushirikishwa katika ushirika na waamini wenzetu.

Umepokea mtu ambaye anaweza kubadilisha maisha yako—Roho Mtakatifu. Yesu aliahidi, "Sita waacha kama yatima; nitawapa Msaidizi mwingine." Roho Mtakatifu, ambaye amekuwa pamoja nawe kila wakati, sasa anaishi ndani yako kama moto. Kama vile Matendo 2:4 inavyosema, "Walijazwa na Roho Mtakatifu na kuanza kusema kwa lugha nyingine kama vile Roho alivyowapa kusema." Huu ni uwezo na uwepo wa Mungu, ukiishi ndani yako.

Ilikuwa majira ya joto mazuri mwaka 1998, na nilijikuta nikitembea kwenye Chinatown huko Lower Manhattan, New York City. Nilikuwa na umri wa miaka 29, nikichunguza tu mitaa ya Canal Street, nikichukua vitu vichache kwa ajili yangu mwenyewe. Nilipotembea kando ya mitaa yenye shughuli nyingi, haraka niligundua kwamba sikuweza kusoma alama yoyote ya duka au barabara iliyoandikwa kwa Kichina. Ilikuwa kana kwamba nilizungukwa na alama ambazo hazikuwa na maana—zilikuwa ni michoro tu, isiyoweza kusomeka kabisa. Nilipogeuka kona, niliendelea kutembea, lakini ghafla nilijikuta nikijawa na hisia ya kutokuwa na mwelekeo. Nilijiwazia, ikiwa sitapata mwelekeo wangu hivi karibuni, nitapotea milele. Sikuwa na wazo la mahali nilipo, na pia sikuweza kufahamu jinsi ya kurudi nilikokuwa nikiwa.

Nilikuwa nimeingia Chinatown karibu na kituo cha subway kati ya Broadway na Centre Street, kile kile ambacho nilikuwa nimetoka. Kituo hicho kilikuwa ndicho kipengele changu cha pekee kilichokuwa kigeni katika bahari hii ya kutokuwa na ujuzi, lango langu la kurudi kwenye Lefferts Boulevard huko South Ozone Park, Queens, ambapo nilikuwa nikiishi wakati huo. Nilitembea huku na kule, nikijaribu kufuatilia tena hatua zangu, lakini kabla ya muda mrefu, nilikuwa nimepitia kabisa kituo cha subway na kugundua kwamba nilikuwa nimeliwa kabisa. Hofu ilianza kunijia.

Katika hali ya kukata tamaa, nilianza kuomba kwa lugha, nikiomba msaada wa Roho Mtakatifu. “Roho Mtakatifu, nisaidie,” nilisema. "Nimepotea Chinatown, na hata polisi hapa wanazungumza Kichina!" Ilikuwa ni uzoefu wa kutisha sana, kusema kidogo.

Nilipofikiria tena baadaye, nilijua kwamba nilikuwa nimejichanganya kabisa na tamaduni nyingine, katikati ya Jiji la New York. Ilikuwa kama Pentekoste ya kisasa—kama vile wakati watu huko Israeli walipoongea kwa lugha mbalimbali, na wale tu waliokuwa wanazielewa ndizo zilikuwa na uwezo wa kuelewa. Katika wakati huo, nilielewa kwa kweli jinsi inavyoweza kuwa vigumu kujua mwelekeo wakati unazungukwa na lugha na tamaduni ambazo sio zako mwenyewe.

Onyesho: Matendo 2:5-12 inasimulia tukio la ajabu lililotokea Yerusalemu:

"Na huko Yerusalemu walikuwa wakikaa Wayahudi, wanaume wa kiungu kutoka kila taifa chini ya mbingu. Waliposikia sauti hii, umati ukakusanyika kwa kushangaa, kwa sababu kila mmoja alisikia akisema kwa lugha yake mwenyewe. Walishangaa sana na kuuliza, 'Je, si hawa wote wanaozungumza Wagalilaya? Basi, vipi kila mmoja wetu anawasikia wakisema katika lugha yetu ya asili? Parthians, Medes, Elamites, wakazi wa Mesopotamia, Yudea, Kapadokia, Pontus na Asia, Phrygia na Pamphylia, Misri na sehemu za Libya karibu na Cyrene, wageni kutoka Roma (Wayahudi na waliogeukia Uyahudi), Wacreta na Waarabu—tunasikia wakiitangaza miujiza ya Mungu kwa lugha zetu wenyewe!' Walishangaa na kushangaa, wakauliza kila mmoja, 'Hii inamaanisha nini?'"

Unapobatizwa kwa Roho Mtakatifu, lengo la Mungu ni kukuingiza katika ulimwengu mpya—kile ninachokiita "tamaduni za mbinguni." Kama ilivyosema Mathayo 3:11, "Atawabatiza nanyi kwa Roho Mtakatifu na kwa moto." Hii inamaanisha kuingia katika ulimwengu mpya, eneo la Ufalme wa Mungu, lenye njia ya kipekee ya kuishi na kuhisi maisha. Ni tofauti na chochote ambacho umewahi kujua kabla.

Kwa nini ni jambo la kipekee? Kwa sababu tumepitia maisha yetu yote tukijifunza jinsi ya kuishi katika ulimwengu wa asili—kila kitu tunachojua kimejengwa juu ya kile tunachoweza kuona, kugusa, na kuhisi kwa hisia zetu. Akili zetu zimefundishwa kuelewa kile kinachoweza kuguswa na kuonekana. Lakini unapobatizwa kwa Roho, unaingia katika ulengaji tofauti kabisa, ule wa kimungu wa Mungu. Katika eneo hili jipya, lazima ujifunze lugha mpya, desturi mpya, na njia mpya za kuishi, na muhimu zaidi, jinsi ya kuishi katika anga ya mbinguni.

Kama ilivyo katika Waroma 8:26, "Vivyo hivyo, Roho hutusaidia katika udhaifu wetu. Kwa maana hatujui tuombeje, lakini Roho mwenyewe hutuombea kwa kuugua kwa si maneno." Hii inaonyesha jinsi, tunapozamishwa katika eneo hili la kimungu, hatufungwi tena na uelewa wetu wa kibinadamu. Roho Mtakatifu anachukua jukumu, akituongoza na kutuombea zaidi ya yale maneno yanayoweza kutamkwa.

Sisi, kama waamini, tumetengwa kweli—tuna watu wa kipekee. Tunaishi katika ulimwengu wa kimungu na wa asili, tukitumia mtindo wa maisha wawili. Tunatumikia kama lango kati ya maeneo haya mawili. Lakini kustawi katika ulimwengu wa kimungu kunahitaji marekebisho. Ni kama vile nilivyokutana na changamoto kwenye Chinatown, ambapo kizuizi cha lugha kilikuwa kikwazo kikubwa. Sikuwa na uwezo wa kusoma au kuzungumza Mandarin, na hiyo ilinifanya niwe na hisia za kutokuwa na msaada. Kutikisa mkono na kutabasamu ndiko nilikoweza kufanya, kwa sababu hakuna kitu niliyosema kilifanya kazi. Hivyo ndivyo inavyoweza kuhisi mwanzoni unapovua katika ulimwengu wa kiroho—kujifunza "lugha" ya Ufalme wa Mungu kunaweza kuwa changamoto kubwa, lakini ni muhimu kwa kustawi katika uwepo wake.

Kilichohitajika kwa kweli ni mfasiri. Unapokuwa na mtu anayeweza kukuongoza—mfasiri au msaada—unakuwa salama. Mtu huyu anaweza kuelezea alama za barabara, kukuambia ni wapi uende, na kukusaidia kupita maeneo yasiyojulikana.

Vivyo hivyo, Yehova ametupatia msaidizi. Pole, msaidizi huyu mara nyingi huachwa bila kuzingatiwa. Yeye ni Roho Mtakatifu.

Nani ni Roho Mtakatifu?

Kama nilivyoeleza katika sura za awali, Roho Mtakatifu ni Mungu—person ya tatu ya Utatu, pamoja na Mungu Baba na Mungu Mwana (Yesu Kristo). Yeye anawakilisha uwepo na nguvu za Mungu, akifanya kazi kwa ajili ya kutimiza mapenzi na kusudi la Mungu katika ulimwengu.

Roho Mtakatifu anajulikana kama Mfariji, msaidizi ambaye huwapa waamini mwongozo na nguvu wanapofuatilia mapenzi ya Mungu. Yeye pia ni chanzo cha vipaji vya kiroho, ikiwemo unabii, uponyaji, na kusema kwa lugha.

Katika teolojia ya Kikristo, Roho Mtakatifu amekuwa akifanya kazi tangu mwanzo wa uumbaji, akichochea na kuongoza watu kuelekea kwenye mapenzi ya Mungu. Anacheza jukumu muhimu katika mchakato wa wokovu, akiwakemea watu kuhusu dhambi na kuwaongoza katika imani kwa Yesu Kristo.

Roho Mtakatifu ni muhimu katika imani ya Kikristo na sehemu kuu ya maisha na uzoefu wa mfuasi. Yeye ni mtu mwenye akili, mapenzi, na hisia, akiwa na mawazo na maamuzi yake mwenyewe. Roho Mtakatifu hangediwi na Mungu Baba au Mungu Mwana—Yeye ni Mungu kikamilifu kwa haki yake mwenyewe.

Kama inavyo sema maandiko katika 1 Wakorintho 2:10-11, "Hizi ni mambo ambayo Mungu ametufunulia kwa Roho Wake. Roho huchunguza mambo yote, hata mambo ya siri ya Mungu. Kwa maana ni nani ajuaye mawazo ya mtu ila roho ya mtu aliyemo? Vilevile, hakuna ajuaye mawazo ya Mungu ila Roho wa Mungu." Hii inaonyesha kuwa Roho Mtakatifu ana akili yake mwenyewe na anajua undani wa moyo wa Mungu.

Roho Mtakatifu ana sifa za kibinafsi za kipekee: A. Ana Akili

1. Biblia inasema "akili ya Roho" – Waroma 8:27.

2. Hii inaonyesha kuwa Roho Mtakatifu anafikiria kwa uhuru. Waroma 8:27 inasema, "Naye anayechunguza mioyo yetu anajua akili ya Roho, kwa maana Roho huombea watu wa Mungu kulingana na mapenzi ya Mungu." Hii inaonyesha kuwa Roho Mtakatifu anachukua jukumu kuu la kuombea waamini, akijitambulisha kikamilifu na mapenzi ya Mungu. Ingawa mstari huu unaonyesha uelewa wa kina wa Roho Mtakatifu, inaashiria akili ya kimungu badala ya mawazo ya kibinadamu.

B. Ana Maarifa

1. Roho Mtakatifu "anajua mambo ya Mungu" – 1 Wakorintho 2:11.

2. Kama roho ya mtu inavyofahamu mawazo yake, ndivyo Roho Mtakatifu anavyofahamu mawazo ya Mungu. 1 Wakorintho 2:11 inasema, "Kwa maana ni nani ajuaye mawazo ya mtu ila roho ya mtu aliyemo? Vilevile, hakuna ajuaye mawazo ya Mungu ila Roho wa Mungu." Hii inaonyesha kuwa Roho Mtakatifu ana maarifa ya kimungu

kuhusu mapenzi ya Mungu, jambo lisiloweza kupatikana kwa akili za kibinadamu.

C. Ana Upendo

1. Paulo anataja "upendo wa Roho" – Waroma 15:30.

2. Nguvu isiyo na utu haiwezi kupenda, lakini Roho Mtakatifu anapenda. Waroma 15:30 inasema, "Naomba ninyi, ndugu, kwa Bwana wetu Yesu Kristo na kwa upendo wa Roho, ili mjiunge nami katika mapambano yangu kwa kuomba kwa Mungu kwa ajili yangu." Mstari huu unaonyesha asili ya upendo ya Roho Mtakatifu, ikionyesha kuwa ana mapenzi, ishara wazi ya sifa zake za kibinafsi.

D. Ana Mapenzi

1. Roho Mtakatifu anagawia zawadi kwa kila mtu "kama atakavyotaka" – 1 Wakorintho 12:11.

2. Ni Roho Mtakatifu ambaye huamua ni zawadi zipi kila mfuasi atapokea. 1 Wakorintho 12:11 inasema, "Hizi zote ni kazi ya Roho mmoja na ile ile, naye anazigawia kila mtu kama apendavyo." Hii inaonyesha kwamba Roho Mtakatifu anatekeleza mapenzi yake mwenyewe, akichagua jinsi vipaji vya kiroho vitakavyogawiwa kati ya waamini.

Roho Mtakatifu anaonyesha sifa za kibinafsi kwa kuonyesha mapenzi yake katika vifungu kama vile 1 Wakorintho 12:11, ambapo anagawia zawadi kulingana na maamuzi yake. Katika Matendo 13:2, anasema, "Sasa mtenganisheni kwangu Barnaba na Sauli kwa ajili ya kazi ambayo nimawaita." Zaidi ya hayo, katika Matendo 16:6, anawazuia Paulo na Timotheo kuhubiri Asia, akionyesha kwamba Roho Mtakatifu hufanya maamuzi ya makusudi na yenye lengo.

Roho Mtakatifu anajua undani wa Mungu, na furaha yake ni kufunua siri hizo kwetu—ikiwa tu tumejitakasa kiroho na tumejiandaa kuzipokea. Kama vile Waroma 8:26-27 inavyosema: "Vivyo hivyo, Roho husaidia udhaifu wetu; kwa maana hatujui tuombeje, lakini Roho mwenyewe hutufanyia maombi kwa kuugua isiyoelezeka. Na Yeye anayechunguza mioyo yetu anajua akili ya Roho, kwa maana Roho huombea watu wa Mungu kulingana na mapenzi ya Mungu." Roho Mtakatifu, kama mtu, ndiye pekee anayeweza kuchunguza undani wa Mungu na kufunua esansi yake kwetu. Ni muhimu kuelewa kwamba Mungu Baba, Mungu Mwana, na Mungu Roho Mtakatifu ni tofauti, lakini ni mmoja kikamilifu.

Yesu alituahidi Mfariji huyu, Roho Mtakatifu, na kusisitiza umuhimu wa kumpenda, kuishi ndani Yake, kuomba kupitia Yeye, kusikia sauti Yake, na kufuata mwongozo wake. Yesu alifanya iwe wazi: "Huyu ndiye ambaye mnapaswa kumngojea kwa maana bila Yeye, mtakuwa na nguvu hafifu katika kubadilisha dunia." Roho Mtakatifu ni muhimu—hatuwezi kuishi maisha ya Kikristo au kutimiza mapenzi ya Mungu bila Yeye. Tunahitaji nguvu za Mungu, na nguvu hiyo inatoka kupitia Roho Mtakatifu!

Mungu ametupa zawadi ya ajabu—zawadi ya kusema kwa lugha, ambayo inafungua mlango wa ulimwengu wa kiroho. Hata kama bado hujafaidi kabisa kusema kwa lugha au vipaji vingine vya kiroho, jua kwamba kupitia hivyo, unaweza kufikia ulimwengu huu wa kimungu. Funguo ni kukubali zawadi hii, kujifunza jinsi ya kuitumia, na kuingia katika ulimwengu wa kiroho, ambapo Roho Mtakatifu atakuongoza na kukupa nguvu.

Nataka kushiriki baadhi ya maarifa ya msingi kuhusu kusema kwa lugha ili kuonyesha kazi muhimu ya zawadi hii. Kuzungumza kwa lugha ni mojawapo ya zawadi za ajabu zaidi ambazo Mungu amewapa waamini wote, Kanisa, na kila mmoja wetu binafsi. Ni kifaa chenye nguvu cha kukuza maisha yaliyojaa Roho na ni muhimu sana. Hapa kuna sababu ya umuhimu wake: bila mtiririko wa maisha ya Roho ndani yako, utabaki kutegemea juhudi zako binafsi na nguvu ya mapenzi yako. Kujaribu kuishi maisha ya Kikristo bila mwongozo wa Roho Mtakatifu, hisia, na mwelekeo ni kuchosha na kutofanya kazi.

Roho Mtakatifu anahidi, "Nitawaongoza katika mambo yote. Nitawafundisha kuhusu mambo yajayo" (Yohana 14:26). Hii inaweza kumaanisha matukio ya baadaye au, kwa usawa, kuonekana kwa maisha yako binafsi—mipango maalum ya Mungu kwa maisha yako. Inaweza pia kumaanisha changamoto utakazokutana nazo leo au mambo yatakayokuja. Roho Mtakatifu yupo ili kukufundisha, kukuongoza, na kukuonyesha Yesu. Bila Yeye, huwezi kumjua Yesu kwa kweli, ndiyo maana tunapaswa kukuza upendo mkubwa na kutegemea Roho Mtakatifu.

Katika 1 Wakorintho 14:14, inasema, "Kwa maana nikiiomba kwa lugha, roho yangu inaomba, lakini akili yangu haina faida." Unapoomba kwa lugha, ni roho yako inayoombea, sio akili yako.

Funguo ya kwanza ya kusema kwa lugha ni kwamba inafanya roho yako ifanye kazi. Kama vile unaweza kusogeza kichwa chako au mwili wako, unaweza pia kufanya roho yako iendelee kufanya kazi—na kuomba kwa lugha ni njia ya kufanya hivyo.

Unapoomba kwa lugha, roho yako inajihusisha. Roho yako ina sauti, mwili wa kiroho, macho, masikio, na hisia, ikikuruhusu kuelewa na kuishi katika ulimwengu wa kiroho. Uwezo huu unaruhusu roho yako kuishi chini ya mwelekeo wa Roho Mtakatifu. Bila hii, tunategemea hisia zetu za kimwili na akili zetu tu.

Kumbuka, wewe ni roho, na roho yako ni muhimu. Inakupa maisha na inahifadhi mwili wako. Bila roho yako, mwili wako hauwezi kuishi. Hivyo basi, kuamsha roho yako ni muhimu, na kuomba kwa lugha husaidia kuchochea roho yako na kuihuisha. Kama vile Yohana 6:63 inavyosema, "Roho hutoa maisha; mwili hauna faida. Maneno niliyowaambia—yamejaa Roho na maisha."

Faida ya pili ya kuomba kwa lugha ni kwamba inaunda njia ya moja kwa moja na salama ya mawasiliano na Roho Mtakatifu. Watu wengine huuliza, "Unawezaje kusikia sauti ya Mungu?" au wanasema, "Siwezi kumsikia Mungu." Lakini hiyo sio kweli—unaweza kumsikia Mungu. Ni kama kusema, "Sina masikio," wakati wazi una masikio. Tatizo sio kwamba huwezi kumsikia; ni kwamba huenda unapata shida kutambua sauti Yake.

Umeumbwa na uwezo wa kiroho wa kumsikia Mungu. Wewe ni "mwenye kufanyika" kwa wimbi Lake, na kwa sababu Yeye anaishi ndani yako, unaweza kila wakati kumsikia. Mungu yupo nawe daima—ndani yako, kila wakati, 24/7, bila kujali unapoenda. Uwepo Wake hauondoki, na Yeye yuko tayari kuzungumza nawe kila wakati. Ukweli ni kwamba kila mtu anaweza kumsikia Mungu; funguo ni kujifunza kutambua sauti Yake katikati ya kila jambo jingine.

Maandiko yanatufundisha kwamba Mungu yupo karibu na kila mtu binafsi na pia yupo kila mahali katika uumbaji wakati wote. Zaburi 46:1 inasema Mungu ni msaada wa karibu wakati wa shida, huku Isaya 57:15 ikitufundisha kuwa Yeye anaishi milele na pia na wanyenyekevu. Zaburi 33:13-14 inathibitisha kuwa Mungu anatazama uumbaji wote. Uwepo huu wa kila mahali unamaanisha Mungu hahusiki na wakati wala nafasi—Yeye yupo kikamilifu hata katika molekuli ndogo zaidi, na pia katika upeo wa galaxies. Hakuna mahali ambapo Mungu hayupo.

Je, unaweza kujenga uhusiano na mtu ikiwa huwezi kumsikia au kumzungumzia? Inakuwa karibu haiwezekani. Unaweza kusema, "Simsiwi Mungu," lakini hiyo siyo kweli—Mungu anazungumza kila wakati. Tatizo ni kwamba wengi hawajajifunza kujifunza kusikiliza au kutambua sauti Yake. Fikiria mama aliye katika chumba kilichojaa watoto wanaolia; anaweza mara moja kutambua kilio cha mtoto wake kwa sababu anajua kilivyo kwa undani. Vilevile, lazima tujifunze kutambua sauti ya Mungu katikati ya kelele zote.

Profesa Michio Kaku, kutoka The City College of New York, anafafanua kwamba ubongo wetu unajumuisha mitandao tata ya neuroni ambazo lazima ziwe na maingiliano ili kuunda mifumo ya kazi ya ubongo. Maingiliano haya ni muhimu kwa kuchakata kila kitu tunachokiona, kusikia, kufikiria, na kufanya. Vilevile, kama vile neuroni zinavyowasiliana ndani ya ubongo, roho yako inahitaji kuungana na kushirikiana na Roho Mtakatifu ili kutambua, kuelewa, na kutenda kile ambacho Mungu anakufunulia. Muunganisho huu wa kiroho ni wa kimsingi, na lugha inayowezesha hiyo ni lugha ya ndimi.

Katika maisha yetu ya kila siku, watu wengi hukutana na "mivurugiko" ya kiroho—kama vile neuroni zinazoshindwa kufanya kazi na kuunganishwa kwenye mitandao isiyofaa—ambayo inawazuia kusikia sauti ya Mungu wazi. Hata hivyo, si vigumu kutuliza kelele hiyo. Unapopunguza mwendo na kuzingatia, kusikia sauti ya Mungu kunakuwa rahisi zaidi, na sauti Yake inakuwa wazi na isiyo na makosa.

1 Wafalme 19:11-13 inasimulia uzoefu wa Eliya kwenye mlima, ambapo alitambua sauti ya Mungu kupitia uhusiano wake wa kina na Yeye. Kipengele hiki kinaonyesha kwamba Mungu hakuwemo katika upepo mkubwa, tetemeko la ardhi, au moto, bali katika sauti ndogo na tulivu. Aliposikia, alitambua mara moja kwa sababu ya ukaribu wake na Mungu. Hii inatufundisha kwamba kusikia sauti ya Mungu kunahitaji uhusiano wa karibu, kama alivyokuwa nao Eliya.

Katika Matendo 2:4, inasema, "Wakaanza kusema kwa ndimi nyingine, kama Roho alivyowapa kusema." Picha ya Roho Mtakatifu akijiunga na roho yako—viumbe viwili tofauti, lakini vinavyounganishwa kwa undani katika ushirika, kama ndoa. Muunganisho huu kati ya roho yako na Roho wa Mungu ni kiini cha uhusiano wako na Yeye. 1 Wakorintho 6:19 inatufundisha kwamba "miili yenu ni hekalu la Roho Mtakatifu, aliye ndani yenu," ikisisitiza jinsi ulivyo karibu na Mungu. Yeye yupo karibu daima nawe kwa sababu Yeye anaishi ndani yako.

Hata hivyo, watu mara nyingi wanasema, "Sijamhisi." Ukweli ni kwamba, sio kuhusu kutokuwepo kwa Mungu bali ni kuhusu kuwa na umakini kwa kitu kingine. Ikiwa utatuliza nafsi yako na kuzingatia ndani, utaona kwamba Mungu yupo hapo hapo nawe. Kama vile 2 Timotheo 1:14 inavyosema, "Linda, kwa njia ya Roho Mtakatifu aliye ndani yetu, hazina ile iliyokabidhiwa kwako." Ni kuhusu kukuza hisia za uwepo wa Mungu na sauti Yake, kupunguza kelele za nafsi na mwili ili uweze kumsikia kwa wazi zaidi.

Katika Kitabu cha Matendo, inasemekana kwamba mitume "walikuwa wakisema kama Roho alivyowapa kusema." Lakini lugha ya ndimi inavyojidhihirisha, na tunasemaje kwa hiyo? Katika Luka 12:11-12, Yesu anatuhakikishia, akisema kuwa wakati wa mahitaji, "Roho Mtakatifu atawafundisha katika saa hiyo mnapaswa kusema." Kuomba kwa ndimi si jambo tunalolazimisha—ni lugha ya kimungu inayojitokeza kiasili, inayotolewa kwetu na Roho Mtakatifu.

Katika 1 Wakorintho 13:1, Paulo anasema, "Ingawa nikiwa na ndimi za watu na za malaika, na sina upendo, mimi ni kama shaba inayojaa kelele." Lugha ya ndimi siyo kelele isiyokuwa na maana; ni lugha halisi, iwe ya watu au ya malaika, inayohamisha mawazo na mawazo moja kwa moja kutoka kwa Mungu. Maneno yanayotoka kinywani mwako yanatoka kwa Yeye, na hata kama akili yako haitayafahamu kikamilifu, bado yana maana.

Roho Mtakatifu anaweka lugha hii ya kimungu ndani ya roho yako kwa sababu wewe ni kiumbe cha kiroho mwenye mwili na nafsi. Kwa kuwa umeunganishwa na Roho Mtakatifu, Yeye anatoa maneno Yake kwenye roho yako. Kutoka hapo, yanapanda, yanaingia kwenye akili yako, na unatoa sauti ya lugha aliyopewa. Ni muunganisho wa kina—kubadilishana kwa karibu kati ya roho yako na Mungu mwenyewe.

Tuangalie kilichotokea katika Kitabu cha Matendo. Neno linasema: "Walizungumza kama Roho alivyowapa kusema." Lugha hii ya ndimi inavyofanya kazi, na inatoka vipi kwa Roho Mtakatifu?

Luka 12:11-12 inasema, "Na watakapokuletea mbele ya sinagogi na mbele ya wakuu na wenye mamlaka, msijali mbele ya wakati jinsi mtakavyosema kwa kujitetea au mnachotakiwa kusema.

Kwa maana Roho Mtakatifu atawafundisha wakati ule ule mnachopaswa kusema."

Basi, ni vipi naanza kusema [anazungumza kwa ndimi] na lugha hiyo inatoka bila shida yoyote? Inafanyaje kazi? Inatokea vipi?

Katika 1 Wakorintho 13:1, inasema, "Ingawa nikiwa na ndimi za watu na za malaika, na sina upendo, mimi ni kama shaba inayojaa kelele, au tambiko ya mzunguko."

Kwanza kabisa, maneno unayosema kwa ndimi ni lugha halisi—"ndimi za watu au za malaika." Ni aina ya mawasiliano. Yana mawazo, fikra, na kwa kuwa yanatoka kwa Roho Mtakatifu, yanatoka moja kwa moja kutoka kwa Mungu mwenyewe.

Hivyo, lugha unayosema inatoka kwa Mungu. Ni maneno Yake, ni lugha Yake. Yeye anaiuelewa, na ina maana halisi. Sio tu kupiga kelele zisizo na maana, bali ni lugha halisi. Basi, vipi lugha hii inatoka kwa Mungu hadi kutolewa kinywani mwangu?

Roho Mtakatifu anaiweka lugha hii ndani ya roho yako. Kumbuka, wewe ni roho unayeishi katika mwili na kuwa na nafsi. Kwa kuwa Roho Mtakatifu ameunganishwa nawe, Yeye anaipeleka lugha hii kwenye roho yako. Kutoka hapo, inapaa, inafikia akili yako, na unatoa sauti ya maneno yanayotoka kwa roho yako.

Kila wakati unapomba kwa ndimi, unafungua njia ya mawasiliano na Roho Mtakatifu. Kwa nini usiweke mtiririko huu wazi kila wakati? [Anapomba kwa ndimi] Endelea na mtiririko huo, na zoea hisia za Roho wa Mungu akiongea na roho yako. Roho yako itatiririka kupitia wewe, ikieleza mawazo ya Mungu kupitia midomo yako. Zoea hisia hiyo.

Ikiwa ungeomba kwa nguvu kwa ndimi kwa dakika 10 hadi 30, ukijenga mtiririko mkubwa, kisha ukasimama ghafla, unaweza kuona kwamba unanza kusikia lugha hiyo akilini mwako.

Itakuwa inarindima akilini mwako, na utaona kwamba lugha inaendelea, isipokuwa sasa inakuwa akilini mwako, na siyo kusemwa kwa sauti. Lakini mtiririko huo unaouhisi ni ule ule mtiririko unaotokea wakati Mungu anapokusemesha. Hivi sasa, unayasikia mazungumzo kwa ndimi, lakini unapobadilisha kwa lugha yako mwenyewe, itatoka kutoka mahali kile kile, kwa njia ile ile, kupitia njia ile ile. Roho Mtakatifu anahamia kutoka kwa roho yako, hadi akili yako — mchakato huo ni sawa, ni uleule.

Itakujia kwako kwa njia ile ile. Haitakuja kwa njia iliyopangwa, ya kimantiki, bali kwa ghafla, kama mfululizo wa mawazo. Ni mtiririko wa kiroho, umwagaji. Hivyo, unapokuwa ukiomba kwa ndimi, usipige kelele kwa dakika chache kisha kusimama. Endelea. Usikate tamaa mapema.

Hebu tuchunguze uhamasishaji na kuelewa umuhimu wake katika uwanja wetu. Uhamasishaji unahusu mchakato wa kuhamasisha kiwanja au kuongeza nguvu za sumaku za sumaku ambayo ina nguvu ya sumaku isiyotosha. Kawaida, nyenzo za sumaku huwekwa katika uwanja wa sumaku unaozalishwa na coil kupitia ambayo mtiririko wa sasa moja kwa moja unapita.

Uhamasishaji hutokea wakati nyenzo inakutana na uwanja wa sumaku au wakati umeme unapopita ndani yake, na kusababisha uwanja wa sumaku ndani ya nyenzo hiyo. Kwa mfano, wakati sumaku ya sumaku dhaifu inahitaji kuongezwa, sumaku inafikishwa katika uwanja wa sumaku unaozalishwa na coil yenye umeme wa moja kwa moja. Uwanja huu unalinganisha maeneo ya sumaku ndani ya nyenzo, na kusababisha uwanja wa sumaku kuwa na nguvu zaidi.

Uhamasishaji ni mchakato muhimu katika utengenezaji wa nyenzo nyingi za sumaku, kama vile sumaku za kudumu na vifaa vya uhifadhi vya sumaku. Pia ni muhimu katika matumizi kama vile motors na jenereta, ambapo uwanja wa sumaku hutumika kubadilisha nishati ya umeme kuwa nishati ya mitambo na kinyume chake.

Mwelekeo wa uhamasishaji unaweza kugawanywa katika aina mbalimbali, ikiwa ni pamoja na uhamasishaji wa unene, uhamasishaji wa miondoko, na nyingine. Wakati sumaku inakutana na joto au athari za kimwili, mlinganisho wa maeneo yake ya sumaku unaweza kuathirika, na kusababisha nguvu ya sumaku kupungua au kutoweka. Ili kuhifadhi mali ya asili ya sumaku, mara nyingi inahitajika upya wa uhamasishaji.

Mwelekeo wa uhamasishaji unaweza kutofautiana kulingana na nyenzo na njia ya uhamasishaji inayotumika. Mbali na uhamasishaji wa unene na miondoko, aina nyingine ni uhamasishaji wa mhimili na uhamasishaji wa mzunguko.

Mambo ya nje kama joto au athari za kimwili yanaweza kuathiri mali za sumaku za nyenzo. Wakati sumaku inakutana na joto kubwa au shinikizo la kimwili, mlinganisho wa maeneo yake ya sumaku unaweza kuvurugika, na kusababisha kupungua au kupotea kwa nguvu ya sumaku.

Ili kurejesha mali za sumaku za nyenzo, mara nyingi inahitajika uhamasishaji. Hii inaweza kupatikana kwa njia kadhaa, ikiwa ni pamoja na kupeleka nyenzo kwenye uwanja wa sumaku, kupitisha mtiririko wa umeme ndani yake, au kutumia vifaa maalum kama vile mashine za kuhamasisha au kuondoa sumaku.

Mbinu za Uhamasishaji:

1. **Uhamasishaji wa Mzunguko wa Kudumu (Kupunguza Capacitor ya Voltage ya Chini ya Uwezo Mkubwa)**: Mbinu hii inafaa kwa sumaku zenye coercivity ndogo, kama vile sumaku za ferrite. [Hii ni kama kuwa katika ushirika endelevu na Roho Mtakatifu.]
2. **Uhamasishaji wa Pulse (Kupunguza Capacitor ya Voltage ya Juu ya Uwezo Mdogo)**: Mbinu hii inafanya kazi vizuri kwa sumaku zenye coercivity kubwa, kama vile sumaku za neodymium. [Hii inafanana na kile kilichotokea Siku ya Pentekoste, wakati Roho Mtakatifu alishuka kama moto na wote walizungumza kwa lugha.] Chanzo: stanfordmagnets.com
Hizi ni mbinu mbili maarufu za uhamasishaji.

Uhamasishaji wa Mzunguko wa Kudumu unahusisha kupitisha mzunguko wa mara kwa mara kupitia coil ili kuunda uwanja wa sumaku imara. Mbinu hii hutumika kawaida kwa nyenzo zenye coercivity ndogo, kama sumaku za ferrite. Capacitor kubwa hutuma mtiririko wa voltage ya juu kwenye coil, na kuunda uwanja wa sumaku wenye nguvu na wa umoja. Uhusiano wa kudumu na Mungu ni kama mtiririko endelevu wa mzunguko, ukitufanya tuendelee kuunganishwa Naye. 2 Wakorintho 13:14 inatufanya tukumbuke "kuomba bila kukoma," kudumisha ushirika wetu na Roho Mtakatifu, ambao huleta uhusiano wa kina na Mungu, na kuleta matokeo yanayoathiri maisha yetu ya kila siku. Kuunganishwa huku endelevu na Mungu kunatufanya kuwa wanafunzi, tukishi chini ya utawala Wake wa ukombozi katika Kristo.

Uhamasishaji wa Pulse, kwa upande mwingine, hutumia mfululizo wa haraka wa kupunguza capacitor ya voltage ya juu ili kuunda uwanja wa sumaku wenye nguvu katika muda mfupi. Mbinu hii ni bora kwa nyenzo zenye coercivity kubwa, kama sumaku za neodymium. Pulse za haraka na nguvu za umeme hutoa uwanja wa sumaku unaobadilika haraka, unaolinganisha maeneo ya sumaku na kusababisha uhamasishaji. Marko 16:17 inatufanya tukumbuke zawadi zenye nguvu zinazokuja kwa imani: “Kwa jina langu, watatoa pepo; watasema kwa lugha mpya.” Kama vile impulses za ghafla na nguvu za uhamasishaji wa pulse, Roho Mtakatifu huleta mabadiliko ya nguvu na mageuzi katika maisha yetu.

Mbinu nyingine za uhamasishaji zinahusisha matumizi ya vifaa maalum kama vile mashine za kuhamasisha au kuondoa sumaku, pamoja na kuonyesha kwa uwanja wa sumaku unaozalishwa na electromagnets au sumaku za kudumu. Chaguo la mbinu linategemea nyenzo inayohamasishwa na athari inayotakiwa. Kama ilivyosema katika 1 Wakorintho 14:23, “Basi, ikiwa kanisa lote litat集合 pamoja na wote kusema kwa lugha, na wageni au wasioamini wataingia, je, hawatasema kwamba mko katika akili zenu?”

Tufanye kulinganisha uhamasishaji katika ulimwengu wa kiroho.

Katika ulimwengu wa kiroho, mchakato ni sawa kabisa. Ili uweze kusema kwa lugha, roho yako lazima "ihamasishwe" na Roho Mtakatifu. Kwanza, unahitaji "kufuta sumaku" ya mafundisho yako ya kidini yaliyopita ambayo yanaweza kuzuia uelewa wako. Halafu, unahitaji "kuhamasisha" kile kilichokuwa kisichohamasika, ambayo inamaanisha lazima kuwe na mtoaji na mpokeaji. Roho Mtakatifu ndiye mtoaji wa zawadi—kama sumaku yenye nguvu inayoweza kuhamasisha na pia kufuta sumaku—na wewe ni mpokeaji, anayehamasishwa.

Ili kudumisha uhusiano huu, lazima kuwe na mtiririko wa kudumu wa uhamasishaji, ambao tunaweza kulinganisha na ushirika wa kila siku na Roho Mtakatifu. Kama vile 1 Wathesalonike 5:16-18 (ESV) inavyotufundisha: "Furahini daima, ombeni bila kukoma, shukuruni katika kila hali; kwa maana hii ndiyo mapenzi ya Mungu katika Kristo Yesu kwa ajili yenu." Kupitia maombi ya kudumu, hasa kwa lugha, unajifungua kwa mtiririko wa Roho, ukihisi ikikusisimua ndani ya moyo na roho yako. Hapa ndipo lugha ya Roho inapotoka kwako—lugha ya kiungu ambayo Mungu Mwenyewe ameiumba.

Hapa kuna ufahamu muhimu wa tatu: Unapomaliza maombi kwa lugha, utaamsha na kuleta roho yako kwenye maisha. Hii kwa upande wake itaamsha mwili na nafsi yako pia. Watu wengi hawatambui nguvu hii. Lakini hebu nieleze zaidi.

Waefeso 3:20 inasema, "Sasa kwake Yeye anayeweza kufanya zaidi ya yote tunayoyaomba au kufikiria, kulingana na nguvu inayofanya kazi ndani yetu." Mistari hii inazungumzia nguvu isiyo na mipaka ya Mungu na uwezekano usio na mwisho ulio mbele yetu kupitia imani ndani Yake. Inasisitiza kwamba Mungu anaweza kufanya zaidi ya tulivyoweza kuomba au kufikiria, na nguvu Yake inafanya kazi ndani yetu kutimiza mapenzi Yake.

Kwa Wakristo, mistari hii ni chanzo cha tumaini na faraja, ikitufundisha kwamba haijalishi changamoto tunazokutana nazo, Mungu ana uwezo wa kutupa nguvu na rasilimali zinazohitajika ili kuzishinda. Inatufundisha pia kutegemea mpango wa Mungu na kuwa na imani kwamba Yeye anaweza kufanya miujiza katika maisha yetu.

Hivyo, Roho Mtakatifu ndiye nguvu inayofanya kazi ndani yako—nguvu inayofanya kazi kwa nguvu ndani yako. Hata hivyo, watu wengi hufaulu kuangukia katika mtego wa "fikra za uamsho," wakisubiri tukio fulani la baadaye au upako maalum ujitokeze juu yao. Wanatarajia kwamba ikiwa wataomba kwa bidii, siku moja nguvu hiyo itakuja. Lakini je, kuhusu nguvu ambayo tayari ipo ndani yako? Unafanya nini nayo? Je, utapuuzilia mbali wakati ukisubiri kitu kikubwa kitokee katika siku zijazo? Ikiwa ni hivyo, utakuwa ukisubiri kwa muda mrefu.

Kilichotolewa kwetu ni zawadi bure ya Roho Mtakatifu, na tunaitwa kuwa wasimamizi wa zawadi hiyo. Tuna fursa ya kuitumia, kwani imepewa kwa madhumuni maalum.

Katika Waefeso 3:16, Paulo anaomba, "Najiombea, ili kwa mali zake za utukufu, awatie nguvu kwa uwezo kupitia Roho wake ndani yenu." Mistari hii inazungumzia kuimarishwa kwa mtu wa ndani, mchakato unaowezeshwa na Roho Mtakatifu.

Paulo anaomba Mungu kuwaimarisha waumini wa Efeso kwa nguvu, inayojulikana kama Dunamis katika Kigiriki, kupitia Roho Mtakatifu ndani ya mtu wao wa ndani. Nguvu hii, au nishati, haijitokezi kwa kujitegemea bali inatoka kwa mali za utukufu wa Mungu. Ni nguvu ya kiungu inayotuwezesha kuishi imani yetu na kushinda changamoto za kiroho.

Neno Dunamis linahusu nguvu au uwezo wa kutenda matendo makuu na miujiza. Ni neno lilelile linalotumika katika Matendo 1:8

wakati Yesu anawaambia wanafunzi wake kwamba watapokea nguvu (Dunamis) wakati Roho Mtakatifu atakapowajia. Roho Mtakatifu ndiye chanzo cha nguvu hii, na inapatikana kwa waumini wote wanaotaka kujazwa na Roho Wake.

Kwa kuomba kwa ajili ya Waefeso ili waweze kuimarishwa kwa nguvu hii ndani ya mtu wao wa ndani, Paulo anasisitiza umuhimu wa nguvu ya kiroho katika maisha ya muminio. Nguvu hii inatoka kwa Roho Mtakatifu akifanya kazi ndani yetu, na ni muhimu kwa kuishi maisha yanayomheshimu Mungu na kwa kutimiza mapenzi Yake hapa duniani.

Hivyo, nini hasa ni Dunamis?

Neno la Kigiriki Dunamis linatumiwa mara 120 katika Agano Jipya na linarejelea nguvu, uwezo, au uwezo wa kufanya jambo. Neno hili ni mzizi wa maneno kadhaa katika Kiingereza kama vile dynamite, dynamo, na dynamic, ambayo yote yanaonyesha nguvu ya nguvu au uwezo. Uwepo wa Dunamis katika maisha ya muminio ni nguvu inayowawezesha kutimiza mambo mengi zaidi kuliko wangeweza peke yao, ikifanya kazi kupitia nguvu ya Mungu ili kuleta mapenzi Yake.

Katika muktadha wa Agano Jipya, Dunamis mara nyingi linahusiana na nguvu ya Mungu au Roho Mtakatifu. Kwa mfano, katika Matendo 1:8, Yesu anawaambia wanafunzi wake kwamba watapokea nguvu (Dunamis) wakati Roho Mtakatifu atakapowajia. Nguvu hii inawawezesha kuwa mashahidi wa Kristo na kutekeleza kazi ya ufalme wa Mungu.

Katika Agano Jipya, Dunamis inahusishwa na matendo ya miujiza, ishara, na maajabu. Nguvu hii inainua wafu, inaponya wagonjwa, na kutoa mapepo. Nguvu hii inawawezesha waumini kushinda dhambi, majaribu, na upinzani wa kiroho.

Dunamis ni kipengele muhimu cha maisha ya Kikristo kwa sababu ni nguvu ya kiungu inayotuwezesha kuishi imani yetu na kutimiza mapenzi ya Mungu duniani. Si nguvu tunayomiliki peke yetu, bali ni kitu kinachotoka kwa Roho ya Mungu akifanya kazi ndani yetu.

Warumi 1:20 inasema, "Kwa maana tangu kuumbwa kwa ulimwengu, sifa zisizoonekana za Mungu—nguvu Yake ya milele na asili ya kiungu—zimeonekana, zikieleweka kutokana na yale yaliyoumbwa, ili watu wasiwe na udhuru." Mistari hii inazungumzia jinsi nguvu ya milele ya Mungu na asili Yake ya kiungu zinavyodhihirishwa kupitia uumbaji. Tangu kuumbwa kwa ulimwengu, sifa hizi zisizoonekana zimekuwa wazi kwa wote kupitia kile alichoumba. Hivyo, hakuna mtu anayeweza kudai kutokujua kuhusu kuwepo au asili ya Mungu, kwani nguvu Zake ziko wazi katika ulimwengu wetu.

Hivyo, hii inamaanisha nini kwako? Je, ni uzoefu ambao utapata siku moja? Hapana, siyo kitu kinachotokea mara moja tu maishani. Dunamis ni Roho Mtakatifu, ambaye ni mwenye uwezo wote. Roho Mtakatifu anaishi ndani ya mtu wako wa ndani, na unapoombea kwa lugha, Dunamis inaanza kutiririka. Unapoombea kwa lugha—hasa unapoombea kwa nguvu na kujitolea kwa hilo—utagundua kwamba mtu wako wa ndani unapata nguvu. Unakuwa umejaa maisha ya Mungu, na maisha haya ni nguvu yenye nguvu na nishati inayokujaa, kama betri inayochajiwa nishati.

Hivyo, unapoombea kwa lugha zisizojulikana, utapata roho yako kuwa hai, imejaa nguvu, na imejaa nishati. Wengine wenu huenda mnafikiri au hata kusema, "Sijawahi kupata hiyo." Lakini jua kwamba unapoendelea kuomba kwa Roho, utaanza kupata mtiririko huu wa Dunamis unaoamsha roho yako na kukuletea uhusiano wa kina na Mungu.

Hebu niweke wazi kwa nini hujapata uzoefu huu. Si kwa sababu Roho Mtakatifu ameshindwa, na si kwa sababu kipaji hakifanyi kazi. Ni kitu kingine. Usimshushe Mungu hadi kiwango cha uzoefu wako. Badala yake, inua uzoefu wako ili ulingane na kile Mungu anachosema ni kweli—kisha utaanza kuhisi kujaa nguvu kwa Roho Mtakatifu.

Hapa ndiyo sababu: kutokana na uchunguzi wangu, na pia ziara yangu katika makanisa mbalimbali nchini mwetu, wengi wanaishi chini ya roho ya uzito, kutokuwa na hamu, na kutokuwa na imani. Hii ni tatizo kubwa katika taifa, na inasababisha watu kufungwa kiroho. Kama matokeo, miili yao inahisi kuchoka, na roho zao zinakuwa na mzigo mzito.

Hii ndiyo inahitaji kwa adui kuvuruga uhai wako wa kiroho. Unapojaribu kuomba, inahisi kama juhudi. Haiji kwa urahisi, hivyo unajikuta ukifanya kazi ili kuendelea. Na unapojitahidi kuomba, inaweza kuchukua nguvu kidogo kuingia kwenye mtiririko.

Naweza kuhusiana na hili. Nilipoanza kuomba kwa lugha, niliomba kwa takribani dakika tano, kisha nilijisikia nimechoka. Hakukuwa na nguvu, hakuna maisha—ilikuwa kana kwamba nilikuwa napiga ukuta, na hakuna kitu chochote ninachoshiriki nanyi sasa kilikuwa kinatokea kwangu.

Marko 14:32-37 inaeleza uzoefu wa kufanana ambapo Yesu alikwenda kuomba kwenye Bustani ya Gethsemane kabla ya kukamatwa kwake. Aliwachukua Petro, Yakobo, na Yohana pamoja naye na kuwaambia wawae macho na kuomba wakati yeye aliondoka kuomba peke yake. Lakini Yesu alipo rud, aliwakuta wamelala na kumkemea Petro, akisema, "Hamuwezi kubaki macho kwa saa moja?"

Kama vile wanafunzi walivyokuwa, atarudi Bwana, atatukuta tukiwa macho kiroho na kushiriki, au tutakuwa tumelala kiroho, tukikosa nguvu za kuomba na kushirikiana na Roho Mtakatifu? Funguo ya kufungua mtiririko wa Roho katika maisha yako ni kupigana dhidi ya uzito na kutokuwa na hamu, kuendelea na juhudi na kujitolea katika maombi, hata wakati inahisi kama juhudi. Mapenyo yanakuja unapozidi kuendelea, ukitarajia Mungu kutenda kile anachosema.

Mistari hii mara nyingi inaelezwa kama wito kwa waumini kubaki macho na kuomba, hasa ili kuepuka kuanguka katika majaribu. Inasisitiza umuhimu wa kubaki macho na kudumisha uhusiano na Mungu, hasa wakati wa majaribu au majaribio. Wakati Bwana atarudi, anatakiwa kutukuta tukiwa na uaminifu katika maombi, si wamelala kiroho au hawajajiandaa.

Hivyo, niliamua kujiongeza zaidi. Niliamua kuomba zaidi, kuongeza muda kila siku. Nilijikita katika kuongeza mtiririko wa Roho, lakini pia nilijumuisha vitendo fulani vya kimwili—kama kutetemeka mwilini, nikijiambia, "Amka! Njooni! Fanya kile Roho Mtakatifu anataka ufanye!" Jipe nguvu! Amka! Tunaomba hapa!

Niligundua kuwa kitu rahisi, kama kutetemeka mwilini, kilinisaidia kuzingatia, kisha ningeomba kwa nguvu [anatumia lugha za kiroho] hadi ningeweza kuhisi Roho ikiongezeka ndani yangu. Wakati mwingine ingechukua dakika tano, wakati mwingine 10, wakati mwingine 15. Lakini kutafika wakati ambapo nilihisi mtiririko unafunguka, na nikuwa na nguvu, hai, na maombi yangetiririka bure bila kizuizi.

Mwanzoni, ilichukua muda kufika hatua hiyo. Kwa nini? Kwa sababu mwili na roho yangu walikuwa wamezoea kunitawala. Nililazimika kufanya uamuzi wa dhati: je, ningeamua kufanya kazi na Roho Mtakatifu, kuamsha roho yangu, na kuendelea hadi nipate mapenyo? Si suala la kulazimisha mwili wako kushinda roho yako; ni kuhusu kuamua kuamsha kile alichokupa Mungu, kusukuma mbele hadi upate faida.

Wakati mwingine, unaweza kukutana na upinzani kiroho. Unapowaomba, inaweza kuhisi kana kwamba maneno hayo hayafiki mdomoni mwako kwa urahisi. Inachukua nguvu kubwa kusema. Hii ni upinzani wa kiroho—ni kama pepo inavyokukutana, ikijaribu kuzuiya mtiririko wako.

(Matthew 26:41) Katika mstari huu, Yesu anawaambia wanafunzi wake, "Lindeni na kuomba, msije mkanguka katika majaribu: roho ina shauku, lakini mwili ni dhaifu." Yesu anasisitiza umuhimu wa kuwa macho kiroho na kushiriki katika maombi ili kuepuka kuanguka katika majaribu, akikubali nguvu ya roho lakini udhaifu wa mwili. Hii ilisemwa wakati wa usiku wa kukamatwa kwa Yesu katika Bustani ya Gethsemane alipoomba wanafunzi wake wawe macho na kuomba pamoja naye wakati akiandaa mateso yake yajayo.

Kwa njia inayofanana, kuna nguvu ya kiroho inayokusukuma kinyume. Unapokutana na upinzani, lazima ulikubali na uamuzi kuwa imara zaidi. Unaweza kukutana nayo kwa uso kwa uso, ukisema, "Sawa, tuone nani ni mwenye nguvu hapa!" Pinga upinzani huo kwa kuomba kwa lugha. Unapozidi kuendelea, utaona kwamba upinzani huanza kupotea, na mtiririko wa Roho unakuwa wazi bila vikwazo. Mara mtiririko unapoanzishwa, hutajua tena upinzani wowote.

Kuna nyakati ambapo naomba kwa lugha na kisha ninajaribu kulala, lakini najikuta siwezi. Ni kama kuna nishati ndani yangu inayonizuia kulala. Nadhani kuwa kusema kwa lugha kunanipa nguvu—anza tu na utaweza kuhisi pia.

Katika Matendo 19:1-7, Paulo alikutana na wanafunzi huko Efeso ambao hawakuwa bado wamepokea Roho Mtakatifu. Walikuwa wamebatizwa kwa ubatizo wa toba, lakini Paulo alipoelezea kuhusu Roho Mtakatifu na akaweka mikono yao, walipokea Roho Mtakatifu, walianza kusema kwa lugha na kutabiri. Hii ni mfano dhahiri wa jinsi Roho Mtakatifu anavyowawezesha waumini kutimiza malengo ya Mungu.

Faida ya nne ya kusema kwa lugha ni kwamba inatoa malengo ya Mungu. 1 Wakorintho 14:2 inasema, "Anayeongea kwa lugha, hasemi kwa watu bali kwa Mungu, kwa maana hakuna anayeelewa, lakini katika roho anasema siri." Hii inafichua jinsi maombi kwa lugha yanavyotuwezesha kuwasiliana moja kwa moja na Mungu na kusema kuhusu mapenzi na malengo yake ya kimungu.

Uwezo wa kusema kwa lugha, kama ilivyoelezwa katika Matendo 19, ni kipaji kutoka kwa Roho Mtakatifu kinachomwezesha mtu kusema kwa lugha anayoijua, kuwasiliana moja kwa moja na Mungu, au hata kutabiri. Kulingana na 1 Wakorintho 14:2, mtu anaposema kwa lugha, hasemi kwa watu bali kwa Mungu, na maneno anayosema yanaweza kuwa ya siri au yasiyoeleweka. Wakristo wengine wanaamini kuwa kusema kwa lugha husaidia kutimiza malengo ya Mungu, iwe ni kupitia ukuaji wa kiroho wa kibinafsi, uwezo wa kutabiri, au kupokea mwongozo kutoka kwa Mungu.

Siri ni kitu kilichofichwa, kitu kisichojulikana, au kitu kilichofichwa. Katika Biblia, inapozungumzia kuhusu siri, mara nyingi inazungumzia siri za Ufalme wa Mungu—mambo ambayo ni ya Mungu pekee anayayojua. Hata hivyo, kwa mtu anayewaomba kwa lugha, kile wanachokiomba kinaweza kuwa siri kwao. Sababu inakuwa siri ni kwa sababu kama Mungu hangechukua udhibiti katika wakati huu, tungeweza kuomba mambo ambayo hayawezi kuwa na manufaa au ambayo hayako katika mapenzi yake.

Mara nyingi hatujui jinsi ya kuomba au kile hasa tunachopaswa kuomba. Kwa mfano, unaweza kufikiria unawaomba kuhusu ndoa yako wakati unamwomba Mungu kubadilisha mwenzi wako. Lakini kwa kweli, Mungu anaona picha kubwa na anajua kile unachohitaji.

Waefeso 6:18 inawahimiza waumini kuomba daima katika Roho, kwa uvumilivu na sala kwa ajili ya watakatifu wote. Yuda 1:20 inatufundisha kujijenga katika imani kwa kuomba katika Roho Mtakatifu. Na Warumi 8:26-27 inatuambia kuwa Roho hutusaidia katika udhaifu wetu kwa sababu hatujui kila wakati jinsi ya kuomba kama tunavyopaswa. Roho anatuombea kwa kilio kisichoweza kutamkwa kwa maneno.

Mistari hii inasisitiza umuhimu wa kuomba katika Roho, maana yake ni kuomba chini ya uongozi na ushawishi wa Roho Mtakatifu. Tunapoomba kwa Roho, tunaomba kulingana na mapenzi ya Mungu, tukishinda udhaifu wetu na vikwazo. Inatufanya tuweze kukua kiroho na kuishi kulingana na malengo ya Mungu kwa maisha yetu.

Unapoanza kuomba kwa roho, Roho Mtakatifu anakupa maneno ya kusema kwa lugha mpya. Ukisikiliza kwa makini, unaweza kujikuta unawaomba Mungu, "Nisaidie kukua katika upendo na neema. Nisaidie kuwa mpenzi, mkarimu, na mwenye mawazo mazuri kwa mwenzi wangu." Hii ungesema peke yako, lakini unapoomba kwa lugha, Roho Mtakatifu anakuelekeza, kuhakikisha kwamba maombi yako yanalingana na mapenzi ya Mungu.

Warumi 8:26 inatuambia kwamba hatujui kila wakati kile cha kuomba, lakini Roho mwenyewe anatuombea kwa kilio kisichoweza kutamkwa kwa maneno. Roho Mtakatifu hutusaidia katika udhaifu wetu na anatuingilia pale tunaposhindwa kujua jinsi ya kuomba. Tunapoomba kwa lugha, ni njia yenye nguvu ya kuhakikisha kwamba tunaomba mambo sahihi kwa sababu Roho Mtakatifu anatuongoza.

Katika Warumi 8:26-27, tunajifunza kwamba Roho anatusaidia, hasa tunaposhindwa kujua ni nini cha kusema au jinsi ya kutoa mahitaji yetu ya ndani. Roho anatuombea, akileta mahitaji yetu na matakwa yetu mbele za Mungu kwa njia inayozidi uelewa wetu. Kipengele hiki kinasisitiza umuhimu wa kutegemea Roho Mtakatifu kutuongoza katika maisha yetu ya maombi, hasa tunapokuwa na shaka au kutatanishwa.

Kwa mfano, unapowaombea watoto wetu, tunapoweza kuanza kuomba kwa kutokuwa na subira au tamaa ya kudhibiti hali hiyo, kama kuomba Mungu amubadilishe mtoto anayeasi. Lakini tunapokuwa tunaomba kwa lugha, tukiwa na upendo kwa huyo mtu katika mioyo yetu, tunafungua mlango kwa mpango wa Mungu, mapenzi yake, na madhumuni yake. Roho Mtakatifu anachukua udhibiti, akituwezesha kuomba kulingana na mapenzi ya Mungu badala ya yetu.

Nakumbuka wakati mmoja, mwanamke niliyekuwa namshauri aliniita kuhusu mtoto wake, kijana aliye na matatizo ambaye alikuwa changamoto kubwa kwake kushughulikia. Alikuwa amechoka kabisa na aliniomba niombe kwa ajili ya serikali kumfungia jela kwa sababu alishindwa kumhudumia tena. Badala ya kuomba kwa ajili ya matokeo hayo maalum, nilimwambia aombe kwa lugha, akiomba msaada wa Mungu. Alipoanza kuomba kwa lugha, mambo yalianza kubadilika katika maisha yake. Roho Mtakatifu alijiingiza katika hali hiyo, akileta amani na mwongozo, ikithibitisha tena kwamba Yeye ni mshtaki wetu na mshauri wetu.

Katika 1 Wakorintho 4:1, tunaitwa kuwa wahudumu wa siri. Unapoongea kwa lugha—iwe ni lugha ya wanadamu au ya malaika—unazungumza madhumuni ya Mungu na mpango wake kwa maisha yako. Unafichua mambo ambayo Mungu anataka kuleta mbele, iwe ni katika muda wako wa maombi ya kibinafsi au katika mwenendo wako wa kiroho. Je, si ajabu kufikiria kwamba unazungumza ufunuo wa kimungu katika nyakati hizo?

Hakuna "kipaji cha maombi" maalum. Maombi, katika asili yake, ni sehemu ya asili ya kuwa mtoto wa Mungu, na ni amri. Wanafunzi hawakuomba kwa Yesu kipaji cha maombi; walikuwa wanamwambia tu, "Bwana, tufundishe kuomba." Hii inatufundisha kwamba maombi ni sehemu ya kimsingi ya maisha ya Kikristo—kitu ambacho sote tumeitwa kukifanya.

Yesu mwenyewe alisisitiza umuhimu wa maombi, hasa alipotumia usemi wa "chunguze na omba" mara kadhaa. Moja ya nyakati hizo ilikuwa usiku kabla ya msalaba wake. Yesu alichukua wanafunzi wake mpaka bustani ya Gethsemane kuomba, akimwambia Baba yake kama "kombe" linaweza kuondolewa kwake (Mathayo 26:39). Baadaye, aliporejea, aliwakuta wanafunzi wake wamelala na alionyesha kukerwa kwake kwa sababu hawawezi kubaki macho na kuomba hata kwa saa moja. Aliwaonya, "Chunguze na omba, ili msije mkashuka katika majaribu. Roho ni tayari, lakini mwili ni dhaifu" (Mathayo 26:41).

Katika Luka 11:1, tunaona kwamba mmoja wa wanafunzi wa Yesu alimuuliza amfundishe jinsi ya kuomba. Ombi hili lilikuja baada ya kushuhudia Yesu akiomba mahali fulani. Kama matokeo, Yesu aliwafundisha kile tunachojua kama Sala ya Bwana, inayopatikana katika Luka 11:2-4 na Mathayo 6:9-13.

Ikiwa hujui jinsi ya kuomba, je, unaweza kweli kuonyesha upendo wako kwa Yesu? Haitoshi kusema "Nakupenda" mara kwa mara. Kama tunavyoona katika Luka 11:1, Mathayo 26:39, na Mathayo 26:41, ingawa Yesu alikuwa Mungu mwenye mwili, alikuwa akiomba kila siku kwa Baba yake. Maombi yalikuwa sehemu ya ushirika wake wa daima na Mungu, na alituonyesha mfano wa kufuata. Kwa wengine, inaweza kuwa vigumu kuomba kwa muda mrefu. Mara nyingi tunafikiria, "Nakupenda, Bwana, lakini ni vigumu kuendelea kuzungumza kuhusu matatizo yangu." Hata hivyo, unapokuwa unaomba kwa lugha, unaweza kuendelea kuzungumza na Mungu, na Roho Mtakatifu anasaidia kuchochea shauku yako na uhusiano wako, na kufanya maombi yajiendelee kwa urahisi.

Kama inavyoonyeshwa katika 1 Wakorintho 14:2, unapoongea kwa lugha, unazungumza moja kwa moja na Mungu. Katika mstari wa 28, pia inasema kwamba unapoongea kwa lugha, unazungumza na wewe mwenyewe na na Mungu. Kupitia lugha hii ya kiroho, unapata mstari wa moja kwa moja kwa Mungu na kwa roho yako mwenyewe.

Unapoongea kwa lugha, unazungumza moja kwa moja na roho yako kuhusu madhumuni ya Mungu kwa maisha yako, mambo aliyoyapanga kwa ajili yako. Ni aina ya mawasiliano ambapo huombi tu bali pia unafundisha roho yako, ukielekeza kwenye mapenzi ya Mungu. Unaweza kujiuliza, "Inafanyaje kazi?" Kwa kweli, wakati ninapokuwa nabii, mara nyingi mimi hufundishwa na Bwana wakati wa kusema. Kuna mtiririko wa ufunuo, na ninaposema, mara nyingine akili yangu inastaajabu, nikifikiri, "Sikujua hilo." Ninapokea ufunuo ninaposema, nikijifundisha mimi mwenyewe katika mchakato huo.

Paulo anasisitiza hili katika 1 Wakorintho 14:31, ambapo anasema, "Kwa maana ninyi nyote mnaweza kutabiri mmoja baada ya mwingine ili wote wajifunze na wote watiwe moyo." Katika mstari wa 3, anaongeza kusema kwamba unabii unakusudiwa kujenga, kutia moyo, na kufariji wengine. Kisha, katika mstari wa 24, anasema kuhusu unabii unaopelekea kuhukumiwa na kuchunguzwa. Mistari hii inaonyesha jinsi kusema neno la Mungu, iwe ni kupitia unabii au lugha, hutusaidia kuendana na moyo wake na inatupeleka katika ukuaji wa kibinafsi na wa pamoja katika kanisa.

Kwa namna hiyo hiyo, unapoongea kwa lugha, hauzungumzi tu maneno—unatangaza mpango wa Mungu kwa maisha yako. Unayakalia katika uwepo wa Mungu, ukiyaomba kwa kuwepo, na ukiomba Mungu ayadhihirishe. Hii si kuhusu kuelewa kila neno unaloomba. Ikiwa utajaribu kulichambua, huenda usaidie kwa makosa kupunguza mtiririko. Ni kuhusu kujisalimisha kwa Roho Mtakatifu na kumruhusu aendelee kupitia wewe.

Kitendo cha kuomba kwa lugha kinafungua mlango wa ufunuo katika maisha yako. Baadhi ya watu wanaweza kusema hawasikii kutoka kwa Mungu, lakini ukweli ni kwamba Mungu anasema kila wakati; ni kuhusu kujifunza kutambua sauti yake. Methali 3:5-6 inasema, "Mtumaini Bwana kwa moyo wako wote; wala usiegemee akili zako mwenyewe. Katika njia zako zote, mtambue Yeye, naye atanyosha mapito yako." Mistari hii inatufundisha kumtumaini Mungu katika mwongozo wake na kuachana na hitaji la kuelewa kila kitu. Kumtumaini Yeye kunahitaji mabadiliko kutoka kwa kutegemea akili zetu wenyewe hadi kujisalimisha kikamilifu kwa mpango wake kwetu.

Unapokuwa unaomba kwa lugha, tambua kwamba hutegemei mantiki au uelewa. Hutumii akili zako kufikiria jinsi ya kufanya. Hutumii akili, ambayo kwa kweli ni jambo zuri. Hii inalinganisha mashindano kwa kila mtu, bila kujali ikiwa umeenda chuo kikuu au umetoka shule ya upili—hakuna chochote kinachohusu kwa Mungu Mwenye Kujua Yote. Akili yako siyo sehemu yako itakayokusaidia katika hili, kwa sababu sehemu nyingine inatoka kwa Roho Mtakatifu. Kwa kweli ni jambo la kushangaza jinsi Mungu alivyofanya hivi, sivyo? Alijua kwamba baadhi ya watu wangeweza kuwa na akili sana hadi wangetumia maombi ya busara, lakini Mungu alifikiri, "Tuwape wote kipaji cha lugha ili kisije kuwa na maana. Kila mtu ataomba vivyo hivyo, na akili zote hazitasaidia kwa sababu akili haiwezi kuelewa mambo ya Mungu. Yao hupokelewa kwa ufunuo, sio kwa mantiki."

Lugha ya roho ni lugha ya mtiririko. Ni ya kidemokrasia, lugha iliyojaa picha, maono, na mawazo yaliyohamasishwa. Unapokuwa unaomba kwa lugha, unaweza kuanza kuuelekeza akili yako ili kusikiliza na kupokea mawazo hayo. Wakati mwingine, mawazo yanakuja unapokuwa unaomba, wakati mwingine hayawezi kuja. Mara kwa mara, ufahamu huo utaingia akilini mwako baada ya siku, wiki, au hata miezi. Kwa sababu hayaji mara moja, mwili wetu unaweza kukosa subira na kuuliza, "Nini maana ya hii?"

1 Wakorintho 14:2 inatufundisha, "Kwa maana anayezungumza kwa lugha hasemi kwa watu bali kwa Mungu. Hakika hakuna anayewajua; wao hutoa siri kwa Roho."

Biblia iko wazi—unapokuwa unaomba kwa lugha, unaitisha mapenzi ya Mungu, kusudi Lake, mpango Wake kwa maisha yako. Unazungumza hayo katika uhalisia wako, katika ulimwengu wa roho, moja kwa moja kwa Mungu, ukiomba ili yatendeke. Ukijifungua kwa mtiririko wa kidemokrasia, utaanza kugundua mpango wa Mungu. Lakini ikiwa akili yako inakuwa katika udhibiti kila wakati, itazuia, kukataa, na kuzuiya hiyo.

Kwa wengine, kuna changamoto katika kumsikia Mungu kwa sababu wamezoea kudhibiti kila kitu kwa akili zao na akili. Wanapambana na kupunguza kasi, kupumzika, na kuruhusu mawazo ya kidemokrasia ya Roho Mtakatifu kuja. Lakini ndivyo Mungu anavyosema—kupitia hisia hizo za kidemokrasia na michango ya kimya. Inahitaji kuachilia udhibiti wa kiakili na kupokea tu.

1 Wakorintho 14:4 inasema, "Anayezungumza kwa lugha isiyojulikana hujenga, au hujenga, roho yake."

Sasa, hebu niulize, ni wangapi wetu hapa ni watu wa roho wanyonge? Uwezekano ni wengi. Jambo ni kwamba, wewe pekee unaweza kujenga roho yako.

Hapa kuna kitu kinachoweza kuwa na upotoshaji mkubwa. Unaweza kuwa sehemu ya kanisa nzuri lenye ibada nzuri, mafundisho bora, na huduma nzuri, lakini bado hauwezi kukua kiroho. Unaweza kudhani unakua kwa sababu uko katika mazingira ambapo Roho wa Mungu anatembea, lakini hiyo haimanishi kwamba unabadilika.

Vitu pekee vinavyochangia ukuaji wako ni vile unavyoweka kwa makusudi katika maisha yako. Lazima ujihusishe moja kwa moja na hiyo. Unahitaji kuchukua jukumu binafsi, na ni katika hatua hiyo, katika kufanya jambo mwenyewe, ndipo mabadiliko halisi yanapotokea.

Tunaweza kukupa kozi ya maisha ya roho, na unaweza kupitia yote hayo na kupata cheti mwishoni. Huenda hata ukajivunia kuonyesha cheti hicho! Lakini cheti hicho hakifanyi mengi ikiwa utaendelea kuwa mtu mdogo wa kiroho. Cheti hakiwezi kukufanya ukue.

Mungu anaita wahusika wa kiroho. Ili kuwa jitu, unahitaji kujijenga, kujijenga mwenyewe. Fikiria hili. Ni wangapi wenu mlilala kifungua kinywa leo asubuhi? Wengi wetu tulifanya hivyo, sivyo? Kwa nini? Kwa sababu tunataka kuendeleza miili yetu.

Lakini roho yako vipi? Ni wangapi wenu mlianzia siku yenu kwa maombi au kuomba kwa lugha? Unapoamka, unapaswa kuruka kitandani na kuanza kujenga roho yako mara moja. Usijali kuhusu kifungua kinywa kwanza—anza kuamsha roho yako.

Unapoongea kwa lugha, unaziweka maneno ya Mungu ndani ya roho yako. Roho yako inapata nguvu, inakua, na inakuwa nyeti zaidi unapoomba kwa lugha. Kadri unavyooomba kwa lugha, ndivyo unavyokuwa mwenye nguvu na nyeti zaidi.

Ikiwa unaomba mara moja kwa wakati fulani tu, utawezaje kuwa na usikivu wa kiroho kwa Mungu? Ili kuingia kwenye mtiririko, unahitaji kuomba kwa uthabiti, hadi mtiririko uwe wa kawaida na usikivu wako uongezeke. Hivyo ndivyo unavyokuwa jitu la kiroho.

Labda mwili wako ni mdogo, lakini uwepo wa Mungu ndani yako unaweza kujaza nafasi inayokuzunguka. Roho Mtakatifu anaishi ndani ya roho yako, na Mungu anataka ushawishi wa Roho Mtakatifu uene katika ulimwengu wa kimwili. Lakini ili hilo litokee, kwanza unahitaji kubadilisha nafsi yako na mwili wako. Unapoacha Roho kutiririsha roho yako kisha kuiongoza nafsi yako, Roho Mtakatifu atajaa na kujaa katika kila kitu kilicho karibu nawe.

Popote unapoenda, wengine watahisia uwepo wa Mungu kuwa nawe. Sasa, baadhi ya watu wanangojea ufufuo, lakini huna haja ya kusubiri. Unaweza kuanza sasa hivi, kubadilisha nguvu zako za kiroho, na kuruhusu uwepo wa Mungu kutiririka ndani yako na kupitia wewe.

Ufufuo ni kama mapambo ya keki—ni ya ajabu, na sisi sote tunapenda. Lakini inabidi uoke keki kwanza. Unahitaji kujenga maisha yako na Mungu, na unavyofanya hivyo, utaona Roho Mtakatifu akiendelea kukujaza na kutiririka kupitia wewe.

SURA YA 16

Lugha na Tafsiri

Lugha na Tafsiri Kuongea kwa lugha na tafsiri yake ni ishara muhimu ndani ya jamii ya waumini, wakifanya kazi pamoja ili kuimarisha maisha ya kiroho ya kanisa. Wakati mtu anapoongea kwa lugha, inapaswa kufuatiwa na tafsiri, kuhakikisha kwamba ujumbe unafahamika na kanisa katika lugha wanayoweza kuelewa. Mchanganyiko huu wa kuongea na kutafsiri lugha "unaiimarisha kanisa," kama ilivyoandikwa katika 1 Wakorintho 14:5.

Kwa mujibu wa 1 Wakorintho 14:13, mtu anayesema kwa lugha wakati wa mkutano wa waumini anapaswa kujitahidi kutafsiri kilichosemwa, ili kanisa liweze kufaidika na ujumbe huo. Lengo la kuongea kwa lugha katika muktadha huu ni kuimarisha wengine kupitia tafsiri, kuwaruhusu kuelewa na kubarikiwa na kile kilichozungumzwa.

Hivyo, kuongea kwa lugha kunatumika kwa madhumuni ya kibinafsi na ya umma. Kibinafsi, ni njia ya kuwasiliana na Mungu na kujijenga mwenyewe kiroho (1 Wakorintho 14:2, 4). Kwa umma, inapaswa kufuatiwa na tafsiri, ili mwili wa waumini uweze kuimarishwa na kutia moyo kupitia ujumbe wa sifa na ibada unaoelekezwa kwa Mungu (1 Wakorintho 14:5).

Zawadi hii inapatikana kwa kila mtu anayeitaka. Kuna tofauti kati ya kupokea Roho Mtakatifu kwa ajili ya wokovu (kuwa Mzalishwa Upya) na kupokea kuzamishwa kamili kwa Roho Mtakatifu (Ubatizo wa Roho Mtakatifu). Ili kushiriki kikamilifu na maisha haya mapya ya kiroho, tunahitaji lugha inayotoka ndani, inayohamasisha utu wetu wa ndani na kutoa "siri" na mengine mengi. Aidha, kujifunza kufanya kazi kwa Neno la Maarifa—moja ya zawadi zenye nguvu zaidi za ufunuo—huleta uelewa wa kina wa maisha ya mtu.

Kuna vipengele viwili muhimu ambavyo Mungu anataka tuvinyeke: maombi ya kibinafsi na utendaji wa zawadi za kiroho. Kwanza, nitaangazia Ubatizo wa Roho Mtakatifu na Kuongea kwa Lugha, nikitazama zawadi ya ibada ya kibinafsi ambayo kila muumini anaweza kupokea. Kisha, tutaangalia zawadi ya huduma ya kuongea kwa lugha, pamoja na tafsiri yake, kama ishara ya nguvu ya Roho Mtakatifu.

Kama ilivyo wazi katika 1 Wakorintho 12:10, kuongea kwa aina mbalimbali za lugha, pamoja na tafsiri ya lugha, ni mojawapo ya zawadi za Roho. Hii ni sehemu muhimu katika kuelewa aina zote za zawadi za kiroho zinazopatikana kwa waumini.

Kwa wale ambao bado hawajapata uzoefu wa Ubatizo wa Roho Mtakatifu, sura hii itasaidia kuongeza uelewa wako. Katika sehemu hii, tutachunguza mchakato wa kubatizwa kwa Roho Mtakatifu, kujazwa na Roho, kuongea kwa lugha, na jinsi ya kupokea zawadi hii yenye nguvu.

Kwanza, nataka kushiriki jambo ambalo Yesu alilofanya na kufundisha. Sitapitia maandiko yote kuhusu mada hii, nitakupa tu muhtasari wa kutosha.

Yesu alifafanua wazi kwamba alipokuwa karibu kuondoka duniani, atamtuma Msaidizi mwingine, Roho Mtakatifu. Alikuwa wazi kwamba anamtuma mtu. Roho Mtakatifu angeachiliwa kwa wafuasi wake.

Katika Yohana 14:16, anasema, "Nami nitamwomba Baba, naye atawapa Msaidizi mwingine atakayewaongoza na kuwa nanyi milele, Roho wa kweli. Dunia haiwezi kumpokea, kwa sababu haumuoni wala hamsikii. Lakini ninyi mnamjua, kwa maana anakaa nanyi na atakuwa ndani yenu."

Yesu aliwahakikishia kwamba walikuwa tayari wamemwona uwepo wake akiwa nao, lakini hivi karibuni Roho Mtakatifu angekuwa ndani yao. Alifanya ahadi kabla ya kifo chake kwamba mitume kumi na wawili wangepokea Roho Mtakatifu. Yeye ni Roho wa kweli, Msaidizi. Atawaongoza katika ukweli, kufunua mambo yajayo, na kuwafunulia Yesu. Alisema, "Sitaacha kuwaacha peke yenu." Katika Yohana 14:18, anawaahidi tena, "Sitaacha kuwaacha kama yatima; nitakuja kwenu." Alikuwa akimtuma Roho Mtakatifu akae ndani yao, ahadi yenye nguvu ya uwepo wa Mungu ndani yao. Ni muhimu kuelewa mabadiliko haya.

Baada ya kifo chake na ufufuo, Yesu alijitokeza kwa wanafunzi wake, na katika Yohana 20:21-22, alisema, "Amani iwe nanyi! Kama vile Baba alivyoniambia, nami ninawatuma ninyi." Kisha akavua pumzi kwao na kusema, "Pokeeni Roho Mtakatifu." Hii ilikuwa ni utoaji wa moja kwa moja kutoka kwa Mungu aliyejivika mwili—ni wakati wenye nguvu na wa karibu sana ulivyo! Sasa, nataka muelewe kwamba Yesu hakuwa akivua pumzi kwao kiholela—alikuwa akiwapatia Roho Mtakatifu kwa kweli. Kama vile Mungu alivyomvutia pumzi ya uhai Adam, Yesu alitoa Roho Mtakatifu kwa wanafunzi wake.

Aliwapatia Roho wa Mungu, na wakati huo, walizaliwa upya. Alivua pumzi kwao na kusema, "Pokeeni (au 'jichukulieni') Roho Mtakatifu."

Katika 1 Yohana 5:7-8, tunasoma: "Kwa maana watatu wanashuhudia mbinguni, Baba, Neno, na Roho Mtakatifu: na hawa watatu ni mmoja. Na watatu wanashuhudia duniani, Roho, na maji, na damu: na hawa watatu wanakubaliana katika mmoja."

Kile alichofanya Yesu ni kutoa kutoka kwa Roho wake mwenyewe. Ilitoka katika vilindi vya kuwa kwake, na alitoa kile alichokubaliana kutoa. Kulingana na 1 Yohana 5:7, Yesu—Neno—pamoja na Baba na Roho Mtakatifu, ni mmoja.

Neno (Yesu) aliipeleka Roho Mtakatifu kuingia kwa watu, na alipovua pumzi kwao, kitu kikubwa kilitokea—kulikuwa na utoaji wa Roho. Walipokea Roho Mtakatifu ndani yao.

Hicho ndicho kilichotokea—kile ambacho mtu anacho kinatolewa kwa mwingine. Ni kushiriki zawadi au nguvu ambayo awali ilitolewa kwa mtu mmoja, kisha kupitishwa kwa wengine.

Katika Yohana 7:37, Yesu alisema, "Kutoka tumboni mwenu zitapita mto wa maji ya uzima," akizungumza kuhusu Roho Mtakatifu. Mungu anataka uwe na mtiririko wa kudumu kutoka kwa roho yako. Lakini kwanza, lazima uzaliwe tena. Baada ya utoaji wa Roho Mtakatifu, wanafunzi walizaliwa tena, wakipokea nguvu ya kubadilisha maisha ya Roho Mtakatifu ndani yao.

Hebu nishiriki kifungu kingine kutoka kwa Neno lisilokosea, kilichopatikana katika Luka 24:49. Hapa, Yesu anajitokeza tena kwa wanafunzi wake na kusema: "Tazama, ninawatuma ahadi ya Baba yangu juu yenu."

Angalia kuwa Yesu alikuwa tayari amevua Roho Mtakatifu kwao, na walikuwa wamezaliwa tena. Lakini sasa, anasema jambo lingine: "Ninatuma kwenu ahadi ya Baba yangu juu yenu. Endeleni kusubiri huko Yerusalemu mpaka mvikwe nguvu kutoka juu." Yesu alikuwa tayari amewapatia Roho Mtakatifu, akiwafanya wawe wamezaliwa tena. Sasa anawaambia wasubiri kitu kingine, kitu ambacho kitawaweka vazi la nguvu.

Katika Matendo 1:4, inasema: "Walipokuwa wamekusanyika pamoja, aliwaamuru wasitoke Yerusalemu, bali wangoje ahadi ya Baba." Kisha akaendelea kueleza: "Kwa maana Yohana alikwisha kuwabatiza kwa maji, lakini ninyi mtabatizwa kwa Roho Mtakatifu, si baada ya siku nyingi."

Walipokusanyika, walimuuliza, "Hii itatokea lini? Lini utarudisha ufalme kwa Israeli?" Katika mstari wa 8, Yesu anajibu: "Nanyi mtapokea nguvu baada ya Roho Mtakatifu kuja juu yenu, nanyi mtakuwa mashahidi wangu huko Yerusalemu, Yudea, Samaria, na mpaka mwisho wa dunia."

Sasa, hebu tuangalie kiini cha kile Yesu anachosema:

1. Yesu alikuwa tayari amevua Roho Mtakatifu kwao, na walizaliwa tena (Yohana 20:21-22).
2. Yesu sasa anazungumzia uzoefu wa pili, ambapo Roho Mtakatifu atashuka juu yao, na anatumia neno "kubatizwa." Wakati meli inazama, inabatizwa—inazama kabisa. Vivyo hivyo, ukitia vazi katika maji, linabatizwa—linakuliwa, limejaa, na limejaa kabisa.

3. Yesu anasema: "Mtabatizwa kwa Roho." Kwa maneno mengine, mtaingia katika kiwango kingine cha Roho. Pia anatumia neno "mtavikwa nguvu."

Hebu nieleze: Yesu alikuwa akiwahakikishia wanafunzi wake kwamba Roho Mtakatifu atashuka juu yao, na watakuwa na Yeye ndani yao, akibadilisha maisha yao. Kabla, walikuwa kama wale wasio na mavazi—wakitenda kazi bila nguvu. Lakini Roho Mtakatifu atakaposhuka juu yao, watavikwa nguvu. Watapewa nguvu. Kama ilivyoandikwa katika Waroma 15:13, "Mungu wa tumaini awajaze kwa furaha yote na amani katika kumwamini, ili kwa nguvu za Roho Mtakatifu mweze kujaa tumaini."

Sasa, hebu tuchunguze ni lini na wapi hili lilitokea, na nini kilitokea. Katika Matendo 2:1, tunasoma: "Wakati wa Pentekoste ulipokuwa umekamilika, walikuwa wakiwa pamoja kwa mioyo mmoja mahali pamoja. Ghafla sauti kutoka mbinguni kama upepo mkali uliojaa nguvu, ikaijaza nyumba yote walikokuwa wameketi. Nao waliona ndimi za moto, zikishuka juu yao, na zilikaa juu ya kila mmoja wao. Wote walijazwa na Roho Mtakatifu, na kuanza kusema kwa lugha nyingine, kama vile Roho alivyowajalia kusema." Hiyo si ajabu?

Katika Matendo 2:12, inasema: "Wote walistaajabu, na walikuwa na shaka, wakisema kwa kila mmoja, 'Hii inamaanisha nini?' Na wengine wakicheka wakasema, 'Hawa watu wamejaa divai mpya.'"

Petro alipojibu umati katika mstari wa 15, alisema: "Kwa maana hawa si walevi, kama mnavyodhania, kwa kuwa ni saa tatu tu za mchana. Lakini hiki ndicho kilichosemwa na nabii Yoeli..." (Matendo 2:16). Katika siku za mwisho, Mungu alisema, "Nitamimina Roho yangu juu ya mwili wote. Wana wenu na binti zenu watatoa unabii, vijana wenu wataona maono, na wazee wenu wataota ndoto."

Kilichotokea hapa ni kwamba Roho Mtakatifu alishuka juu ya wanafunzi, na walijazwa na Yeye. Kisha, wakaanza kusema kwa lugha mpya. Walikuwa wakizungumza lugha waliyokuwa hawajafunza, lugha iliyotolewa kwao na Roho Mtakatifu. Walikuwa wamejaa uzoefu wa kipekee kiasi kwamba baadhi yao walikuwa wanajikwaa na kucheka, wakionekana kana kwamba walikuwa wamelewa.

Ikiwa walionekana kuwa wamelewa, ilikuwa kwa sababu walikuwa wakionyesha tabia iliyoonyesha hali ya kuwa hawako chini ya udhibiti. Tunachoona hapa ni kwamba wanafunzi sasa walikuwa wakiwa na nguvu kutoka kwa Roho Mtakatifu. Roho Mtakatifu alikuja kwao kwa nguvu, na ishara ya kwanza ya nguvu hiyo ilikuwa kwamba walianza kusema kwa lugha.

Katika Matendo 10:44, Roho Mtakatifu alishuka juu ya watu wa Mataifa, na walianza kusema kwa lugha—kitu ambacho kilikuwa cha kawaida sana. Katika sura hii, tunaona Roho Mtakatifu akiingia nyumbani kwa Kornelio, na watu wa Mataifa walijazwa na Roho.

Matendo 10:44 inasema, "Petro alipokuwa akisema maneno haya, Roho Mtakatifu alishuka juu ya wote waliokuwa wamesikia ujumbe. Waumini waliotahiriwa waliosafiri na Petro walistaajabu kuona kwamba zawadi ya Roho Mtakatifu ilikuwa imemiminwa hata juu ya watu wa Mataifa. Kwa maana walikuwa wakisikia wakisema kwa lugha na kumtukuza Mungu."

Hii ni mojawapo ya matukio mengi katika Biblia ambapo Roho Mtakatifu alishuka juu ya watu, akawajaza na kuwawezesha kusema kwa lugha, huku wakimtukuza Mungu.

Inamaanisha nini kusema kwa lugha? Huu ni kipaji walichopokea wote. Ilikuwa kitu kilichotolewa na Mungu kwao, sehemu ya kuwa "vikiwa na nguvu." Ikiwa Mungu anakupa kipaji, basi ni kitu cha maana, kitu ambacho tunapaswa kuelewa.

Hebu tuangalie 1 Wakorintho 14 ili kuelewa zaidi kuhusu kusema kwa lugha. 1 Wakorintho 14:2 inasema, "Kwa maana yeyote anayesema kwa lugha hasemi na watu bali na Mungu. Hakika hakuna anayewaelewa; wanatoa siri kwa Roho." Kipengele hiki kinaonyesha kuwa kusema kwa lugha ni aina ya mawasiliano na Mungu, na inazidi uelewa wa kibinadamu.

Katika mstari wa 4, inasema, "Yeyote anayesema kwa lugha hujijenga mwenyewe, lakini anayetoa unabii huijenga kanisa." Hapa, tendo la kusema kwa lugha linajenga mtu binafsi, likimimarisha maisha yao ya kiroho.

Mstari wa 14 unaendelea kusema, "Ikiwa nitasali kwa lugha, roho yangu inasali, lakini akili yangu haina matunda." Hii inasisitiza tofauti kati ya kusali kwa roho na kwa ufahamu—wakati wa kusema kwa lugha, roho yako inajihusisha wakati akili yako inaweza kutokuelewa maneno.

Sasa, hebu tuzingatie kipaji cha lugha. Kipaji hiki ni lugha, ama ya wanadamu au malaika, ikiruhusu mawasiliano katika kiwango cha kina. Ili mawasiliano yafanyike, pande zote zinahitaji kushiriki lugha moja ya kawaida. Uwezo wetu wa kuwasiliana unategemea kuwa na lugha ya pamoja.

Kwa mfano, nilip visit Chinatown huko Manhattan msimu wa kiangazi wa mwaka 1998, nilijua neno moja tu kwa Kichina: "Ni Hao." Bila kujua maneno mengine au kuwa na mfasiri, nilikuwa nikikosa kuelezea mawazo yangu. Nilihitaji mtu ambaye alielewa lugha zote mbili—Kiingereza na Kichina. Vilevile, unapokuwa katika tamaduni mpya, kama vile ulimwengu wa kiroho, unahitaji lugha mpya ili kujihusisha kikamilifu.

Mungu anakupa kipaji cha lugha kwa sababu unajiingiza katika kipimo kipya—ulimwengu wa kiroho. Katika ulimwengu huu, maneno yako, upendo wako, na kujieleza kwako hakuna mipaka. Ikiwa huwezi kupata maneno ya kuelezea upendo wako kwa Mungu, Yeye anakupa lugha isiyoisha njia za kuelezea moyo wako.

Kipaji cha lugha ni uthibitisho wa Roho Mtakatifu. Kadri Roho anavyotoa maneno, inatoa lugha katika roho yako, kisha unajiiachilia na kuruhusu Roho Mtakatifu achukue udhibiti. Unasema kwa lugha hiyo, lakini ni Roho Mtakatifu anayiongoza roho yako kufanya hivyo.

Katika 1 Wakorintho 14:14, inasema, "Unaposema kwa lugha, roho yako inasali." Hii inamaanisha roho yako inajihusisha kikamilifu na kuwasiliana, si kwa akili, bali moja kwa moja na roho nyingine. Kumbuka, tulijadili vipengele tofauti vya roho yako: roho yako ina sauti, akili, na hisia. Unaposema kwa lugha, haujajaribu kuelewa kwa akili yako; badala yake, unajiweka chini ya ushawishi wa Roho Mtakatifu, ukiruhusu roho yako kusema lugha halisi.

Kuna manufaa halisi ya kusema kwa lugha halisi. Katika 1 Wakorintho 14:4, inasema, "Yeye anayeongea kwa lugha hujijenga mwenyewe." Hii inamaanisha kwamba kusali kwa lugha kunaimarisha na kukuza roho yako, kama vile jengo linavyojengwa.

Unaposema kwa lugha, unashirikiana na Roho Mtakatifu, na roho yako yote inaanza kupata nguvu na maisha. Kusema kwa lugha ni kipaji cha ajabu, lakini mara nyingi kinapuuziliwa mbali, hasa kinapotumika kwa ibada binafsi.

Mtindo wa lugha hauishi kamwe—unaweza kusali kwa roho wakati wowote. Roho Mtakatifu yuko tayari kila wakati kusali kupitia wewe, popote ulipo. Unaweza kusali kwa lugha mahali popote, wakati wowote, hata unapokuwa unaendesha (mradi macho yako yako wazi!).

Kusali kwa lugha kunakuinua, kama Neno linavyotuambia. Pia kunaleta nguvu kwa maisha yako ya ndani kwa Roho Mtakatifu. Unapokuwa unakuwa na nguvu kwa kusema kwa lugha kwa muda, utaona mwili wako wote ukianza kupata nguvu, kwa sababu unatoa maisha ya roho yako. Kumbuka, moja ya kazi za roho yako ni kutoa maisha kwa mwili wako. Hivyo, unapokuwa unasali kwa Roho Mtakatifu, wewe mzima unakuwa hai na maisha yaliyojaa roho!

Unaposema kwa "lugha zisizoeleweka," kama inavyosema katika 1 Wakorintho 14:2, "unatoa siri." Hizi huitwa siri kwa sababu huwezi kuelewa wakati huo, lakini Biblia inaposema "siri," inazungumzia mambo ya ufalme wa Mungu ambayo Yeye anataka kuyafichua na kuyafanya wazi kwetu.

Moja ya madhumuni ya kusema kwa lugha, hasa katika wakati wako wa ibada binafsi, ni kumtukuza Mungu na kumtukuza Yeye. Madhumuni mengine ni kujijenga mwenyewe, na nyingine ni kusema mapenzi ya Mungu kwa maisha yako. Hivyo, kusali kwa lugha ni kipaji chenye nguvu na cha ajabu.

Warumi 8:26 inatuambia, "Hatujui kuomba, wala jinsi ya kuomba kama inavyostahili." Ni wangapi wamepata hii uzoefu? Sidhani kama tunajua kila wakati jinsi ya kujieleza au hata kile tunachopaswa kuomba. Lakini Roho Mtakatifu anatusaidia katika eneo hili, na neno "msaada" linamaanisha kwamba anakuja kando yetu, akishirikiana na juhudi zetu. Roho anatuwezesha na kuleta nguvu kwa maombi yetu. Wakati hatujui jinsi ya kuomba kwa usahihi peke yetu, Roho Mtakatifu anaingilia, akituombea sisi. Hii ni kazi anayofanya ndani yetu na kupitia sisi.

Kuna njia mbalimbali za kusali kwa lugha. Wakati mwingine, nasali kimya kimya. Wakati mwingine, nasali kwa nguvu zaidi, nikichochea roho yangu. Kisha, ninapojiweka chini ya ushawishi wa Roho Mtakatifu, Anaweza kuchukua udhibiti, akiwaongoza kwenye kiwango kingine cha maombi, kama vile kuugua kwa roho au kujitahidi kwa maombi.

Kuna maeneo kamili ya maombi yanayopatikana kwetu. Unapobatizwa kwa Roho Mtakatifu, ni kama ubatizo wa maji. Kama vile ubatizo wa maji unavyoashiria kifo cha maisha ya zamani na mwanzo wa maisha mapya, ubatizo wa Roho Mtakatifu unakuingiza katika eneo la uzoefu wa kiroho, unabii, ndoto, na mtindo wa kiroho wa ajabu. Hii ndiyo sababu Mungu anataka watu waonje ubatizo wa Roho Mtakatifu.

Pole, watu wengi ambao wamepata uzoefu na Roho Mtakatifu hawajiendelei kupokea zaidi. Wao ni kama Petro, wanaridhika na mkutano wa awali lakini hawavumilii ili kufikia undani zaidi. Lazima tupiganie hizi karama kwa sababu adui hataki tuishi kwa nguvu za kiroho. Ndiyo maana kusema kwa lugha ni kipaji cha muhimu sana.

Basi, utawezaje kupokea ubatizo wa Roho Mtakatifu? Kuna hatua rahisi zinazopatikana katika Marko 11, ambazo zinaweza kukuongoza kupokea utimilifu wa Roho wa Mungu. Kama vile na mambo mengine katika safari ya Kikristo, unapokea kwa imani, ukimwamini Mungu kwa ahadi Zake.

Marko 11:24 inasema, "Basi, lolote mnalotaka, mkiomba, amini kwamba mmeshapata, na mtakuwa nalo." Je, kuna jambo lolote lililo wazi zaidi ya hili? Haya ni maneno ya Yesu: "Lolote mnalotaka." Sasa, hebu tuvipange na kutambua vipengele muhimu.

Kwanza, neno 'tamaa' ni muhimu. Lazima nitake kitu. Unapokuwa na njaa au kiu, kuna mvuto wa kiasili kutafuta kile unachohitaji. Kanuni hiyo hiyo inatumika kiroho. Unapomwendea Mungu, lazima uje na tamaa ya kujazwa, iwe ni kwa Roho Mtakatifu au kitu kingine. Tamaa hiyo inaunda mvuto, mvuto kuelekea kwa Mungu. Ikiwa unataka kitu kutoka kwa Mungu, hatua ya kwanza ni kutamani kwa dhati.

Pili, 'wakati unaposali' ni kipengele kingine muhimu. Lazima uombe. Angalia kwamba haijasema, "Ikiwa utajisikia kuomba" au "Wakati tu wa kutamani utaweza"—ni kuhusu tendo la kuomba kwa imani. Haukupiomba kwa Mungu au kuuliza kwa kutetema kwa maneno kama, "Ee Mungu, ikiwa mapenzi Yako, tafadhali niepushe na hili." Unajua kinachotokea basi? Ni kama majibu ya Mungu yangesema, "Ikiwa hujui mapenzi Yangu, utawezaje kupokea kitu chochote?"

Lazima ujue kwamba ni mapenzi ya Mungu wewe kujazwa na Roho Mtakatifu. Unapokuja kwa Mungu, usije kwa hali ya passivity au kwa mashaka. Usiseme, "Ikiwa ni mapenzi Yako, tafadhali naponye" au "Ikiwa ni mapenzi Yako, nijaze na Roho." Hiyo ni fikra za kidini, si namna ya kupokea chochote kutoka kwa Mungu.

Ikiwa unataka kupokea kitu kutoka kwa Mungu, lazima upige hatua kwa imani na kuamini kwamba ni kwako, sasa. Waebrania 11:1

inasema, "Basi, imani ni kuwa na hakika ya mambo yatarajiwayo, ni bayana ya mambo yasiyoonekana." Imani ni uamuzi wa kuamini katika kile Mungu alichoahidi tayari, hata wakati hali au hisia zako zinaweza kusema vinginevyo.

Lazima uondoe mashaka yote kama "Mimi si mzuri vya kutosha" au "Sina stahili." Hiyo ni historia yako, maumivu yako, na hata sauti za shaka zinazojaribu kukuzuia kutoka kwa ahadi za Mungu. Lakini Mungu anasema nini? Anasema, "Nakupenda, nakukubali, na nataka kukujaza na Roho Wangu Mtakatifu. Kipaji kiko hapa. Je, utaamini?"

Hivyo ndivyo Mungu anavyofanya. Ikiwa utaenda kwa Mungu kwa mashaka, ukisema, "Sijui, Bwana, ikiwa unataka niwe na hilo," utakosa kupata. Biblia iko wazi: Mtu mwenye mawazo mawili atapokea kitu chochote. Lazima uje kwa imani, ukiomba na kuamini kwamba kile alichoahidi Mungu, atafanya. Kama vile Yesu alivyomwambia mtawala wa sinagogi katika Marko 5:36, "Usiogope; amini tu."

Yesu alisema, "Subiri, mtapokea ahadi ya Baba." Petro alisimama na kutangaza, "Ahadi hii ni yenu, kwa watoto wenu, na kwa wote walioko mbali."

Ubatizo katika Roho Mtakatifu ni kwa kila mtu, na kipaji cha kusema kwa lugha kipo kwa wote. Kwa nini? Kimekusudiwa kutuwezesha kutoka ndani, kutusaidia kukua katika maisha yetu ya kiroho.

Marko 11:24 inasema, "Basi, nawaambieni, Mambo yote mnayotaka, mkiomba, amini kwamba mmeshapata, na mtakuwa nayo."

Unapokuwa unawaomba, lazima kwanza utamani, kisha uombe. Kisha, amini kwamba umepokea. Lazima uamini kwamba unapomwendea Mungu, Atajibu. Atakupa kipaji hiki. Amini kwamba unakipokea, na Yeye anasema, "Utakipokea."

Hii ndiyo njia unayoweza kuomba: "Mungu, naamini Neno Lako linasema kwamba naweza kujazwa na Roho Mtakatifu; naamini naweza kuwa na kipaji cha kusema kwa lugha. Nachagua kuamini hivyo. Naamini utanipa kwa sababu unataka niwe na hiyo. Unataka niwe mfuasi mwenye nguvu."

Mungu ana kipaji kwako. Haijalishi kama inahisi kuwa kidogo mwanzoni. Ikiwa utaanza na kipaji kidogo, unaweza kupokea zaidi kadri unavyokua. Lakini ikiwa utapuuzilia mbali mambo madogo anayokupa, inaweza kuwa vigumu kupokea zaidi.

Unapoliacha na kumruhusu Mungu kuchukua udhibiti, Yeye hushika ulimi wako. Badala ya kuruhusu akili yako kuhamia kwenye mambo mengine, umakini wako unahamia kwa kumtukuza Mungu. Ulimi wako unakuwa chombo cha kusema lugha yenye nguvu ya kiroho.

Tamani, omba, amini, na kisha pokea. Lazima ufanye uamuzi kwa makusudi: "Bwana, mimi nakubaliana; na sasa, Bwana, inaanza kusema katika lugha hiyo mpya." Ni hatua unayochukua. Unapokuwa tayari kuomba kwa lugha, acha kujua, "Nitafanya vipi?" au "Ni sauti gani inatakiwa kutoa?" Hiyo ni akili yako inasema.

Hapana, unapokuwa unaomba kwa lugha, unahitaji kumwambia akili yako, mwili, na akili zako, "Acha kubishana na mimi. Umeshika udhibiti wa maisha yangu kwa muda wote huu, lakini sasa nitaishi kwa Roho." Funguo ni kuishi kutoka kwa roho yako, huku mwili wako ukishirikiana na roho yako lakini hauitamkili.

Wakati akili yako inakuambia, mara nyingi inabishana. Inafanya kama wakili, ikijiuliza: "Unadhani wewe ni nani?" "Kwa nini unawaza hivi?" Akili yako inatawala, inabishana, inahesabu, inadhihaki, inahukumu.

Isaya 55:11 (KJV) inasema, "Ndivyo neno langu litakavyokuwa lililo kutoka kinywani mwangu: halitarudi kwangu bure, bali litafanya yale nipendayo, na litafanikiwa katika lile niliotuma."

Lazima uweka akili yako mahali pake pa haki. Tambua, “Asante, akili, lakini Neno la Mungu linasema hili, na nitalikubali bila kujaribu kulichambua, kwa sababu linatoka kwa roho yangu.” Kisha, hamasisha umakini wako kwa Bwana, na anza kumwabudu.

Hii ni wakati mzuri wa kujazwa na Roho Mtakatifu. Kwa nini kungojea zaidi? Huhitaji kuomba kuhusu hilo. Tumesoma maandiko, na sasa ni wakati wa kuyapokea. Kusita ni tu kutafakari katika akili yako.

Yesu alisema katika Mathayo 18:3, “Kwa maana naliambia, Mtu asipogeuka na kuwa kama watoto wadogo, hatakalia katika ufalme wa mbinguni.” Anachosema ni rahisi: ili upate manufaa kamili ya ufalme wa Mungu, lazima ubadilishe na kuwa na imani ya mtoto, si mtoto mdogo, bali kama mtoto.

Mtoto huamini kabisa. Ikiwa mtoto yupo kwenye benchi na baba yake aseme, "Ruka, nitakukamata," ataruka bila kutetereka, akiwa na imani kubwa. Lakini kama watu wazima, mtu anaposema, "Ruka, nitakukamata," tunaweza kutilia shaka, "Sijui."

Hii ni kwa sababu tunapokua, uzoefu unabadilisha njia tunazofikiria, na tunapoteza ile rahisi na imani. Kila kitu katika ufalme wa Mungu kinazingatia urahisi na imani. Kuingia katika hili, ni kuhusu urahisi na imani—kuchukua uamuzi, "Nitafanya hili."

Kisha, unaweza kuzingatia umakini wako kwa Bwana, ambaye ni mtoaji mkarimu wa vipaji vyema. Weka akili yako kwake, ukijua kwamba Yeye ni mpenzi na yuko tayari kutoa.

Kumbuka, njia ya kupokea au kutumikia mambo ya kiroho ni kupitia 'Sikizi la Imani.' Ikiwa unaamini kile tulichoshiriki na kile tulichosoma kutoka kwa Neno ni kweli, basi kinaweza kutokea kwako.

Nitakuongoza katika maombi. Hivi ndivyo tutakavyofanya: tutamwomba Bwana kwa ajili ya Roho Mtakatifu, tutamwomba kwa ajili ya Kipaji cha Lugha, kisha tutapokea kwa imani na kumshukuru. Baada ya hapo, sote tutaanza kusema kwa lugha pamoja.

Kwa vitendo, nitakuongoza kupitia maombi. Unachotakiwa kufanya ni kufuata tu. Mwishoni mwa maombi, piga pumzi ndefu kana kwamba unapokea. Ni hatua ya kimwili, hatua ya imani, ingawa ukweli ni kiroho. Unapokea kutoka kwa Mungu, kisha utaongea kwa lugha. Utamwambia jinsi unavyompenda, ukiruhusu lugha hiyo ya upendo itiririke bure.

Ikiwa akili yako itajaribu kuingilia, itabishana na kuzima mtiririko. Mwambie akili yako, "Hapana, hapana, tulia!" Ifunge. Usiruhusu ikudhibiti. Unataka kutiririka na Roho Mtakatifu na kumwabudu Mungu kwa uhuru.

Tuchukue wakati sasa. Funga macho yako, na inua mikono yako kwa Bwana. Ikiwa unafanya jambo lingine, simama na acha, kama inawezekana.

Sasa, fuata mimi katika maombi haya. Tunapomaliza maombi, piga pumzi ndefu, pokea Roho Mtakatifu, pokea upako mpya, na sote tutaanza kusema kwa lugha. Tayari? Fuata mimi:

"Yesu, nakuja kwako sasa. Ninataka kupokea Roho Mtakatifu. Ninataka kubatizwa kwa Roho. Ninataka kupokea kipaji cha lugha. Leo, kwa imani, napokea Roho Mtakatifu. Napokea kipaji cha lugha. Asante, Bwana, kwa kipaji hiki cha kukutukuza na kukusifu. Amina."

Piga pumzi ndefu—pokea Roho Mtakatifu! Hebu tuanze kuomba na kuruhusu kipaji kiondoke ndani yako.

Sasa, simama kwa muda. Tutaanza tena hivi karibuni. Unaweza kuwasha kipaji hiki na kuuzima kadri utakavyotaka. Ikiwa utaamua kuomba, unaweza kuomba mara moja.

Kumbuka, Biblia inasema, "walikuwa wakiomba," "walikuwa wakizungumza." Haina maana kungoja Mungu afanye kinywa chako kiende. Hatafanya kinywa chako kiende. Wewe ndio utafanya kinywa chako kifanye kazi. Jinyenyekeze na ongea.

Wengine wenu mnaweza kusema, "Hii inahisi kidogo kuwa ya ajabu." Lakini kumbuka, hakuna anayesikiliza isipokuwa Mungu, hivyo ni sawa kuwa kidogo ya kuchekesha mbele Yake. Usijali kuhusu hilo. Achilia tu, acha kujaribu kudhibiti kila kitu, na mpende Yeye.

Nakumbuka nilipoanza kuomba kwa lugha. Akili yangu ilikuwa inabishana nami, ikisema, "Wewe ni mtu aliye na elimu, na unazungumza tu kama mjinga—acha!" Lakini roho yangu ilikuwa ikijibu kwa furaha, ikisema, "NDIYO! Oh, furaha! Utukufu!"

Nilihisi mapigano haya ya ndani yakitokea. Nilisimama kwa muda na nikamwambia akili yangu, "Tulia! Hii inanitendea vizuri." Sikuwa nimehisi furaha nyingi kwa muda mrefu. Haikuwa furaha ile unayopata kutokana na vitu vya nje ambavyo mwishowe vinakufa; ilikuwa furaha inayochuruzika kutoka ndani, furaha safi iliyotoka ndani kwenda nje.

Hii ni nzuri, sivyo? Tuko tayari? Kwa hesabu ya tatu, tuombe sote kwa lugha—kwa nguvu, kwa sauti. Chagua jinsi utakavyomba, lakini tuombe kwa nguvu. Jipe ruhusa ya kutoa sauti, kusikika. Baada ya miaka yote ya kuzuiwa au kukimya, tumia sauti yetu na tuombe kwa kipaji cha lugha!

Unaweza pia kuimba katika roho, ukitoa usemi wa lugha kadri unavyoweza. Utagundua kuwa inaanza kutiririka kama mto. Wakati uko kwenye mtiririko huo, roho yako inakuwa hai, na wewe pia unakuwa hai.

Usiruhusu hisia za uzito au hisia yoyote ya kupungua kwa thamani kukufunga. Kilicho mbele ya Mungu, fanya kwa ujasiri na kwa imani.

Hebu nionyeshe ninachomaanisha. Hebu tumpe Bwana makofi ya shukrani, sivyo? [Makofi] Hii ni msingi.

Neno Lisiloanguka linasema, "Pigeni makofi, enyi watu wote, pigeni kelele kwa Mungu kwa sauti ya ushindi." Wakati huu, nataka mpige kelele kwa kila kitu mlichonacho—si makofi ya kawaida tu, bali kelele ya ushindi kutoka moyoni! Hebu tupige kelele kubwa na kupiga makofi kwa Bwana aliye SHINDA DHAMBI NA MAUTI, na AMEINUKA KWA NGUVU KUTOKA KABURINI. TWENDE, TUAPIGE MAKOFI KWA MTEULE WA MAAJABU!

[Makofi na kelele za ushindi] Hallelujah! NDIO BWANA, Hallelujah! Sawa, wow, hiyo ni bora zaidi!

Tazama jinsi hali ya hewa inavyobadilika wakati kila mtu, akiwa na umoja, anaanza kuonyesha uzima wa Mungu—kila kitu kinabadilika. Kitu chochote kinachofanywa kwa moyo nusu hakitakuwa na uzima ndani yake; kila wakati kinabeba hali ya kifo. Unajua wakati watu wanaposoma "Happy Birthday," lakini wanaiimba kwa udhaifu? Karibu unajihisi aibu kwa mtu kwa sababu uimbaji unakuwa dhaifu sana. Hakuna anayeweza kufurahia vitu vinavyofanywa kwa moyo nusu—hata Mungu mwenyewe.

Unapofanya jambo kwa shauku na kwa moyo wote, kuna uzima ndani yake. Unaweza kuimba nyimbo kwa dakika 45 au hata saa moja bila kujisikia kutolewa. Lakini unapotoa yote yako kwa sekunde 30 tu, kila kitu kinabadilika. Kwa nini? Kwa sababu mwili na roho yako hutaka kuzuilia roho yako, lakini unapochukua hatua ya kupiga makofi, kupiga kelele, kutikisa na kutoa kwa Mungu, roho yako inainuka na kutiririka kwa uhuru.

Watu wengi nchini Marekani wanaishi chini ya hali ya kupoteza hamu, kutokuwa na msukumo, na uzito. Wanapokusanyika katika vikundi, unaweza kuhisi ile nishati, lakini habari njema ni kwamba, ni rahisi kuvunja hali hiyo.

Hebu tufanye tena! Wakati huu, pigeni kelele na ombeni kwa lugha! Fanya kila kitu unachoweza—toa sauti ya furaha. Piga miguu yako kama unataka. Tikisa kichwa chako! Nenda mwituni kwa sekunde 30. Tuko tayari? Moja, mbili, tatu—HALLELUJAH! Ndiyo, Bwana! Ndiyo, Bwana! Hallelujah!

Ni wangapi kati yenu wanaweza kuhisi mabadiliko ya nishati mwilini mwenu mara moja? Ikiwa ulikuwa umejizatiti, sasa umeamka, kama hivyo, kwa sababu ni rahisi sana. Tikia mwili wako ili upokee, acha roho yako iwe na umakini kwa Bwana, na acha roho yako itiririke—zungumza kwa lugha.

Ni ajabu, kwa sababu kile kinachotokea ni nguvu za Mungu kuanza kutiririka ndani yako. Maisha yako yanapata nguvu. Jifunze kufanya hivi wakati wa maombi yako, badala ya kukaa tu na kutafakari. Twende! Uishi! Omba kwa nguvu, omba kwa shauku! Huhitaji kufanya hivyo kwa muda mrefu kabla ya kuhisi umeamka na kuwa hai.

Kuna njia nyingine za kuomba, bila shaka, lakini hii itakufanya kuanza. Nguvu za Mungu zinatiririka ndani na kupitia wewe, na maisha yako yote yanakuwa na nguvu. Hali ya anga inaanza kubadilika. Ikiwa kanisa lote lingefanya hivi, hali ya anga ingekuwa tofauti kabisa. Lakini ikiwa kila mtu atakuwa mzembe na kuzima, ni jambo la kutisha. Siwezi kustahimili, uzito na kuzima kwa kidini—inaathiri. Biblia imejaa sauti, sherehe, na furaha.

Daudi aliingiza kipengele kipya kabisa cha sifa zinazotolewa, ibada, dansi, na kusherehekea. Katika Agano Jipya, Yakobo alitabiri kwamba Mungu angeirudisha hiyo. Lakini wakati mwingine tunaleta mizigo ya tamaduni zetu, na tunadhani kwamba kile kilicho cha kawaida katika tamaduni zetu ni cha kawaida katika tamaduni za Mungu. Lakini mbinguni kuna shangwe, tarumbeta, na sherehe. Kuna furaha isiyosemekana, inayoonyeshwa na yenye uzima! Kwa hiyo jifunze kuomba kwa lugha, na toa usemi zaidi kwa maisha yako na Mungu.

Sasa, tumeshughulikia Ubatizo katika Roho na kuomba kwa lugha. Unaweza kuomba kwa lugha kila wakati. Ni lugha yako ya ibada, na inakujenga.

Sasa turudi kwenye 1 Wakorintho 12:7, inayozungumzia ufunuo wa Roho. Inasema: "Kila mmoja anapewa ufunuo wa Roho kwa faida ya jumla: neno la hekima, neno la maarifa, imani, uponyaji, kazi za miujiza, unabi, upambanuzi wa roho, aina mbalimbali za lugha, na kwa mwingine, tafsiri ya lugha."

Hii ni tofauti na lugha yako ya ibada. Ni kipaji, kazi ya Roho Mtakatifu, kama vile vipaji vingine, vinavyotolewa kwa mtu au kundi maalum. Sio kila mtu atatiririka kwa Lugha na Tafsiri kama kipaji.

Kila mtu ana lugha ya ibada, lakini sio kila mtu atatiririka nayo kama kipaji. Lugha na tafsiri kwa kawaida huenda sambamba, hivyo ikiwa moja ipo, nyingine inapaswa kuwa pia. Bila tafsiri, huenda usielewe kinachotokea.

Wakati mtu anapotabiri, unajua kwamba Mungu anajenga kanisa. Hata hivyo, ikiwa kuna lugha bila tafsiri, haiwezekani kuelewa isipokuwa mtu atafsiri. Hapa ndipo lugha yako ya maombi inakuja. Ni uthibitisho wa Roho Mtakatifu, kama lugha mbalimbali, kulingana na mapenzi ya Roho Mtakatifu.

Katika 1 Wakorintho 13, inasema, "Ingawa ninenye kwa lugha za wanadamu na za malaika." Hii si ya kushangaza? Wakati Roho Mtakatifu anaposhuka juu yako, na unafanya kazi katika kipaji cha kusema kwa lugha na tafsiri, inaweza kuwa lugha ya wanadamu, au inaweza kuwa lugha ya malaika.

Hivyo, hii ni lugha unayopewa. Kwa mfano, Schmidt aliomba katika kundi la wazungumzaji wa Kijapani. Kulikuwa na mtu pale aliyekua anajua Kiebrania, na walitambua kwamba alikuwa akizungumza Kiebrania kwa ufanisi, akijua hasa alichokuwa akiomba. Hii ni onyesho wazi la nguvu za Mungu katika kazi.

Katika Kitabu cha Matendo, walipoanza kuomba kwa lugha, baadhi yao walionyesha kipaji cha 'ishara' cha lugha. Watu waliweza kusikia na kuelewa kile kilichokuwa kinasemwa katika lugha yao wenyewe.

Kipaji cha lugha ni lugha halisi, na ina usemi. Usiiombe kwa lugha—au kufanya kazi yoyote kwa kipaji—kwa njia ya monotoni, yenye kuchosha. Lugha inapaswa kuwa ya kupendeza, yenye nguvu, na yenye uzima. Jitolee! Usifanye tu kwa mazoea.

"Lugha za wanadamu na malaika" zinahusu lugha maalum. Wakati mwingine, kwa kipaji cha lugha na tafsiri, lugha ni lugha ambayo mtu anaweza kuelewa. Wakati mwingine, lugha inaweza kuwa lugha inayojulikana na malaika. Mtume Paulo alisema, "Nikiomba kwa lugha za wanadamu au za malaika," ambayo inaonyesha kwamba yeye pia aliweza kuzungumza kwa lugha za malaika wakati mwingine. Nitakupa mifano michache ya hii.

Katika Matendo 2, wanafunzi walianza kusema kwa lugha nyingine, na kila mtu alisikia wakisema kwa lugha yao wenyewe. Watu kutoka pande zote za dunia walikuwapo, na kila mtu alielewa jambo fulani ambalo mtu alikuwa akiomba. Hii ilitokea vipi? Ilikuwa ni kioja cha kiroho.

Wanafunzi hawakuwa wamejifunza hizi lugha, lakini walikuwa wakisema kutoka kwa roho zao kwa lugha walizokuwa hawazijui, na wengine waliielewa. Kipaji cha ajabu, sivyo? Hatuoni mengi ya haya yakitokea leo, lakini tunapaswa kuamini kwa zaidi ya hayo. Fikiria kuomba kwa lugha na kuwa na mtu kutoka lugha nyingine akikusikia na kuelewa. Wanaweza kuuliza, "Je, unajua lugha yangu?" na unaweza kujibu, "Hapana, nilizungumza kwa Roho Mtakatifu."

Nimesikia kuhusu watu wanaosafiri nje ya nchi na kuomba kwa lugha, kisha mtu mmoja akatambua kile walichokuwa wakisema kwa lugha yao ya asili. Walishangaa kugundua kuwa mtu huyo alikuwa hajawahi kujifunza lugha yao.

Kipaji cha kusema kwa lugha na tafsiri ni uthibitisho wa Roho Mtakatifu unaokuja kwa wakati maalum na kwa kusudi: kujenga kanisa.

Pia inaweza kuwa lugha ya malaika. Andiko kadhaa yanazungumzia malaika wanaotumwa na neno la Mungu. Zaburi 103:19 inasema, "Bwana ameweka kiti chake cha enzi mbinguni; ufalme wake unatawala juu ya yote. Mbariki Bwana, enyi malaika wake mnao imara kwa nguvu, mnao fanya neno lake, mkitii sauti ya neno lake." Wakati neno la Mungu linapotamkwa duniani, malaika wanajibu sauti hiyo.

Ingawa hatuwezi kuamuru malaika, Mungu amewapa malaika jukumu la kututunza, na tunaweza kuwaagiza kulingana na neno lake. Ingawa hakuna maelezo mengi kuhusu hili katika Biblia, na wataalamu na Kanisa wana mitazamo tofauti, naamini kuna huduma ya kusema kwa lugha ambapo malaika wanapata kuelewa na kuhamasishwa nayo. Kusema kwa lugha kunaweza kuwa kipaji chenye nguvu cha Roho Mtakatifu.

Kusudi la kusema kwa lugha ni nini?

Katika 1 Wakorintho 14:22, inasema, "Ni ishara kwa asiyeamini." Unapozungumza kwa lugha ambayo mtu haielewi, lakini wanaweza kuelewa kwa lugha yao wenyewe, wanajua bila shaka kwamba ni Mungu anayetenda kazi. Hii hutumika kama ishara katika ulimwengu wa asili.

Kusema kwa lugha kunaweza pia kutumika kwa matangazo ya unabii. Tunaweza kusema kwa Roho, tukifanya matamko, maagizo, na tangazo. Naamini kwamba mara nyingi malaika huhamasishwa na kusema kwa lugha, wakisaidia kutoa vipaji. Zaidi ya hayo, kusema kwa lugha kunaweza kuvunja vizuizi vya lugha. Ili kutenda katika kipaji hiki, ni muhimu kutamani na kukifanya kwa mazoezi. Anza nyumbani, ukimkaribisha Roho Mtakatifu, kisha anza kusema kwa imani.

Tunapaswa kumuomba Roho Mtakatifu atupatie tafsiri. Katika 1 Wakorintho 14:27, inasema, "Ikiwa mtu yeyote anasema kwa lugha isiyo jua (katika kanisa au kundi), iwe kwa wawili au watatu, mmoja baada ya mwingine, na mmoja atafsiri. Ikiwa hakuna mtafsiri, na atakase kimya, na aseme mwenyewe na kwa Mungu."

Andiko hili ni la kuvutia kwa sababu linazungumzia vipengele viwili tofauti. Linazungumzia kipaji cha lugha katika mazingira ya kundi, ambapo tafsiri inahitajika kwa kujenga kila mtu.

Ingawa sote tunaweza kusema kwa lugha kuabudu Mungu pamoja, wakati kipaji cha lugha kinapotumika kama ishara, kama unabii, inahitajika kuwa na tafsiri. Vinginevyo, hakitakuwa na athari yoyote ya maana kwa mtu yeyote.

Maelekezo katika 1 Wakorintho yanasema, "Ikiwa mtu anasema kwa lugha isiyo jua, iwe kwa wawili au watatu," inamaanisha kwamba sio kila mtu anapaswa kusema kwa lugha kwa wakati mmoja—ni mtu mmoja, wawili, au watatu tu kwa wakati mmoja, na inapaswa kuwa na tafsiri. Ikiwa hakuna mtafsiri, basi ni muhimu kuomba tafsiri mwenyewe.

Hivyo, unapozungumza kwa lugha yako ya maombi binafsi, unazungumza moja kwa moja na Mungu na unazungumza na mwenyewe. Hii inaonyesha nguvu na uwazi wa mawasiliano binafsi na Mungu.

Je, tafsiri ya lugha inasemaje?

Ni kipaji ambacho Mungu anakupa, na kinakuja juu yako. Je, unatfsiri kilichosemwa? Hapana, huta tafsiri. Tafsiri ni pale unapozungumza kitu na kutafsiri kifungu kimoja kimoja, kuifanya iwe na maana.

Hii ni tofauti. Mungu anakutia moyo, na unapata ujumbe. Unashiriki kile ambacho Mungu amekupa, lakini siyo tafsiri ya moja kwa moja. Unapata roho ya kile Mungu anachosema kisha unakiwasilisha. Mtu anaweza kutoa ujumbe kwa lugha, na tafsiri inaweza kuwa fupi, au ujumbe wa lugha unaweza kuwa mfupi wakati tafsiri inaweza kuwa ndefu kidogo.

Sio kuhusu tafsiri; ni kuhusu kupokea kile Mungu anachosema kupitia Roho na kushiriki kile anachokifunua. Pamoja, lugha na tafsiri hujenga kanisa na kuamsha mambo katika ulimwengu wa kiroho.

Ni uzoefu wa kuvutia kwa sababu unapotekeleza vipaji hivi, vinahuisha, vinachochea, na kuunda anga ambapo uwepo wa Mungu unatolewa. Ni kipaji kizuri kutamani na kipaji cha ajabu kuanza kutiririka ndani yako.

Hata hivyo, si watu wengi wanatiririka katika kipaji hiki, kwa sababu ya sababu mbalimbali. Ninachotaka tufanye sasa ni mazoezi ya kuamsha pamoja. Hebu tusimame kwa muda. Nitakuongoza kupitia mazoezi mawili au matatu ya kuamsha, na tutakwea kwa lugha. Ningependa ujitahidi kuona na kuhisi unachohisi unapofanya hivi. Angalia mtiririko ndani yako.

Kwa hesabu ya tatu, tutakaa kwa maombi. Tutakuwa na maombi kwa sekunde 30 tu—sekunde 30 tu. Unapokwenda kwa lugha, weka mkono wako juu ya tumbo lako na omba kwa nguvu, ukijenga roho yako. Unapokwenda kwa lugha, angalia kinachotokea ndani yako. Jitahidi kuona jinsi mwili wako unavyojisikia. Je, uko tayari? Sawa, moja, mbili, tatu.

Sasa, acha. Ulikuwa na uzoefu gani? Ulihisi nini ulipokuwa ukiomba? Je, uliona nguvu nyingi au kitu kinachoinuka ndani yako? Ni wangapi waliguswa na kuonekana kana kwamba ulikuwa unapanuka au kuwa mkubwa ndani yako? Hiyo ni uzoefu wa kawaida sana.

Sasa, wakati huu, ningependa sote tuombe kwa nguvu kwa lugha, tukilenga mawazo yetu kwa Bwana. Tunapomuabudu na kumheshimu kwa maneno yetu, kumshukuru, na kuelekeza mawazo yetu kwake, zingatia kile kinachotokea katika anga zinazotuzunguka. Pamoja, kwa moyo mmoja, tuweke umakini wetu kwake na kumshikilia kwa mawazo yetu.

Sawa, acha. Ulikuwa na hisia gani au uligundua nini wakati wa hilo? Uliona upenyo? Tulikuwa tukivunja nini? Je, ilikuwa anga katika mahali hapa au pengine anga ya kiroho juu ya taifa letu, juu ya maeneo yetu, juu ya maeneo yetu?

Unapoanza kuonyesha maisha ya Mungu, mara nyingi utahisi kuachiliwa. Ni kana kwamba umevunja kizuizi kisichoonekana lakini kilichoko kweli. Watu wengi hupitia kitu kinachozunguka nao, kikiwaweka chini. Kazi yake ni kufanya kazi juu ya imani zao za ndani, mara nyingi ikilengwa na nguvu za kishetani zinazoshambulia imani za moyo. Inawaweka katika hali ya machafuko. Lakini unapokuwa na uamuzi wa kuomba kwa lugha, ni kana kwamba upinzani wote huo unavunjika.

Kupata uhuru wa kudumu mara nyingi kunahitaji kuponywa, mabadiliko katika imani za moyo, na uhuru kutoka kwa vifungo mbalimbali. Lakini unapokwenda kwa lugha, unaweza kuchochea roho yako na kujazwa na uzima.

Unapojazwa na uzima, kuna nguvu halisi. Ikiwa nianze kuomba kwa nguvu kwa lugha, naweza kuhisi roho yangu ikiinuka ndani yangu. Badala ya kuzingatia mwenyewe, naanza kuwa na ufahamu zaidi kwamba Mungu yuko ndani yangu. Ikiwa nikiweka mkono wangu juu ya kichwa cha mtu, nikiamini kwamba mimi ni mjazo wa Roho Mtakatifu, natoa kitu kutoka ndani. Mara nyingi unaweza kuona kwa dhahiri; kitu kinachotoka kwa huyu mtu. Maisha ya Mungu, maisha ya siri ya roho, yamekusudiwa kutiririka kutoka kwetu.

Hii inaweza kuwa na nguvu au kwa upole. Nimefanya hivi kwa njia za kuonekana kwa kuonyesha jinsi tunavyounganishwa na ulimwengu wa kiroho na kutoa kutoka kwa mapipa ya mioyo yetu maisha ya Mungu.

Mara nyingi, wakati watu wanapoomba au tunapohudumia mtu, tunakuwa na tabia ya kuzuia, tukijihisi chini, kutupiliwa mbali, au kuathiriwa na uongo wa adui. Tunafikiri, "Tuwachie Mungu yote—acha Mungu afanye yote."

Sasa, Mungu anataka kufanya kazi kupitia wewe. Lazima ujitolee kikamilifu, kwani umeunganishwa kiroho na Bwana. Ikiwa utajizuia kupenda mtu au kutoa kile ulicho nacho kwake, hakuna kitu kitakachotokea kwa sababu unachagua kwa makusudi kujizuia.

Hata hivyo, ikiwa nianze kufikiria jinsi mtu huyu alivyo mzuri, jinsi Mungu anavyompenda, na jinsi moyo wa Mungu unavyonijaza na upendo huo [anavuta pumzi ndefu], kitu kinatokea ambacho ni tofauti. Kuna mtiririko wa Roho.

Mtiririko huo unakuja kutoka ndani ya roho yangu. Au tunaweza kuja kwa njia nyingine: naweza kumtaka atazame kwa Bwana, sio kwangu, jambo ambalo linapunguza shinikizo kwangu. Kisha, nitatazama kwa Bwana, ambaye ndiye chanzo, na sasa sote tunamtazama Yeye. Tutatarajia kitu kitokee, kama vile Biblia inavyosema: "Kwa kuwa na imani ya Mungu, na ukiiambia mlima,

'Ondoka na utupwe baharini,' na usiwe na shaka moyoni mwako kwamba unachosema kitafanyika, utapata chochote utakachosema."

Angalia inavyosema, "Unasema," ikimaanisha kwamba nguvu za Mungu zinachochewa tunaposema. Ikiwa tutahudumu kwa uponyaji na kuachiliwa, lazima tuzungumze.

Nguvu inatiririka ninapoungana na Mungu, ninaposikia anachosema au anachofanya, kisha ninasema.

Hii ni ya kufurahisha. Sisi ni wahudumu wa Roho. Unacho cha kutoa. Kile ambacho Mungu amekupa, unaweza kukipa kwa mwingine. Fikiria kuhusu hilo—kadri unavyoweza kupokea kutoka kwa Mungu, ndivyo unavyokuwa na zaidi ya kutoa. Ikiwa unahisi upendo wake, unaweza kutoa upendo wake. Ikiwa unahisi furaha yake, unaweza kutoa furaha yake.

Tunahitaji kuungana na Mungu mara kwa mara ili tuwe na kitu cha kumwagika na kutoa. Hatujaribu kufanya mambo yatokee. Tunachofanya ni kuchukua kile tulichonacho, na nimechukua muda na juhudi kupata vitu hivi. Imenichukua muda kufanya kazi kwenye akili yangu, kushughulika na hofu, na mengine mengi—lakini kwa sababu ya hayo, una kitu cha kutoa. Je, si jambo la kufurahisha?

Unapofanya kazi na Mungu, Yeye kila wakati yuko tayari kufanya kazi na wewe. Kinachotokea ni kwamba unapata ufahamu wa vizuizi, vikwazo, na mambo ndani yako ambayo yanahitaji kushughulikiwa unapokuwa na Yeye.

Hatuhitaji kuwa na kila kitu kilichotatuliwa mara moja; ni safari na Mungu, na kwenye safari hii, tunajifunza mambo mapya. Kadri unavyosonga mbele, utapata vikwazo, na kazi yako ni kuondoa vikwazo hivyo.

Angalia kwamba sijamgusa kimwili. Tunaita tu Roho wa Mungu aje, tukitangaza hivyo. Lazima ujifunze kutumia imani yako, siyo kujitahidi kufanya mambo yatokee. Naimwambia ajitahidi kuungana na Mungu na kutafuta kwa matarajio, na mimi pia ninajitahidi kwa matarajio, nikimfanya Mungu kuwa kipengele changu kikuu. Inashangaza nini kinaweza kutokea unapofanya hivi—huenda unataka kujaribu.

Kumbuka, ili upako wa Roho utiririke, unapaswa kutoka ndani ya roho ya mtu, kupitia roho na mwili wao, na kutoka ili kugusa mwingine. Ikiwa roho yako iko katika machafuko, ikiwa na distraction au upinzani, hakuna mtiririko kutoka kwa roho yako. Neno lisiloshindwa linasema, "Kutoka tumboni mwako inatiririka..." Kwa hiyo, roho yako, akili yako, na mawazo yako lazima yaungane kwa usawa. Lazima nichague kwa makusudi kuweka moyo wangu kuamini na kupinga distractions. Nikifanya hivyo, Roho wa Mungu anaweza kutiririka kwa urahisi.

SURA YA 17

Je, unahitaji kubatizwa ili kujazwa na Roho Mtakatifu?

Je, unahitaji kubatizwa ili kujazwa na Roho Mtakatifu?

Hapana, hauhitaji kubatizwa ili kujazwa na Roho Mtakatifu. Ili kuthibitisha hili, tunahitaji tu kuangalia Maandiko ambapo neno "kujazwa na Roho" linatumiwa.

• Luka 1:15, "Kwa maana atakuwa mkuu machoni pa Bwana; hata kunywa divai wala kileo, naye atajazwa na Roho Mtakatifu akiwa tumboni mwa mama yake."

• Luka 1:41, "Elizabeti aliposikia salamu ya Maria, mtoto alicheza tumboni mwake; na Elizabeti alijazwa na Roho Mtakatifu."

• Luka 1:67, "Baba yake Zakaria alijazwa na Roho Mtakatifu, akatangaza na kusema..."

• Matendo 2:4, "Nao wote walijazwa na Roho Mtakatifu, wakaanza kusema kwa lugha nyingine, kama vile Roho alivyowawezesha kusema."

• Matendo 4:8, "Petro akijazwa na Roho Mtakatifu, akawaambia, 'Mataifa na wazee wa watu,'"

• Matendo 4:31, "Na walipokwisha kuomba, mahali walipojikusanyia palitikisika, nao wote walijazwa na Roho Mtakatifu, wakaanza kusema neno la Mungu kwa ujasiri."

• Matendo 9:17, "Basi Anania akaenda, akaingia nyumbani, akamwekea mikono, akasema, 'Ndugu Sauli, Bwana Yesu, aliyekuja kwako katika njia ile ulipokuwa ukija, amenituma ili upate kuona tena na ujazwe na Roho Mtakatifu.'"

• Matendo 13:9, "Lakini Sauli, ambaye alijulikana pia kama Paulo, akijazwa na Roho Mtakatifu, alimtazama kwa makini."

• Matendo 13:52, "Nao wanafunzi walijazwa furaha na Roho Mtakatifu."

• Waefeso 5:18, "Wala msiwe wanywa pombe, mkiwa katika mapele, bali mjazwe na Roho."

Hivyo, tunaona kuwa Yesu alijazwa na Roho Mtakatifu akiwa tumboni mwa mama yake. Kwa hakika, hakubatizwa wakati huo. Katika Luka 1:41 tunaona kwamba Elizabeti alijazwa na Roho Mtakatifu, na yeye pia hakuwa amepewa ubatizo. Vivyo hivyo kwa Zakaria katika Luka 1:67. Katika Matendo 2:4 watu walijazwa na Roho Mtakatifu na hawakuwa wamebatizwa hadi baadaye (2:38).

Moja ya aina za uthibitisho wa kweli wa kujazwa na Roho Mtakatifu ni kusema kwa lugha -- ingawa kusema kwa lugha si lazima kuwa ni matokeo ya kujazwa na Roho Mtakatifu. Tunapoitazama seti nyingine ya mistari katika Matendo, tunaona jambo la kuvutia sana. "Petro alipokuwa akiendelea kusema maneno haya, Roho Mtakatifu alijilia juu ya wote waliokuwa wakisikiliza ujumbe. 45 Na wote waaminiwa waliotahiriwa waliojenga na Petro walistaajabu kwa sababu kipawa cha Roho Mtakatifu kilimwagiliwa juu ya Mataifa pia. 46 Kwa maana walikuwa wakisikia wakisema kwa lugha na kumtukuza Mungu. Kisha Petro akajibu, 47 'Hakika hakuna yeyote atakaye kataa maji kwa hawa kubatizwa waliopokea Roho Mtakatifu kama sisi tulivyopokea, je, atafanya hivyo?' 48 Akawaamuru wabatizwe kwa jina la Yesu Kristo. Kisha walimwomba akae nao siku chache," (Matendo 10:44-48).

Ni wazi kutoka kwa maandiko kwamba Mataifa tayari walikuwa wamepokea kipawa cha Roho Mtakatifu na walikuwa wakisema kwa lugha kabla ya kubatizwa. Hivyo, jibu ni wazi. Si lazima kubatizwa ili kujazwa na Roho Mtakatifu.

SURA YA 18

Je, Yesu alizungumza kwa lugha?

Je, Yesu alizungumza kwa lugha? Hakika, hii ni swali ambalo limeulizwa na mamilioni ya Wakristo kupitia karne zote, na tunamini kwamba kujua jibu ni muhimu kwa kuboresha ubora wa maisha ya mtu kama mfuasi wa Bwana Yesu Kristo. Ninaamini kwamba Yesu alizungumza kwa lugha.

Hapa ndio sababu ninayoamini hivyo: Ni jambo lisiloweza kuepukika kwamba mtu aliye batizwa kwa Roho hatasema kwa lugha. Yohana Mbatizaji mwenyewe alisema, "Kwa hakika mimi nawabatiza kwa maji... lakini Yeye (Yesu) atawabatiza kwa Roho Mtakatifu na kwa moto." (Mathayo 3:11). Moto aliokuwa anasema Yohana Mbatizaji kuhusu ni "...lugha zilizogawanywa [au lugha kama za moto, zilizogawanywa na kupumzika juu ya kila mmoja], kama moto." (Matendo 2:3).

Baadhi ya wanafunzi waliokuwa na Yohana kabla ya kujiunga na Yesu walifundishwa njia za maombi kwa Mungu na Yohana Mbatizaji. Hivyo, walipoona Yesu akiomba kwa kuendelea, alizungumza kwa lugha na nao pia walistahili hiyo.

Unaweza kuuliza, unajua vipi? Katika Luka 11:1, Yesu alikuwa akiomba mahali fulani. Alipomaliza [Wakati jambo linaloendelea linapositishwa ghafla, linajulikana kama kukoma], wanafunzi waliokuwa na shauku hawakuelewa maombi aliyokuwa akiomba Yesu. Hivyo, walimwomba awafundishe jinsi ya kuomba kama Yeye (Luka 11:1).

Neno lilelile "koma" linatumiwa na Paulo katika Agano Jipya kwa kusimama kuomba kwa lugha katika 1 Wakorintho 13:8 na 1 Wathesalonike 5:17. Onyesho la Maana 1: "Na akamchukua mtoto kwa mkono akamwambia, 'Talitha cumi!' ambayo inamaanisha, 'Msichana mdogo, nakwambia inuka.'" (Marko 5:41). Ninadhani Yesu alisema "Talitha cumi" kupitia Roho au kwa lugha. Ikiwa hii ilikuwa Kigiriki au Kiebrania cha kawaida, kwa nini walikwenda mbali kutuambia maana yake? Yesu, akiwa amejaa Roho pasipo kipimo, hakika alizungumza na Mungu kwa lugha Yake ya mbinguni. Yesu alifurahi kwa Roho (Luka 10:21) na aliguna kwa Roho (Yohana 11:33). Ufafanuzi huu ni sawa na neno "Kuomba kwa Roho," ambalo Paulo analitumia kuelezea kuomba kwa lugha (1 Wakorintho 14:14-16).

Onyesho la Maana 2: Marko 7:33 Yesu alimtwaa kando na umati, peke yake, akaweka vidole vyake masikioni mwake, na baada ya kutema mate, akagusa ulimi wake kwa mate; 34 na akiwaangalia mbinguni kwa kiguno kikubwa, akamwambia, "Ephphatha!" yaani, "Funguka!" Neno "ephphatha" ambalo linamaanisha "funguka" halikujulikana kwa watu waliokuwa karibu naye, ikimaanisha kwamba "Yesu" alikuwa akizungumza kwa lugha isiyojulikana na / au lugha ambayo haikujulikana na watu waliokuwa karibu Naye, ilikuwa Kiaramu. Onyesho la Maana 3: Marko 15:34 Na saa ya tisa Yesu alilia kwa sauti kubwa, akisema, Eloi, Eloi, lama sabachthani? Ambayo inatafsiriwa kuwa, Mungu wangu, Mungu wangu, mbona umeniacha? 35 Na baadhi ya wale waliokuwa wamesimama, waliposikia, walisema, Tazama, anamwita Eliya. Watu waliokuwa karibu Naye hawakujua lugha aliyotumia Yesu. Ilikuwa ni lugha isiyojulikana na ndiyo maana wale waliokuwa wamesimama, walisema "Tazama" Anamwita Eliya.

Katika Matendo 2:4 walijazwa wote kwa Roho Mtakatifu na kuanza kusema kwa lugha nyingine, kama vile Roho alivyowapa kusema.

Muktadha unaonyesha aina za lugha zilizokuwa zikisemwa - 2:6-12 (angalau 15 zimetajwa). Kwa maana tutakuwaje salama, kama tutapuuzilia mbali wokovu huu mkuu; ambao ulianza kuzungumzwa na Bwana, na kuthibitishwa kwetu na wale waliomsikia; Mungu pia akiwa shahidi wao, kwa ishara na maajabu, na miujiza mbalimbali, na karama za Roho Mtakatifu, kulingana na mapenzi Yake mwenyewe? Kwa njia hiyo hiyo, Yesu katika Marko 5:41 alitumia 'Talitha cumi'. Hii ni mchanganyiko wa Kiasiria na Kikaldayo, kinachoitwa Kiasiria-Kikaldayo.

Marko 16:15-17 Yesu akawaambia, "Nendeni duniani kote mkahubiri habari njema kwa viumbe vyote. Yeyote atakayemwamini na kubatizwa atakolewa, lakini yeyote asiyemwamini atahukumiwa. Na ishara hizi zitafuatana na walioamini: Kwa jina langu, watatoa pepo; watasema kwa lugha mpya."

Mistari iliyo juu ni kifungu cha hadithi ya Marko kuhusu Amri Kuu ya Yesu. Ilikuwa Yesu Mwenyewe aliyeanzisha mada ya kusema kwa lugha katika Agano Jipya. Alisema kuwa itakuwa "ishara" ambayo itafuatana na waamini wanapoenda duniani na kuhubiri Injili ya Yesu Kristo.

Zaidi ya hapo, kusema kwa lugha ni njia nzuri ya kuepuka msamiati mdogo wa lugha yetu ya asili na kumwambia Baba yetu kwamba tunampenda. Ni njia ya kuabudu kikamilifu (Wafilipi 3:3) na kumtukuza (1 Wakorintho 14:16) Muumba, kutoa shukrani vizuri (1 Wakorintho 14:17), kusema matendo ya ajabu ya Mungu (Matendo 2:11), kumtukuza (Matendo 10:46), kujijenga mwenyewe (1 Wakorintho 14:4) na kujijenga katika imani (Yuda 20).

Kwa muhtasari, kwa nini basi tunapaswa kuhamasisha kusema kwa lugha leo, katika karne ya 21?

- Yesu alisema waamini wangesema (Marko 16:17).
- Lugha zinathibitisha na kutoa ushahidi kwamba mtu amebatizwa kwa Roho Mtakatifu (Matendo 1:5; 2:1-4; 10:44-46; 11:15-17; 19:1-6).
- Kusema kwa lugha ni fursa nzuri ya kujisalimisha kwa uongozi wa Roho Mtakatifu (Matendo 2:4).
- Lugha zinaonyesha uhalisia wa Mungu katika maisha ya msemaji (Matendo 11:15-18).
- Ubatizo kwa Roho Mtakatifu, unaothibitishwa kwa kusema kwa lugha, unafungua mlango kwa karama nyingine za Roho (Matendo

19:2,6).
• Lugha na tafsiri ni "kwa manufaa ya [kanisa] jumla" (1 Wakorintho 12:7, 10).
• Kusema kwa lugha ni kusema na Mungu (1 Wakorintho 14:2a).
• Kuomba kwa lugha ni kuomba "ndani" au "pamoja na Roho" (1 Wakorintho 14:2, 14-15).
• Msemaji kwa lugha anajijenga (1 Wakorintho 14:4).
• Mtume Paulo alikubali wazi kusema kwa lugha (1 Wakorintho 14:5a, 39).
• Lugha inayofuatiwa na tafsiri inajenga kanisa (1 Wakorintho 14:5, 12-13).
• Lugha zinaturuhusu kuwa na maombi na maisha ya ibada yenye uwiano, na kwa roho na kwa ufahamu (1 Wakorintho 14:14-15).
• Tunaposema kwa lugha, tunaweza kumshukuru Mungu vizuri (1 Wakorintho 14:16-17).
• Kusema kwa lugha ilikuwa ni desturi ya mitume (1 Wakorintho 14:18 na Pentecosti).
• Lugha na tafsiri ni sehemu inayofaa, inayojenga ya ibada ya kanisa inayojenga (1 Wakorintho 14:26).

Kutoka moyoni mwangu, ninakushukuru kwa maneno ya mtume Paulo katika 1 Wakorintho 14:5: "Ningependa kila mmoja wenu aseme kwa lugha."

SURA YA 19

Mistari inayoonyesha utambulisho, huduma, na utu wa Roho Mtakatifu

1. Roho Mtakatifu Anayezungumziwa kwa Ulinganifu na Mungu

A. Mathayo 28:19: "Basi, nendeni, mkawafanye mataifa yote kuwa wanafunzi, mkibabatiza kwa jina la Baba na la Mwana na la Roho Mtakatifu."

B. 2 Wakorintho 13:14: "Neema ya Bwana Yesu Kristo, na upendo wa Mungu, na ushirika wa Roho Mtakatifu, uwe nanyi nyote."

C. Waefeso 4:4-6: "Mwili mmoja na Roho mmoja, kama vile mlivyoitiwa kwa tumaini moja la wito wenu; Bwana mmoja, imani moja, ubatizo mmoja, Mungu mmoja na Baba wa wote aliye juu ya wote, na kupitia kwa wote, na ndani ya wote."

D. 2 Wakorintho 3:16-18: "Lakini kila mtu anapogeuka kwa Bwana, pazia linachukuliwa mbali. Sasa Bwana ni Roho; na ambapo Roho wa Bwana yuko, huko kuna uhuru. Lakini sisi sote, tukiona sura zisizofunikwa kama katika kioo utukufu wa Bwana, tunabadilika kuwa mfano huo huo kutoka utukufu hadi utukufu, kama kutoka kwa Bwana, Roho."

2. Majina ya Roho Mtakatifu

A. Roho wa Mungu

i. Warumi 8:9: "Hata hivyo, ninyi siyo katika mwili bali katika Roho, ikiwa kwa hakika Roho wa Mungu anakaa ndani yenu. Lakini kama mtu yeyote hana Roho wa Kristo, yeye si wake." Tazama pia Mwanzo 1:2.

B. Roho wa Kristo

i. Warumi 8:9: "Hata hivyo, ninyi siyo katika mwili bali katika Roho, ikiwa kwa hakika Roho wa Mungu anakaa ndani yenu. Lakini kama mtu yeyote hana Roho wa Kristo, yeye si wake."

C. Roho wa Baba Yenu

i. Mathayo 10:20: "Kwa maana si ninyi mnaosema, bali ni Roho wa Baba yenu anayeongea ndani yenu."

D. Roho wa Kweli

i. Yohana 14:17: "Huyo ndiye Roho wa kweli, ambaye dunia haiwezi kumpokea kwa sababu haumuoni wala kumjua, lakini ninyi mnamjua kwa maana anakaa nanyi, na atakuwa ndani yenu." Tazama pia Yohana 15:26.

E. Roho wa Bwana

i. Matendo 8:39: "Na walipokuwa wakitoka majini, Roho wa Bwana alimtwaa Filipo, na kasimama, yule mweusi hakumuona tena, lakini akaenda zake akifurahi." Tazama pia Waamuzi 15:14; 1 Samweli 16:12.

3. Roho Mtakatifu Anaitwa Kama Mtu na Maandiko

A. Nani

4. i. Warumi 8:11: "Lakini kama Roho wake aliyemfufua Yesu kutoka kwa wafu anakaa ndani yenu, Yeye aliyemfufua Kristo Yesu kutoka kwa wafu atawapa uzima miili yenu inayokufa kwa Roho wake aliyekaa ndani yenu." ii. Yohana 6:63: "Ni Roho anayeleta uzima; mwili hauna faida yoyote; maneno niliyowaambia ni roho na uzima." iii. 1 Yohana 5:6: "Na ni Roho anaye shuhudia, kwa maana Roho ndiye ukweli."

5. iv. Tazama pia 1 Wakorintho 2:12; 2 Timotheo 1:14;

B. Yeye

i. Yohana 14:26: "Mambo haya naliyowaambia nikiwa pamoja nanyi. Lakini Msaidizi, Roho Mtakatifu, ambaye Baba atamtuma kwa jina langu, Yeye atawafundisha mambo yote, na atawakumbusha yote niliyowaambia."

C. Yeye Mwenyewe

i. Warumi 8:16: "Roho Mwenyewe anashuhudia na roho zetu kwamba sisi ni watoto wa Mungu."

ii. Warumi 8:26: "Na vivyo hivyo Roho pia hutusaidia katika udhaifu wetu; kwa maana hatujui jinsi ya kuomba kama inavyopasa, lakini Roho Mwenyewe hutufanyia maombi kwa kuugua isiyo na maneno."

SURA YA 19

Mistari inayoonyesha utambulisho, huduma, na utu wa Roho Mtakatifu

4. Utu wa Roho Mtakatifu (Ana Hisia, Ana Ufahamu, Anasema, Anajua, n.k.) A. Anasikitika

i. Isaya 63:10: "Lakini waliasi na kumhuzunisha Roho Mtakatifu; kwa hiyo, aligeuka kuwa adui yao, akapigana nao."

ii. Waefeso 4:30: "Wala msimhuzunishe Roho Mtakatifu wa Mungu, ambaye ninyi mliwekewa muhuri kwa ajili ya siku ya ukombozi."

B. Anapenda

i. Warumi 15:30: "Basi, nawasihi, ndugu, kwa Bwana wetu Yesu Kristo na kwa upendo wa Roho, jitahidini pamoja nami katika maombi yenu kwa Mungu kwa ajili yangu." C. Ana Akilii. Warumi 8:27: "Na Yeye anayechunguza mioyo anajua ni nini akili ya Roho, kwa sababu Yeye hutoa maombi kwa ajili ya watakatifu kulingana na mapenzi ya Mungu."

5. A. Anasema

i. 2 Samweli 23:2, "Roho wa Bwana alinena kwa kupitia mimi; neno lake lilikuwa katika ulimi wangu."

ii. Matendo 8:29, "Na Roho akamwambia Filipo, 'Panda, ujiunge na gari hili.'"

iii. Matendo 10:19, "Na wakati Petro alikua akifikiria maono, Roho akamwambia, 'Tazama, watu watatu wanakutafuta.'"

iv. Matendo 11:12, "Na Roho aliniambia niende pamoja nao bila kutoelewa. Na hawa ndugu sita walikuja nami, tukaja nyumbani kwa yule mtu."
v. Matendo 13:2, "Na walipokuwa wakimtumikia Bwana na kufunga, Roho Mtakatifu akasema, 'Tenganisheni kwangu Barnaba na Sauli kwa ajili ya kazi ambayo nimewaita.'"
vi. Matendo 21:11, "Na alipokuja kwetu, alichukua vishikizo vya Paulo na akajifunga miguu yake na mikono, akasema, 'Hivi ndivyo Roho Mtakatifu anavyosema: Kwa njia hii, Wayahudi wa Yerusalemu watafungia mtu huyu aliye na vishikizo hivi, na kumtoa mikononi mwa mataifa.'"
vii. Matendo 28:25-26, "Na waliposhindwa kufahamiana, waliondoka baada ya Paulo kusema neno moja la kuaga, 'Roho Mtakatifu aliongea kwa usahihi kupitia Isaya nabii kwa baba zenu, akisema, 'Nendeni kwa watu hawa, na sema, "Mtazidi kusikia, lakini hamtazidi kuelewa."' "
viii. 1 Timotheo 4:1, "Lakini Roho anasema waziwazi kwamba katika nyakati za baadaye baadhi yao watakata tamaa katika imani, wakiusikiliza roho za udanganyifu na mafundisho ya mapepo."
ix. Waebrania 3:7-8, "Kwa hiyo, kama Roho Mtakatifu anavyosema, 'Leo mkitikisa sauti yake, msifanye mioyo yenu kuwa migumu kama walivyofanya wakati waliponikasirisha, kama ilivyokuwa siku ya majaribu jangwani.'"
x. Ufunuo 2:7, "Yeye mwenye sikio, na asikie alichoambia makanisa. Kwa yule atakayeshinda, nitampa kula kutoka kwa mti wa uzima, ulio katika Pepo la Mungu." (Tazama pia Ufunuo 2:11, 17, 29; 3:6, 13, 22.)
xi. Ufunuo 14:13, "Na nikasikia sauti kutoka mbinguni, ikisema, 'Andika, 'Heri wafu wanaokufa katika Bwana tangu sasa!' 'Ndio,' anasema Roho, 'ili wapumzike kutoka kwa kazi zao, kwa maana matendo yao yatawatangulia.' "
xii. Ufunuo 22:17, "Na Roho na bibi arusi wanasema, 'Njoo.' Na mwenye kusikia aseme, 'Njoo.' Na mwenye kiu aje; na mwenye kupenda aote maji ya uzima bure."

6. B. Anajua

i. 1 Wakorintho 2:11, "Kwa maana ni nani kati ya wanadamu ajuaye mawazo ya mtu isipokuwa roho ya mtu aliye ndani yake? Vivyo hivyo, mawazo ya Mungu hayajulikani na yeyote isipokuwa Roho wa Mungu."

7. C. Ana Ufahamu wa Ulimwengu Mwema

i. Matendo 15:28, "Kwa maana ilionekana vema kwa Roho Mtakatifu na kwetu sisi kwamba tusiletee mzigo mwingine mzito zaidi ya mambo haya muhimu."

8. D. Anaweza Kudanganywa

i. Matendo 5:3, "Lakini Petro akasema, 'Anania, kwa nini Shetani alijaza moyo wako kudanganya Roho Mtakatifu, na kuficha sehemu ya bei ya ardhi?'"

9. E. Anaweza Kujaribiwa

i. Matendo 5:9, "Basi Petro akamwambia, 'Kwa nini mmekubaliana pamoja kumjaribu Roho wa Bwana?'"

10. F. Anafanya Wajibu wa Wachungaji

i. Matendo 20:28, "Jilinde ninyi wenyewe na kondoo wote, katika ambao Roho Mtakatifu amewaweka kuwa wachungaji, ili kumchunga kanisa la Mungu alilonunua kwa damu yake."

11. A. Anaweza Kuwa Shahidi

i. Matendo 5:32, "Nasi ni mashahidi wa mambo haya; na vivyo hivyo ni Roho Mtakatifu, ambaye Mungu amewapa wale wanaomtii."

12. B. Anaweza Kupingwa

i. Matendo 7:51, "Ninyi watu mnao miguu migumu na mliyo na mioyo migumu, mnafanya upinzani daima kwa Roho Mtakatifu."

13. **Shughuli za Roho Mtakatifu**

14. A. **Anafundisha**

i. Yohane 14:26, "Mambo haya nimesema nanyi nikiwa pamoja nanyi. Lakini Msaidizi, Roho Mtakatifu, ambaye Baba atamtuma kwa jina langu, Yeye atawafundisha mambo yote, na kuwakumbusha yote niliyowaambia."

ii. Luka 12:12, "Kwa maana Roho Mtakatifu atawafundisha katika saa hiyo hiyo mnapaswa kusema."

15. B. **Anashuhudia**

i. Warumi 8:26, "Na kwa namna hiyo Roho pia hutusaidia katika udhaifu wetu; kwa maana hatujui kuomba kama inavyopasa, lakini Roho Mwenyewe hushuhudia kwa ajili yetu kwa maunguliko yasiyoweza kusemwa."

16. C. **Anatuongoza**

i. Mathayo 4:1, "Ndipo Yesu alipelekwa na Roho aende jangwani ili aijaribiwe na Ibilisi."

17. D. **Anatoa Maisha**

i. Yohane 6:63, "Ni Roho ndiye anayeleta uzima; mwili hauna faida yoyote; maneno niliyowaambia ninyi ni roho na uzima."

18. E. **Anajazwa Na**

i. Matendo 2:4, "Nao wote walijazwa na Roho Mtakatifu, na kuanza kusema kwa lugha nyingine, kama Roho alivyowapa kusema."

19. **Aina za Roho Mtakatifu**

20. A. **Njiwa**

i. Mathayo 3:16, "Na baada ya kubatizwa, Yesu alitoka mara moja kutoka majini; na tazama, mbingu zilifunguka, akaona Roho wa Mungu akishuka kama njiwa, akimjia Yeye."

21. **Mambo Mengine**

22. A. **Anaweza Kudhibitiwa**

i. Mathayo 12:32, "Na yeyote atakayesema neno dhidi ya Mwana wa Adamu, atasamehewa; lakini yeyote atakayesema dhidi ya Roho Mtakatifu, hatasamehewa, wala katika dunia hii, wala katika dunia inayokuja."

23. B. **Anaweza Kubatizwa kwa Roho Mtakatifu**

i. Marko 1:8, "Niliwabatiza ninyi kwa maji; lakini Yeye atawabatiza ninyi kwa Roho Mtakatifu."

24. C. **Roho Inatolewa**

i. Yohane 3:34, "Kwa maana Yeye aliyemtuma Mungu anasema maneno ya Mungu; kwa maana Yeye hutoa Roho bila kipimo."

25. D. **Roho Inapokewa**

i. Yohane 20:22, "Na alipo sema haya, alipuliza juu yao, akawaambia, 'Pokeeni Roho Mtakatifu.'"

26. E. **Roho Inakataza**

i. Matendo 16:6, "Nao walipita katika mikoa ya Frigia na Galatia, wakikatazwa na Roho Mtakatifu kusema neno katika Asia."

27. F. **Roho Inachunguza Vitu Vyote**

i. 1 Wakorintho 2:10, "Kwa maana Mungu alifichua mambo hayo kwetu kupitia Roho; kwa maana Roho anachunguza vitu vyote, hata mapenzi ya Mungu."

28. G. **Roho Ndiye Ukweli**

i. 1 Yohana 5:6, "Na ni Roho anayeshuhudia, kwa maana Roho ndiye ukweli."

www.ingramcontent.com/pod-product-compliance
Lightning Source LLC
LaVergne TN
LVHW050642051026
849532LV00002B/486